어두울수록 보이는 것들

고통 속에 온전해지는 우리에 관하여

NIGHT VISION: Seeing Ourselves Through Dark Moods

Copyright ⓒ 2023 by Mariana Alessandri
All rights reserved.
No part of this book may be reproduced or transmitted in any form or by any means, electronic or mechanical, including photocopying, recording or by any information storage and retrieval system, without permission in writing from the Publisher.

Korean translation copyright ⓒ 2025 by Saramin
Korean translation rights arranged with Princeton University Press through EYA Co., Ltd

이 책의 한국어판 저작권은 EYA Co., Ltd를 통해 Princeton University Press와 독점 계약한 '사람in'에 있습니다.
저작권법에 의하여 한국 내에서 보호를 받는 저작물이므로 무단 전재 및 복제를 금합니다.

어두울수록 보이는 것들
고통 속에 온전해지는 우리에 관하여

초판 1쇄 인쇄 2025년 7월 1일
초판 1쇄 발행 2025년 7월 10일

지은이 마리아나 알레산드리
옮긴이 김현주
발행인 박효상
편집장 김현 | **기획·편집** 장경희, 오혜순, 이한경, 박지행 | **디자인** 임정현 | **마케팅** 이태호, 이전희 | **관리** 김태옥

편집·진행 이한경 | **교정·교열** 이선희 | **디자인** House of Tale

종이 월드페이퍼 | **인쇄·제본** 예림인쇄·바인딩 | **출판등록** 제10-1835호
발행처 사람in | **주소** 04034 서울시 마포구 양화로 11길 14-10 (서교동) 3F
전화 02) 338-3555(代) | **팩스** 02) 338-3545 | **E-mail** saramin@netsgo.com
Website www.saramin.com

책값은 뒤표지에 있습니다.
파본은 바꾸어 드립니다.

ISBN 979-11-7101-168-1 03100

우아한 지적만보, 기민한 실사구시 **사람in**

어두울수록
보이는
것들

마리아나 알레산드리 지음
김현주 옮김

고통 속에 온전해지는 우리에 관하여

밤의 시야를 넓혀 분노, 고통,
슬픔, 우울, 불안을 바라보다

사람in

글로리아 안살두아 Gloria Anzaldúa, 미국의 문화학자 박사의 말을 빌려

"몹시 고통스럽게 세상을 살아가는" 모든 이,

특히 내 제자들에게 바칩니다.

차례

여는 글: 빛 의심하기   9

1장   분노에 솔직해지기   31

2장   고통스럽다, 고로 나는 존재한다   75

3장   끝까지 애도하기   113

4장   우울 다시 채색하기   151

5장   불안의 방법 배우기   193

맺는 글: 밤에 보는 법 연습하기   245

감사의 말   258

주석   261

여는 글

빛
의심하기

◆
◆
◆

우리가 비밀로 간직하는, 어둠으로 급락하는 시간이 있다. 모호함과 그림자가 드리운 기나긴 날, 마음에 구름이 낀 의심의 시간, 너무 깊어서 한 치 앞을 내다볼 수 없을 것 같은 우울감. 우리가 원하는 건 작은 불빛, 약간의 명료함, 한 줌의 햇빛이다. 우리는 새로운 새벽을 고대한다. 심지어 기분이 괜찮을 때도 무척이나 자주 빛을 갈망한다. 우리는 '광명을 찾고', 해답이 '섬광'처럼 번쩍이는 순간을 경험하며, '터널 끝의 빛'을 구한다. '반짝'이거나 '빛나는' 미소를 짓는 사람에게 끌린다. 역사적으로 자력自力과 낙천주의와 긍정적인 생각의 힘이 깃든 땅인 미국에서 우리는 빛을 먹으며 자랐다. 안전에서 지성, 평화, 희망, 순수성, 낙천주의, 사랑, 행복, 재미, 조그만 일에 이르기까지 모든 것을 빛과 관련짓는다. 좋은 것에는 전부 다. 이렇게 엮인 이 작은 방정식들이 밝은 것이 어둑한 것보다 좋고, 햇살이 구름보다 행복하며, 밝은 기분이 어두운 기분보다 더 낫다고 간주하는 빛 은유$^{light\ meta\text{-}phor}$를 형성한다.

    이 책은 빛을 선에, 어둠을 악에 짝 맞추려는 압박에 관한 내용이다. 이 짝짓기 아래 깔린 기원과 약속, 그리고 궁극적으로 그 폐해를 탐구할 것이다. 어둠을 피하고 싶은 마음은 이해할 수 있지만 우리는 빛을 좇으며 자기 자신을 다치게 한다. 앞으로 우리에게 필요한 것은 어둠에 빛을 비추는 일을 멈추고 어둠 속을 들여다보는 일이다.

거의 2,500년 동안 나 같은 철학자들은 빛과 어둠을 지식과 무지, 선과 악에 관한 은유로 생각해 왔다. 플라톤^Platon은 『국가^Republic』에서 소크라테스^Socrates의 입을 빌려 바깥에 바로 해가 있지만 강제로 동굴에 갇혀 그 사실을 알지 못하는 죄수들의 이야기를 벗들에게 들려주며 이 조합에 관해 논했다. 많은 철학 교수가 학기마다 이 플라톤의 동굴 비유로 무방비 상태의 학생들을 괴롭힌다.

철학 입문 첫 시간, 나 역시 마찬가지다. 학생들(모든 학생의 이름은 가명으로, 여러 사람의 특징을 결합한 가상 인물이다)과 동굴에 관한 플라톤의 설명을 함께 읽으며 종이에 그림을 그려 보라고 한다. 의미는 나중에 해석해 볼 테지만 장면 자체를 상상하기는 꽤 어려우니 먼저 종이에 옮겨 볼 필요가 있다고 말하면서.

"동굴 안에 무엇이 있나요?" 나는 묻는다.

죄수들, 벽, 불, 인형을 움직이는 몇 사람 그리고 출구.

"죄수들의 자리를 먼저 잡아 보세요." 그들도 사람이고 우리도 사람이기에 우선 그게 중요해 보인다. 미래의 철학 전공생 하나가 죄수들은 목과 손목, 발목 세 군데에 족쇄가 묶여 있다고 말한다. 이들은 주저앉아 머리를 돌릴 수도, 심지어 주위를 둘러볼 수도 없다. 오직 앞에 있는 것만 볼 수 있으며 서로의 목소리만 들을 수 있다. 플라톤의 상상 속 죄수들은 매일 온종일 벽만 응시한다. 불쌍한 영혼들.

"좋아요. 벽을 그려 보세요. 무엇이 있나요?" 시야 끝자락에 조용한 신입생 하나가 뭔가 끼적이는 게 보이지만 동굴을 그리는 것 같지는 않다. 정신이 여기엔 없는 듯 보이는데 그 학생만 그런 게 아니다.

"그림자." 땀에 젖은 학생 누군가가 중얼거린다.

"무슨 그림자죠?" 나는 밀고 나간다.

"동물, 나무, 사람들요." 첫 수업에서 학생들이 이 질문에 간결하게 답하는 것은 흔한 일이다. 학생은 다섯 명뿐이라 그들은 읽고 있는 본문에서 감히 벗어나지 못한다. 때가 되면 긴장을 풀고 생각을 입 밖으로 내기도 할 것이다.

"그림자가 어떻게 거기 있었을까요?" 나는 말을 잇는다.

착실한 한 학생이 벽에 비치는 그림자는 인형들 때문이라고 단언한다.

"흠? 무슨 인형들?" 나는 묻는다.

"동굴 안에 모닥불이 있습니다." 누군가 대답한다. "그리고 인형을 움직이는 사람들이 벽에 인형 그림자를 보여 주려고 그 빛을 사용해요."

"아이 방에서 전등불이 인형 그림자를 투영하는 것처럼 말이죠?" 뜻을 분명하게 따진다.

"네."

"왜 사람들이 동굴 벽에 인형 그림자를 드리우고 있을까요?" 나는 처음 이 글을 읽는 독자들이 가질 법한 혼란스러움을 담아 질문을 던진다. 학생들의 호기심을 자극하고 그들로 하여금 플라톤의 사상이 온전한지 질문해 보게 하고 싶다. 학생들은 우리가 곧 명확한 설명형 질문에서 내면을 들여다보는 불편한 질문으로 빠르게 넘어가리란 것을 짐작하지 못한 채다.

플라톤의 인형 조종사들이 동굴 안 죄수들의 마음을 조종하는 이유를 아무도 말할 수 없다. 하지만 죄수들이 그림자를 실제 대상으로 착각하고 있다는 사실은 안다. 진짜 나무를 한 번도 본 적이 없어 그들은 나무 그림자를 나무라고 믿는다. 죄수들은 심지어 서열을 정하는 경연도 벌인다. 누가 계속해서 나무를 가장 많이 찾는가? 누가 가장 높은 나무를 발견하는가? 이 동굴 안 사람들의 가치는 온전히 그림자로 만들어진 세상을 얼마나 익숙하게 가로지르느냐에 달려 있다.

이제 우리는 동굴을 상상해 볼 수 있다. 그곳은 유사 현실을 사는 불쌍한 사람들로 가득한 어두운 공간이다. 학생들은 왜 죄수들이 반항하지 않는지 알고 있다. 그들은 자신의 현실이 실제가 아니란 걸 모르기 때문이다. 어떤 학생이 플라톤은 우리 인간들을 죄수로 보고 있다고 말을 꺼낸다. 다른 학생은 우리가 미디어의 거짓말에 속고 있다고 생각한다. 우리가 자동 조종 장치에 의해 살아가고 있다는 걱정도 있다. 어쨌든 여기까지 오면 플라톤이 우리에게 무언가 이야기하고 있다는 것에 동의한다. 인간들은 함께 갇혀 있으며 실재와 그림자를 오해하고 있다고 플라톤은 생각한다. 하지만 우리는 그것이 무엇인지, 또는 우리 삶의 얼마나 많은 시간을 그렇게 오해하며 보내는지 알지 못한다. 몇몇 학생이 눈을 감는다. 다른 학생들은 참고 있던 숨을 내쉰다. 그들은 긴장을 풀고 미덥지 않아 하며 서로를 돌아본다. 당황한 것이다.

이야기는 행복하게 끝난다. 한 죄수가 강제로 동굴 밖으로 끌려 나가기 전에 사슬을 끄른다. 몸이 한낮의 빛에 내몰리자마자 그는 즉시 팔꿈치로 눈을 감싼다. 몇 주 동안 땅이나 강에 비치는 그림자처럼 눈에 익숙한 것을 제외하고 밝은 곳에서는 아무것도 알아볼 수 없다. 해가 질 때까지 그는 맹인이다. 해가 질 즈음에야 강둑의 나무들이 뚜렷이 보인다.

오랜 시간이 지나고 우리의 영웅은 점차 빛에 익숙해진다. 눈이 적응하면서 진짜 나무를 알아볼 수 있다. 때가 되면 그는 내 수강생들이 비로소 생각하게 된 사실을 받아들일 것이다. 우리의 근본적인 믿음이 틀릴 수도 있다는 것을 말이다.

플라톤의 동굴에 관한 전형적인 해석은 수강생들이 도달하는 결론, 즉 태양이 구원한다는 것이다. 종교적인 학생들은 태양이 신이라고 생각하고, 무신론자들은 진리라고 부르기를 선호한다. 적어도 자유를 얻은 죄수가 진짜 세상을 보게 된 것은 태양 때문이라는 사실에 모두 동의한다. 누군가는 햇빛에 익숙해지는 과정을 교육에 비교한다. 무지에서 진리로, 어둠에서 빛으로 나아가는 과정이다. 처음에는 태양이 고통스럽지만 궁극적으로 죄수를 구원한다고 학생들은 인정한다. 우리 모두 말할 수 있다. 우리도 지금까지 빛으로 걸어가라고 교육받았다.

열여덟이 될 때까지 나 역시 당연한 몫의 사랑과 빛을 받았다. 여름마다 뉴욕 인근의 록어웨이 해변에서 따뜻한 수건을 걸치고 다녔다. 그렇기에 대학에서 빛 은유의 철학적 기원에 관해 배울 때 나는 준비되어 있었다. 나는 한 가지 확실한 사실을 쥔 채 졸업했고, 그 사실은 내 수강생들이 혼란을 멈추기 위해 전력을 다해 알리고 했던 것과 같다. 바로 진리를 알기 위해서는 빛이 필수라는 것이다.

이 설정에서의 문제는 내가 언제나 감정적으로 어둡다는 점이었다. 나는 유전적으로 분노에 찬 사람이며 자주 슬픔을 느낀다. 단 몇 줄기의 햇빛이 가끔 비칠 뿐, 이 세계는 어마어마하게 비극적이라고 생각한다. 곰돌이 푸 이야기가 펼쳐지는 『위니 더 푸Winnie the Pooh』의 비관적인 당나귀 이요르처럼 내 마음엔 언제나 그 비관적인 당나귀 친구가 있었다.

♦

당신도 나와 같다면 티거(『위니 더 푸』에 등장하는 낙관적인 호랑이.—옮긴이)를 선호하는 세상에서 이요르로 살기가, 햇빛이 최고란 말을 들으며 비구름으로 살기가 쉽지 않음을 알 것이다(티거가 불안을 누그러뜨리려고 깡충깡충 뛰는 신경쇠약자라는 걸 받아들인다면 티거가 왜, 그리고 어떻게 밝음의 상징이 되었는지 의문일 수밖에 없다). 어두운 기질인 우리가 잇따라 쏟아지는 발랄한 자갈돌 세례 같은 긍정주의의 맨타를 피하기란 쉽지 않다. TV와 트위터, 인스타그램, 핀터레스트, 팟캐스트, 자기계발서, 티셔츠, 베개, 범퍼 스티커, 커피 머그잔, 각종 광고판 등 모든 곳에서 사람들은 최고의 삶을 살고 싶다고 외친다. 1980년대 미국 가수 바비 맥퍼린Bobby McFerrin의 노래〈돈 워리 비 해피Don't Worry, Be Happy〉나 월마트의 커다랗고 노란 스마일 로고가 그랬다. 요즘은 '렛 유어 라이트 샤인Let Your Light Shine'(자신의 빛을 세상에 드리우라는 뜻.—옮긴이)이라는 문구가 그러하다. 어두운 기분은 이를 교정하고 치유하고 전환하고 싶어 하는 세상에서 공감을 얻기가 힘겹다.

우리는 햇볕이 내리쬐는 세상에 적응하기 위해 그렇게 될 때까지 거짓으로 노력하기도 한다. 어떤 사람들은 우리보다 더 심각한 수준이다(그래서 우리가 아픔에 죄책감까지 더 느끼게 한다). 우리 스스로도 '배가 불러서 하는 고민'이라고 여긴다(그리고 수치심shame이라는 감정까지 추가로 느낀다). 어떻게 하면 더 행복해질 수 있는지 책도 찾아 읽는다. 책 판매 문구는 빛을 좇다가 지친 사람이 나 혼자만이 아니라고 말해준다.

2018년 미국 작가 레이철 홀리스Rachel Hollis의 베스트셀러 『나를 바꾸는 인생의 마법Girl, Wash Your Face』은 200만 부 이상 팔렸다. 많은 사람이 태도로 행복을 조절할 수 있다고 믿었기 때문이었다. 12년 전에는 『시크릿Secret』고 『끌어당김의 법칙The Law of Attraction』이 같은 이유로 베스트셀러가 되었다. 우리는 긍정적인 생각의 투자수익률을 높이고 싶어 했다. 노먼 빈센트 필Norman Vincent Peale(긍정적 사고의 창시자로 알려진 미국의 목사이자 작가.—옮긴이)이 데뷔했을 때 미국인들은 그를 베스트셀러 작가로 단들었다. 빛은 어둠보다 고급스럽고, 행복은 슬픔보다 세련되며, 평온함이 분노보다 멋있고, 낙관주의가 비관주의보다 성스럽다는 주문을 외며 우리 미국인들은 빛 은유의 병정이 되기로 동의했다. 역경에 맞서 미소를 짓고, 분노 조절 워크숍에 참여하며, 아이들에게 울면 약한 거라고 가르치고, 불안과 두려움과 슬픔을 화학적으로 지우려고 노력했다. 우리는 빛 은유의 세 가지 계명에 복종했다. 어두운 기분을 잠재워라. 억눌러라. 삼켜라.

해냈다. 우리는 어둠을 이겨 냈다. 영혼의 깊은 지하 감옥에 부정적인 감정을 성공적으로 욱여넣어 완전히 길을 잃고 영원히 사라지게 했다. 가장 어두운 기분을 몰아내고 행복한 얼굴을 장착한 후 미간에 주름이라곤 하나 없이 하늘을 나는 기분으로 오래오래 행복하게 살았다(하늘을 나는 기분cloud nine, 즉 '9번 구름'이라는 표현은 과거에는 '7번 구름cloud seven'이었다. 상상 속 행복의 골대마저도 바뀐다).

물론 아닐 수도 있다.

왜 아닐까?

플라톤이 틀렸기 때문이다. 아니면 최소한 플라톤의 독자들이 그의 우화에서 진리는 빛 가운데서만 찾을 수 있다고 결론을 잘못 내린 것이다. 우리는 태양만이 우리를 구원할 것이라고 잘못 믿었다. 최악은 우리가 태양을 하늘 높이 걸어 두는 지적, 물리적, 감정적 비용을 고려하지 못했다는 것이다.

플라톤 이후 빛 은유는 정말 유행했다. 예수는 자신을 세상의 빛이라 불렀다. 15세기의 천문학자 코페르니쿠스Copernicus는 지구(와 모든 것)가 태양 주위를 돈다고 주장했다. 빛은 우리의 구원이 되었고, 어둠은 그 볼품없는 특성의 무게로 침몰했다. 어둠은 폄하되어(말 그대로 '꺼멓게 되었다') 비난받았고, 철학과 종교, 역사에서 무섭고 추하고 무지하고 죄 많은 것이 되었다. "내 삶이 너무 어둡게 느껴져요." "나는 이 부분에 대해선 까막눈이에요." "그 어두운 곳으로 돌아가고 싶지 않아요." 빛 은유는 가차 없이 어둠은 추하고 부정적이고 비참한 것이라 주장한다.

놀랄 것도 없이 플라톤 이후로 시간이 오래 지나 등장한 계몽 사상은 밝은 피부색의 사람들보다 인간성과 지능이 떨어진다는 사실이 '과학적으로' 증명되었다는 어두운 피부색의 사람들에게 그리 잘 맞지 않았다. 백인은 편향된 사고 구조 안에서 검정을 지식이나 지혜로 인식하지 못했다. 미국의 노예 해방 이후 흑인 남성은 무고한 백인 여성을 위협하는 괴물 같은 강간범으로 묘사되었다. 흑인 여성은 성적으로 불결하고 죄 많은 상대로 여겨졌다. 이러한 고정관념은

헤아릴 수 없을 정도로 심각한 악영향을 미쳐 왔고, 우리는 아직 거기서 벗어나지 못하고 있다. 밝음은 섹시하고 어두움은 결함이라 생각하는 어두운 피부의 여성들은 여전히 페어 언 러블리 사의 미백 크림을 사용한다. 갓난아기의 밝은 피부나 파란 눈을 귀여워하는 행동은 나 같은 라틴계 공동체에서는 통상적인 일이다. 어두운 피부나 갈색 눈에는 잘 그러지 않는다. 비록 이 책이 어두운 기분과 비교해 어두운 피부에 대한 사회적 편견에 초점을 맞추지는 않지만, 이 두 사상은 같이 자라났다. 어둠을 결함이나 결핍으로 보는 한, 색 차별주의를 결코 무너뜨릴 수 없을 것이다.

빛을 찬양하는 세계에서 어둠은 무지와 추함, 불쾌함, 음산함, 아픔, 침체, 기괴함 그리고 모든 병약함을 포함하는 수많은 질병의 무게를 떠안게 되었다. 어두운 기분은 잊어라. 어둠에는 단 한 번도 가망이 없었다.

플라톤의 동굴 이야기를 읽은 후 내 학생들은 자신이 그림자 아래서 자라났을지도 모른다고 생각하며 고민하는 시간을 보냈다. 마찬가지로 나 역시 이 책을 쓰면서 빛의 명백한 장점을 의심하며 진땀을 뺐다. 낙관주의나 활기찬 태도를 고양하는 데 반하는 주장을 누가 하고 싶을까? 어떤 미국인이 감히 우리 스스로 행복을 이루자거나 밝은 기질이 경제적 이익으로 이어진다는 말을 의심할까? 누가 110억 달러어치에 이르는 자기계발$^{self\ help}$ 산업의 광채를 받고 싶지 않을까?

빛 은유에 덴 우리가 바로 그들이다. 밝은 면을 보라는 말을 들어 본 사람이라면, 그런 말을 하는 이는 우리의 분노와 슬픔, 애도, 우울, 불안을 방종이라고 생각한다고 보면 정확할 것이다. 이런 조언을 하는 사람은 거의 우리 안에 있는 어두운 내면이나 이번에도 일이 잘 풀리지 않을 거라고 생각하는 사고방식도 듣고 싶어 하지 않는다. '나만의 햇살을 비추겠다.'라고 선언하는 사람은 공감 능력이 부족한 경향이 있다. 아마도 그들은 우리가 충분히 최선을 다하지 않는다고 생각할 것이다.

이것이 고장설Brokenness Story(이 책을 관통하며 저자가 비판하는 개념으로, '당신은 고장 났다.' 식의 꾸중과 지적의 뉘앙스를 담은 사회의 풍설을 말한다.—옮긴이)이며, 빛 은유라는 당근에 대비되는 채찍 역할을 한다. 빛 은유가 "행복은 선택이다!"라고 노래를 부른다면, 고장설은 이렇게 고함친다. "지금 뭐라고 징징대는 거야?" 빛 가운데 살아가기를 실패할 때, 자기 자신이 더 빛난다고 느낄 수 없을 때마다 우리는 고장설을 듣는다. 그것이 용기라는 명목으로 고통을 통과하며 미소 짓지 않는(아니면 최소한 이를 악물고 견디지 않는) 우리를 부끄럽게 한다.

우리는 지금껏 내내 너무 노력해 왔을 수도 있지 않을까? 절대 하얘질 수 없는 것을 표백하느라 노력해 왔을 수도 있지 않을까? 어둠은 인간의 조건일지도 모른다. 티거조차도 '언제나 양극positive인 양성자陽性子처럼 항상 긍정적으로' 살 수 없을지도 모른다. 그렇다면 웃으면서 우리를 분리시키는 자기계발서 저자들과 긍정주의 전문가들 때문에, 실제로는 어두움을 느끼지만 그러고 싶어 하지 않는 수많은 분열된 영혼이 남게 된다. 화난 사람, 상처받은 사람, 애도하는 사람, 우울하거나 불안한 사람이 자기가 인간적이라 느끼지 못하고 고장 났다고 느끼는 이유가 충분하다.

우리가 느끼는 어두운 기분 대부분이 정신 질환으로 분류되는 것이 도움이 될까, 아니면 상처가 될까? 그동안 서양 의학의 빛은 어둠에 친절하지 않았다. 우울, 불안, 애도, 슬픔, 분노에 관한 의학 전문 용어는 어둠에 대해 더욱 편견을 가지게 했다. 의사들은 '무서운' '추한' '무지한' '죄 많은'이라는 수식어에 더해 어두운 기분을 아픔, 질병, 장애, 병리, 병약함, 질환, 병폐 등으로 색칠해 왔다. 이러한 의학 용어는 고장 난 모습을, 전체에서 완전히 이탈한 모습을 과학으로 만든다. 정신 의학의 형광등 아래서는 어두운 기분에서 존엄성을 인식하는 것이 이제 갓 동굴을 빠져나온 죄수가 한낮에 진짜 나무를 인식하는 것만큼이나 어렵다. 내가 아는 그 누구도 욕실 바닥에서 울다 지쳐 잠드는 모습이 품위 있다고 생각하지 않는다. 그러나 흔한 진단은 가능하다.

정직한 심리학자라면 장애나 정신 질환 또는 질병에 합의된 정의가 없다는 것을 쾌히 인정할 것이다. 그들은 심지어 이 책에서 논하는 다섯 가지 기분, 즉 분노, 슬픔, 애도, 우울, 불안이 정신 질환으로 잘 분류된 것인지, 아니면 다른 이름으로 불려야 하는지조차 의견을 모으지 않는다. 심리학의 이런 시도도 있지만 불안 '유행병'에 시달리는 10대, 우울 증세로 '고통받는' 수백만 명의 미국인을 그냥 지나칠 수는 없다. 우리의 실존적 조건에 이름 붙이기 위해 사용하는 용어들이 주로 적대적이거나 무섭고 모멸적이란 사실은 말할 것도 없다. 우리는 정신 질환과 '싸운다'거나 자살로 정신 질환에 '굴복한다'라는 말을 듣는다.

용어는 중요하다. 용어는 우리가 자기 자신과 싸우게 하거나 자기 자신의 편이 되게 한다. '뇌 질환'은 인간이 자신의 우울을 존중하게 하지 않는다. '진단diagnosis'은 '존엄dignity'과 운이 맞지 않는다. '우리는 모두 정신적으로 아픕니다.'라는 말은 '불안은 당신을 진짜 인간으로 만들어 줍니다.'라는 말보다 고무적이지 않다. 밝은 곳에서 어두운 기분이 어떻게 보이는지를 판단하는 것은 존엄을 찾아보기 힘든 용어를 만든다. 그러나 어두운 곳에서 괴로운 기분을 보는 법을 배우면 오래된 슬픔에 새로운 용어를 붙일 수 있다.

지금까지의 탐구는 분명하다. 더 밝은 척 노력하는 것(이를테면 찌푸린 얼굴을 거꾸로 뒤집는 것)은 우리에게 상처다. 우리는 부정적인 감정들을 억누르거나 피함으로써, 문자 그대로, 감정적으로, 정신적으로 스스로를 아프게 할 수 있다. 케이트 보울러Kate Bowler나 브레네 브라운Brené Brown, 오스틴 채닝 브라운Austin Channing Brown, 타라나 버크Tarana Burke, 수전 데이비드Susan David, 글레넌 도일Glennon Doyle, 줄리 K. 노렘Julie K. Norem 같은 심리학자와 작가의 도움 그리고 미투Me Too 운동과 블랙 라이브스 매터Black Lives Matter, BLM 같은 흑인 인권 운동에 힘입어 누군가는 눈물을 말리거나 얼굴을 닦지 않고 그대로 두는 시도를 하고 있다. 또 어떤 이들은 감정 스펙트럼 중 어두운 면에 기대기 시작했다.

어느 정도 잘되고 있다. 누군가는 '유해한 긍정주의'라는 용어를 처음 듣고 격하게 동의했다. 수년 동안 숨 막힐 듯한 현상을 경험했지만, 그 현상에 이름을 붙일 수 있을지 몰랐기 때문이다. 우울과 애도에 관해 이야기하는 일은 코로나 팬데믹이 시작된 이래로 더 괜찮아진 것으로 보인다. 우울에 시달리는 사람이 우리만이 아니라는 증거는 많다. 어두운 머리를 길게 늘어뜨리고 느긋하게 쉬는 사람들을 보는 일도 반갑다-('let one's hair down'은 '긴장을 풀고 느긋하게 즐기다'라는 뜻의 숙어인데 저자는 여기서 'let their dark hair down'이라고 표현했다.—옮긴이). 광고가 우울은 게으름이 아니라고, 불안은 약함이 아니라고, 분노와 슬픔, 애도는 우리 모두가 견뎌 내는 어두운 기분이라고 말해 줄 때, 우리 같은 사람이 훨씬 많다고 믿기는 더 쉬워진다. 정신 건강 캠페인 (예를 들어 MakeItOK.org)은 "당신은 혼자가 아닙니다."라고 말해 준다.

하지만 여전히 그 문장을 "우리는 모두 고장 났기 때문입니다."라고 끝맺지 않기가 어렵다. "불안 때문에 수치스러워하지 않아도 됩니다. 미국인 30퍼센트가 한 배를 타고 있기 때문이죠."라는 문장은 "불안은 죄악입니다."라는 문장보다 더 사실에 가깝지만, "불안은 당신이 집중한다는 것을 의미합니다."라는 문장만큼 사실적이지는 않다.[1] 불안과 우울anxiety&depression에 스포트라이트를 비추는 것은 우리가 함께 타고 있는 배의 크기를 보여 줄 수 있다. 그러나 존엄성을 제공하지는 않는다.

지긋지긋한 자기계발서들. 그런 것들로는 고장 난 마음 상태에 긍정적인 자기 개념을 세울 수 없다. 밝은 데서 어두운 기분을 관찰하면서는 희망적인 결론을 끌어낼 수 없다.

어두운 기분을 가장 열렬하게 옹호하는 사람, 어둠은 빛을 잃은 것 이상이라고 믿는 사람조차도 밝아져야 한다는 부담을 여전히 느낀다. #긍정적으로살기 같은 해시태그가 자신을 불태운다는 사실을 아는 사람도 어두운 순간을 표현할 때는 '신세 한탄 벌이기'라든가 '진흙탕' 같은 단어가 새어 나올 것이다.

예를 들어 나 역시 낮에는 여성이 분노할 권리를 옹호하지만, 그 분노한 여성이 나라는 사실이 밝혀지면 깊은 밤에는 수치심을 경험할지 모른다. 혼자 있을 때면, 세상에 내보이는 긍정적인 생각이나 믿음, 행동이 본인에게 끌려온다는 끌어당김의 법칙 신봉자의 주장이 실은 옳은 게 아닌가 생각할지도 모른다. 우리조차 모든 감정이 다 중요하다는 운동이 도움이 되지 않을 거라고 걱정할 수도 있다. 나약한 마음이 우리를 무방비로 드러낼지도 모른다. 감정의 균형을 좇는 것은 양가 감정을 남겼다. 이론적으로 어두운 기분을 부정하지 않아야 한다는 데 동의하지만, 이런 기분에 압도당할 때 여전히 수치심을 느낀다. 깊은 밤이 찾아오면 '긍정적으로 살기: 더 좋은 날들이 오고 있다' 같은, 꼭 이웃의 주방에 쓰여 있는 글귀처럼 빛을 바라는 기도를 하게 될 거라고 빛 은유는 우리를 들쑤신다.

고장설의 손아귀에 사로잡히고 하나님도 가끔 쓰레기를 창조하는 건 아닌지 의문이 들기 시작할 대 나는 철학으로 도피한다. 플라톤 이후 2,000년이 지나자 실존주의자들이 등장했다. 그들은(그중 절반은 '실존주의자'라는 용어를 거부한다) 삶이 정말 힘들다고 믿는 집단이다. 그들은 인간 존재를 구토하는 동안에도 머리카락을 들어 올리는 자들, 죽는 순간에도 손을 들어 올리는 자들로 생각한다. 그들은 우리가 측량할 수 없는 깊이의 분노와 불안, 애도, 우울과 더불어 강력한 슬픔의 힘을 지니고 있다고 믿는다. 그들에게는 우리가 더 험준한 땅을 맨발로 걷고 사랑하는 이의 암 투병을 지켜보는 것이 미스터리가 아니다. 우리가 어두운 생각을 멈추기 위한 방법을 고안해 내는 데 왜 그리도 많은 시간을 쏟는지 실존주의자들은 이해한다. 그들은 우리가 자기 자신과 서로를 어떻게 속이는지, 괜찮지 않을 때도 어떻게 괜찮다고 말하는지, 아이들에게 죽음을 말하지 않기 위해 어떤 핑계를 찾는지에 관해 글을 쓴다. 실존주의자들은 "타인은 지옥이다." "사랑은 고통이다." 같은 문장들을 쓴다.[2] 내게 실존주의는 첫눈에 반한 사랑이었다. 그들은 20년 넘게 내가 어둠에서 존엄성을 찾게 도와주었다.

정신 건강 전문가나 파워 블로거가 우리의 심리적 일상을 이야기하는 일을 장악하기 전에는 철학자들이 정신에 관해 말하는 주요 이야기꾼이었다(고대를 묻는다면 의사들이 그랬다). 내가 이 책에서 나눌 이야기의 주인공 철학자들은 자신의 동굴을 탐험하고 거기서 무얼 보았는지 이야기하는 데 상당한 시간을 보냈다. 그들은 당신이 우울한 검정색 옷을 입거나 영국 록 밴드 모리세이Morrissey의 울적한 음악을 듣는다고 거부하지 않을 것이며, 그러기를 요구하지도 않을 것이다. 우리를 '병적'이라거나 '극적'이라고 부르지 않으면서도 우리가 죽음과 쇠약에 관해 생각하게 할 것이다. 빛으로부터 달아날 피난처가 필요할 때, 우리는 어둠과 절친한 친구였던 이 여섯 명의 실존주의 철학자 오드리 로드Audre Lorde, 마리아 루고네스Maria Lugones, 미겔 데 우나무노Miguel de Unamuno, C. S. 루이스C. S. Lewis, 글로리아 안살두아Gloria Anzaldúa, 쇠렌 키르케고르Søren Kierkegaard에게로 돌아갈 수 있다.³ 그들은 태양이 불타오르기 시작할 때 우리에게 그늘을 제공해 준다. 그들의 언어와 분노, 슬픔, 애도, 우울, 불안에 대한 태도는 내가 머리를 똑바로 들 수 있게 도와주었다. 당신에게도 도움이 되기를 바란다.

　　이 책의 중심 질문은 이러하다. 진리와 선, 아름다움이 빛뿐 아니라 어둠에도 존재한다면 어떨까? 그렇지 않다고 믿는 것이 큰 실수였다면? 플라톤의 동굴에 살고 있는 훨씬 더 큰 위험의 원인, 바로 인형 조종사들이 있는데도 지금껏 우리가 어둠에 대한 선입견만을 배워 왔다면? 그림자가 실제 물체라고 생각하도록 죄수들을 속이는 것은 그들의 임무였다. 2,500년 전 플라톤의 상상 속 죄수들을 구원했던 것은 태양이 아니었다. 인형을 조종하는 사람들에게서 멀리 떠나는 행동이었다. 그럼에도 대학 시절의 나, 내 수강생들 그리고 서구 역사는 플라톤의 이야기에서 어둠에 대한 두려움, 그와 동시에 생기는 미움에 대해 잘못 배워 왔다.

문제는 동굴이 아니다. 해결책은 빛이 아니다. 그림자는 대낮에도 존재한다. 어둠에 관한 진실 없이 빛을 진리로 전하는 사람은 한낮의 자부심과 한밤의 수치를 팔고 있는 것이다.

이 책은 어두운 기분에 관한 해맑은 철학(작가 바버라 에런라이크Barbara Ehrenreich는 삶의 밝은 면에 머무르도록 우리를 협박하는 미국의 경향성을 『긍정의 배신Bright-Sided』에서 폭로했다. 그 책에 이어 올리버 버크먼Oliver Burkeman의 『합리적 행복The Antidote』이 출간됐다)이 아니다. 애도를 고마워하라거나 불안을 사랑하라고 요구하지도 않을 것이다. 이 책은 어둠의 감정을 옹호하는 여섯 명의 철학자가 발의한 사회 비판이라고 할 수 있다. 밝은 데서는 어두운 기분이 우리를 망가진 듯 보이게 한다 그러나 어두운 곳에서 우리는 온전한 인간을 본다. 각각의 기분은 다른 사람들이 볼 수 없는, 또는 보지 못할 세상을 들여다볼 수 있게 하는 새로운 눈이다. 이 책에서 각각의 철학자는 인간의 어두운 기분에 관한 새로운 용어를 제공한다. 그중 어느 것도 우울을 초능력이라고 부르지 않겠지만 '우울의 질병에도 불구하고 당신은 사랑받을 만해요.' 같은 말보다는 낫다. 우리에게는 저마다 독특한 빛과 어둠의 비율이 있으며, 각각의 조합은 존중할 만하고 품위 있으며 완전히 인간적이라는 사실을 이 철학자들은 인정한다. 이들은 우리에게 어둠 속에서 어떻게 볼 수 있는지를 알려 준다.

플라톤의 계승자들은 어둠의 기분을 과학과 심리학, 종교의 빛으로 평가하라고 가르쳤다. 나는 이 지적 유산을 의심해 보고, 빛 가운데서 나와 다시 동굴 안으로 들어가서 어두운 기분에서 존엄성을 찾을 가능성을 고려해 보자고 권유한다. 소설가이자 환경 운동가이며 시인인 웬델 베리Wendell Berry에게서 나는 많은 것을 보고 배웠다. 그는 이렇게 썼다.

> 빛을 들고 어둠으로 들어가는 것은 빛을 아는 것이다.
> 어둠을 알기 위해선 어둠으로 가라. 보이지 않는 곳으로 가서
> 어둠에도 꽃과 노래가 있음을,
> 어두운 발과 어두운 날개가 지나다님을 발견하라.[4]

어두운 기분은 어둠에서 잘 알 수 있다는 베리의 말이 맞다면, 거기에 빛을 드리우지 말자.

우리 모두 어두운 기분을 경험한다. 누군가는 지금 이 순간에도 겪고 있을 테고, 또 누군가는 이제 막 시작하고 있을 테다. 감사 일기 쓰기를 퍼뜨리는 베스트셀러 인형 조종사들의 무리에 저항하며, 이 책을 읽는 동안 어둠에서 무엇을 알 수 있을지 찾아내기 위해 동굴로 머리를 들이밀자. 이 책은 깨달음의 과정이자 눈을 뜨는 과정이다. 모든 종류의 느낌과 상상, 판단, 표현, 사고를 포함한다. 지금부터 불빛을 약하게 줄이고 미소를 멈출 것이다. 어둠은 두렵다거나, 어둠

에서 탈출해야 한다는 생각을 멈출 것이다. 배움은 낮 동안에만 일어난다는 목소리를 무시할 것이다. 이제 인형 조종사들은 없다. 분노와 슬픔, 애도와 우울과 불안을 아는 철학자들만 존재한다.

1장

분노에
솔직해지기

✦
✦
✦

미국 대학 철학 전공생 중 여성이 3분의 1밖에 되지 않는다는 것을 미리 알았더라면 나는 철학을 전공하지 않았을지도 모르겠다. 내가 10년 뒤 미국에서 겨우 20명 남짓인 라틴계 철학 전문가 중 하나가 되리란 걸 예측했다면 그만두었을 것이다.¹ 적어도 내 전공 학과가 모든 인문학 가운데 통계상 가장 빈약한 다양성을 지녔다는 사실에 분노했으리라. 하지만 그때도 나는 여전히 백인이었다.

내가 갈색 인종이었다면 대부분의 백인 대학에 가지 못했거나, 가더라도 에스닉(소수 인종 집단) 연구자로 지정되었을 것이다. 만일 내가 흑인이었다면, 1969년도 아니고 무려 2009년에 철학자 크리스티 도슨Kristie Dotson의 여동생에게 일어났던 일처럼, "철학은 흑인 여성을 위한 것이 아니다."라는 말을 들었을지도 모른다. 밝은 피부색과 중산층이라는 배경, 메리Mary라는 영국식 이름(마리아나가 개명 전 사용했던 이름.—옮긴이), 시민권 자격 그리고 이성애 중심의 양육 환경이 조화된 결과, 나는 전문적인 철학의 세계에 발 디디게 되었다. 백인으로 여겨지는 것은(내가 백인이라는 내 칠레인 조모의 말을 믿는 것은) 박사 학위 취득에도 도움이 되었다. 1세대 미국 시민권자 메리는 전문가들의 학회에 참석해 (주로 남성) 철학자들 앞에서 돋보일 수 있는 자격을 얻었다.

내가 어둠에 대한 사회의 전체적인 거부에 관해 질문하고, 내 정체성이 유색인 여성이라는 수많은 동료의 말을 진지하게 받아들이기 시작한 것은 지난 10년 전부터였다. 그 분류를 받아들이기 싫었던 이유는, 어두운 피부색 또는 언어나 억양같이 인종이 드러나는 표지 때문에 배타적인 학계와 경제계, 사교계에서 차단당하는 '진짜' 유색인 여성들을 모욕하고 싶지 않았기 때문이다(설득력 있는 한 논리어 따르자면 "당신이 유색인 여성인지 아닌지를 고민한다면 아닌 것이다!"). 그러나 미국과 멕시코 경계에 있는 남부 텍사스로 이주하면서 나는 여러 가지 의미에서 '점점 어두워지는' 나 자신을 발견했다. 이제 나는 이름을 마리아나로 쓴다. 내 이름을 발음하다가 긴장한 혓바닥이 철퍼덕 떨어지지 않아도 되는 곳에 살고 있기 때문이다. 리오그란데 밸리(미국 텍사스주와 멕시코의 국경 지역.—옮긴이)의 인구 중 약 90퍼센트가 히스패닉이거나 라틴계이기에 내 피부색과 스페인어는 잘 어울린다. 하지만 나는 여전히 마리아나 안에 살고 있는 메리로 철학의 문을 통과했다는 사실을 잊지 않을 것이다. 마리아나와 메리는 다음 세대 유색인 학자들을 위한 자리를 마련하기 위해 박사 학위를 함께 취득했다. 감정적이든 다른 의미에서든 '빛이 어둠보다 더 고결하다.'라는 기본 전제를 거부하는 이 책은 이 둘 다로 살아 본 내 경험의 산물이다.

철학의 편견에 부딪히면서 박사 학위(한 멕시코계 미국인 학자가 명명하기론 '철학 여권')를 따기 위해 노력했던 대부분의 유색인 철학자는 여전히 인종차별을 마주한다.² 그중 다수, 특히 여성들은 자신의 자리를 얻지 못하고 학교에서 잘려 나간다. 예를 들면 사회 운동가이자 철학자 앤절라 데비스Angela Davis는 '너무 정치적'이라는 이유로 로스앤젤레스 캘리포니아대학교에서 해고당했다. 미국에서 흑인 여성 최초로 철학 박사 학위를 딴 조이스 미첼 쿡Joyce Mitchell Cook은 하워드대학교에서 재임용이 거부되었고, 시인이자 철학 박사인 라베른 셀턴LaVerne Shelton도 럿거스대학교에서, 철학자이자 개념미술가인 애드리언 파이퍼Adrian Piper도 미시간대학교에서 같은 일을 당했다. 이 유색인 여성들은 합법적으로 전문 철학이라는 국경을 건넜지만 결국 강제 추방당한 것이다. 그런가 하면 어떤 이들은 너무 신물이 나서 자발적으로 떠나기도 했다. 곧 살펴볼 아르헨티나의 여성주의 철학자 루고네스처럼 다른 학과로 망명을 떠난 사람들도 있었다. 2020년 작고하기 전까지 그가 빙엄턴대학교에서 맡았던 학과는 비교문학과 여성, 젠더, 섹슈얼리티 연구였다. 철학계는 어떻게든 유색인 여성들의 피를 말린다.

  이런 일이 일어날 때, 그러니까 유색인 여성들이 철학계에서 내쫓길 때, 분노를 비롯해 다른 모든 것에 관한 그들의 견해는 진지하게 받아들여지지 않는다. (여동생이 지도 교수에게서 철학을 연구하지 말라고 만류당했다는) 도슨은 「이러한 탁상 철학은 괜찮은가?How Is This Paper Philosophy?」라는 에세이를 발표해 유색인 철학자들, 여기서 말한 괴로운 상황을 통과한 이들은 여전히 왜 자신의 견해가 '진짜' 철학으로 인정되어야 하는지 정당화할 것을 일상적으로 요구받는다고 주장한다.[3] 화가 치밀어 오른다. 더 중요한 건 그것이 더 큰 문제를 시사한다는 점이다. 어두운 피쿠와 지혜를 간신히 연결 짓는 사회는 역시 '분노' 같은 어두운 기분을 '건강한' 또는 '당연한'이라는 단어와 짝짓기를 어려워한다.

수 세기 동안 철학자들은 정신을 다루는 명쾌한 이야기꾼이었다. 솔직히 오늘날 철학은 창문 하나 없는 강의실에 늘어선 깨진 타일 사이로 새어 나오는 생각의 누수 같긴 하다. 하지만 지금도 대학생들이 철학 강의실에서 배우는 내용은 대중에게 가닿는다. 그리고 주로 백인이라면, 주로 시스젠더cisgender(타고난 성별과 성 정체성이 일치하는 사람.—옮긴이)라면, 주로 백인으로 가득 찬 교실에서 이성애자 남 교수가 가르친다면, 분노 등 기분에 관한 교육은 이미 현실을 반영하고 있다. 철학 강의실, 나아가 우리 사회에서 회자하는 분노에 관한 견해 중 유색인 여성이 발의한 견해는 거의 없다는 것은 놀랄 일도, 우연의 일치도 아니다.

100년 안에 분노에 관한 상식적인 신념은 자신의 분노에 귀 기울이라고 주장하는 미국의 인권 운동가이자 철학자 로드, 작가이자 사회 비평가 벨 훅스bell hooks, 루고네스 같은 저명한 유색인 여성들에 의해 형성될 것이다. 하지만 오늘날의 견해는 여전히 빛의 은유를 주창했던 고대 그리스 로마 철학자들을 따른다. 분노가 어떤 영향을 미치는지, 그것이 왜 나쁜지에 관한 그들의 이야기는 유사 이래

지배적이었고, 21세기의 성난 여성들에게 그리 친절하지 않다. 고대 철학의 관점에서 분노는 비이성적이고, 정상이 아니며, 추한 것이다. 고장 난 것이다.

♦

플라톤은 분노 같은 격렬한 감정을 통제하기 어렵고 성급하며 이성이라는 '마부'의 통제를 받아야만 하는 검은 말에 비교했다.[4] 자제력을 사용하여 분노를 억제해야 한다고 생각했고, 그렇게 생각한 이는 플라톤만이 아니었다. 그와 비슷하게 분노를 묘사했던 고대 로마 스토아 학파의 세네카^{Seneca}는 격노한 플라톤 이야기를 언급했다.[5] 플라톤은 다른 이들이 으레 그러하듯 노예를 때리려다가 손을 뒤로한 채 그 자세 그대로 멈춰 섰다. 지나가던 한 친구가 이 장면을 보고 플라톤에게 무슨 일인지 물었다. 플라톤은 이렇게 대답했다. "나는 분노한 자가 그 죗값을 치르게 하는 중이라오."[6] 플라톤에게 분노란 통제 불능의 상태라는 표시다. 많은 사람이 남을 해치고도 용케 분노를 변명거리로 삼지만(종종 '격정 범죄'를 저지른 사람은 똑같은 일을 차분하게 이성적으로 행한 사람보다 더 낮은 형을 받기도 한다), 플라톤의 멈춤은 분노는 약점이라는 것을 인정하는 자기만의 방식이었다. 세네카는 플라톤의 예시에서 한 가지 원칙을 세웠다. 화를 표출하기에 가장 적절한 때는 화가 나지 않았을 때다. 그러지 않으면 감정의 노예다.

우리는 화를 잘 내는 사람들을 알고 있다. 우리가 그런 사람일 수도 있다. 팬데믹이 터진 것은 내가 가르치는 일과 행정 책무에서 벗어나 이 책을 쓰려고 찬란한 안식년을 받은 지 얼마 되지 않아서였다. 나는 하루 8시간, 주 5일 글을 쓰며 보낼 예정이었다. 그런데 그때 학교들이 문을 닫았고, 나는 갑자기 내 아이들의 교사가 되어 있었다. '원격 수업'이 특È 초등학교 1학년에게는 좋을 것 같지 않아서였다. 그래서 차악을 선택했다. 온라인 수업을 위한 아이패드를 치우고 책과 연필로 아이들과 홈스쿨링을 했다.

"난 너희들 노예가 아니야!" 한 시간에 다섯 번째 방해를 받고 나서 나는 소리쳤다. 30분간 혼자만의 시간으로 피아노를 치는 중이었는데 아이의 킨들 리더기에 충전이 필요했다. 또 킨들에 좋은 파일이 없었다. 킨들이 사라진 적도 있었다. 이전 해에 코로나 격리가 시작된 이래로 "나도 사람이야!"를 70번 정도는 외쳐야 했다. 적어도 한 번 이상 내가 드라마에 나오는 진짜 주부가 된 양 주방을 뒤집는 꿈을 꾸었다. 6살짜리 아이를 벽에 밀치는 데서 오는 만족감을 상상했고, 즉시 나 자신을 질책했다. 아이들에게 위해를 가하면 안 된다는 걸 알았지만 분노에 휩싸이는 순간이면 왜 그래야 하는지 기억할 수 없었다. 아이들이 화장실 문을 그만 두드리고 대학에 가는 날을 희망했고, 하루 세 끼 아이들 밥을 차리고 교육하는 일에서 벗어나기만 바랐다.

그날 밤 나는 차고에서 일하느라 아이들을 재우지 않아도 되고 아이들이 침실에서 기어 나와서 신경을 거슬리게 하는지 감시하지 않아도 되는 남편에게 퉁명스럽게 잔소리했다. 아마 "미치겠네."라는 말을 코로나 이전 1년보다 그달에 더 많이 입 밖에 낸 것 같다. 아이들에게 욕설을 뱉을 때마다 오래전에 "도대체 무슨 생각이냐?"라고 소리치던 내 아버지의 목소리가 들렸다. 눈을 감으면 지금 아이들이 내 앞에서 그러듯이 아버지 앞에서 슬금슬금 기던 엄마가 보였다.

나는 저녁 식사가 차려진 식탁을 쿵쿵 쳐 대던 아버지의 분노를 보며 자랐다. 우리 가족은 무슨 일이 일어나리란 건 알았지만 어느 날 밤인지, 왜인지는 알지 못했다. 아버지의 화산 같은 성질의 위험 신호는 세 가지 반복적인 움직임을 동반했다. 먼저 오른손으로 큰 코를 연속적으로 빠르게 여러 번 움켜잡는다. 그다음 그 손으로 빽빽한 백발을 쓸어 넘기며 이 사이로 공기를 들이마신다. 쏩. 저녁 식사 시간이든, 차 안이든, 아니면 식료품 상점 안이든, 아버지가 보내는 코, 머리, 쏩이라는 첫 번째 신호에서 우리는 마음의 준비를 해야 했다. 바닥을 응시하고 잠자코 있다가 만일 아버지가 심한 사투리로 "내가 네 아버지인 건 알고 있냐?"처럼 어떤 수사적 질문을 한다 해도 "네, 아버지." 하고 대답한다. 말 폭탄이 얼른 터지기를, 하지만 거기에 너무 데지 않기를 기도한다. 나는 떨고 있지만 울지는 않는다. 울음은 상황을 악화시킨다는 사실을 알았고, 게다가 아버지가 이기게 하고 싶지 않았다.

플라톤과 세네카처럼 분노 때문에 놀랐지만, 아버지의 폭발을 처음 봤을 때는 아이였기에 나 역시 마음이 끓어올랐다. 화내는 부모의 자식 중 일부는 정반대의 길을 가지만, 다수는 화내는 어른이 된다. 우리는 모두 어떤 식으로든 어린 시절에 보았거나 크지 못했던 분노를 마주한다.

내 코로나 기간의 분노에 관해 먼저 해명하자면 나는 고물이었다. 그러나 나는 그 철학적 또는 심리학적 이론을 미심쩍어했다. 고대 철학 같은 냄새가 났다. 플라톤은 나(또는 다른 여성)에 관해 말하지 않았지만, 내가 해야 했던 일은 그가 묘사했던 모습을 보기 위해 거울을 보는 것이었다. 헝클어진 머리, 야생스, 퀭한 눈, 삐뚤어진 옷차림. 코로나 격리는 나를 미친 듯이 날뛰는 검은 말로 바꿔 놓았다. 영원히 한 서린 여자가 되고 싶지 않았는데 아이들과 남편이 조금만 잘못해도 몰아세웠다. 뜨거운 분노가 급속도로 머리끝까지 올라왔다가 입 밖으로 빠져나가는 것을 멈출 수 없었다.

다른 엄마들처럼 나도 부모가 어떻게 행동해야 하는지, 뭘 하지 말아야 하는지에 관한 사회의 메시지를 다 알고 있었다. 좋은 엄마는 자녀들을 무섭게 하거나 그들에게 무슨 문제가 있다고 말하지 않는다. 좋은 엄마는 아이들더러 이기적이라거나 버릇없다고 하지 않으며, 그들이 스스로를 하찮게 여기지 않도록 행동한다. '분노는 수치스러운 것'이라는 고대의 메시지를 전승받기 위해 철학 수업에 들어가 앉아야 하는 건 아니다. 사실 수치는 분노한 사람이 발끈 화를 낸 후 느끼는 감정과 비슷하다. 분노한 여성은 자기 연민이 부족한 경향이 있다. 일부는 자기계발서에 의지한다. 직업적인 철학자가 되고 나서 나는 가학적으로, 피학적으로 내 근원으로 되돌아갔다. 내가 사랑했던 모든 렌즈를 통해 내 분노를 더 깊이 바라보았다. 가장 오래되고 낡아빠진 근원이었지만 놀랍게도 그것이 여전히 나를 지배하고 있다는 것은 나 혼자만의 경험이 아니었다.

  코로나 분노를 누그러뜨리기 위해 나는 내가 매우 좋아하는 빛의 철학자 중 한 명에게, 열심히 일하면 행복할 수 있다는 사상을 만들어 낸 학자에게 의지했다. 에픽테토스Epictetus는 스토아 철학자로, 그의 짧은 책 『엥케이리디온Enchiridion』을 나는 매년 읽곤 했다. 15번째 읽었을 때 그는 내게 "무지한 자는 다른 이들을 탓한다. 약간 배운 자는 자기 자신을 탓한다. 참교양인은 아무도 탓하지 않는다."라고 말했다. 나는 내 환경을 통제할 수 없지만(에픽테토스도 내가 팬데믹을 끝내거나 학교 문을 다시 열 권한이 없음을 인정했다) 분노를 조절할 수는 있었다. 인생이 좀 더 쉬워지기를 기대한다면, 내 문제에 대해 남편이나 아이들을 탓하는 대신 스스로를 탓해야 한다. 아니면 아무도 탓하지 말고 새로운 일상을 감사하게 받아들여야 한다. 이 말은 미국 스타일처럼 자신의 노력이 필요하다는 식으로 들렸다. 맘에 들었다. 무엇보다 나는 1세대 미국 시민권자로 뉴욕("여기서 성공할 수 있다면 어디서든 할 수 있다.")에서 자랐다. 열심히 일하기를 즐기라고 교육받았고, 계속 그렇게 살았다.

  2세기 로마 황제이자 '분노에 굴복하는 것은 나약함의 표지'

라고 믿었던 스토아 철학자 마르쿠스 아우렐리우스Marcus Aurelius의 『명상록Meditations』도 다시 읽었다.⁸ 아우렐리우스는 스토아 학파의 중심 사상 중 하나를 개혁했다. "방해는 오로지 내면, 즉 우리 자신의 인식에서부터 온다."⁹ 그의 조언은 무엇인가? 기대치를 낮추라. 나를 바꿀 수 있는 유일한 사람은 나 자신임을 기억하라. 그러기 위해서는 사람들이 나의 일상을 자극하리란 것을 예상하면 대비할 수 있다.¹⁰ 내게 그 말은 아이가 있다는 건 생활이 엉망진창이 된다는 사실을 기억하라는 의미였다. 나는 그만 놀라고 그만 짜증 낼 필요가 있었다. 그러나 엉망진창을 예상한다고 해서 매일 밤 식탁이 치워지거나 식기세척기에 그릇이 들어갔다 나오거나 부스러기가 잔뜩 널린 바닥이 청소되지는 않았다. 아우렐리우스가 자신의 노예들을 보내 내 집을 청소해 주지는 않았다. 코로나 격리 기간에 엉망진창인 집을 치우며 그동안 훈련했던 스토아 철학을 약 7년 전 처음으로 내가 왜 버렸는지 기억났다.

첫아들이 태어났을 때 나는 스토아 철학의 빛을 따라 걸어 보려 했다. 아들 인생의 첫해 동안, 인간은 자기 감정을 통제한다고 스스로 되뇌었다. 아우렐리우스의 조언에 따라 일상을 자극하는 것들을 예상해 보려고 훈련했다. 마주하게 될 것 같은 불행의 원인을 상상해서 실제로 마주했을 때 놀라지 않으려 했다. 이 방법이 도움이 될 때도 있었다. 6개월 된 아기의 대장이 잘 조절되리라고 낙관적으로 기대하기보다 기저귀가 샐 거라고 예상하는 것이, 아기와 함께 비행기 타는 일을 쉽게 만들어 주었다.

그 당시 나는 내가 상상한 아기와 달리, 잠을 자지 않고 하루 최소 25시간은 울어 대는 내 귀여운 신생아에게 화내지 않을 방법을 찾게 해 달라고 스토아 철학에 물었다. '시간이 빠르게 흐른다!'라고 말할 수 있기를 바라고, 죽음을 기억하라는 스토아 철학의 '메멘토 모리memento mori'를 실천해 보았다. 아우렐리우스처럼 나도 내 혼란스러움을 세세하게 열거하고 가라앉혀 보려고 일기를 써 보기도 했다. '위에서 내려다보기'를 통해 삶 전체와 우주에 비교한다면 지금 이 순간이 얼마나 작고 사소한지 상상해 보려고 애썼다.¹¹ 나는 걸었고 읽었고 명상했다. 그렇지만 나를 크나큰 우주의 하찮은 벌레로 그려 보아도 좀처럼 안심하지 못했다. 여전히 울부짖는 짐 덩어리를 창밖으로 던지고 싶었다. 절대 그러지는 않았지만 화를 그치지 못하는 나의 무능함은 실패감을 느끼게 하기에 충분했다. 나는 너무 약해서(에픽테토스는 '무지하다.'라고 속삭였다) 스토아 철학의 기준대로 살지 못했다. 그래서 그들을 버리고 아리스토텔레스Aristoteles에게로 향했다.

아리스토텔레스 철학은 아이를 양육하는 동안 내게 더 잘 맞았다. 감정은 왔다 갔다 하기도 하고 행동보다 중요하지 않으니 감정을 통제하려고 많은 시간을 낭비하지 말라는 그의 조언에 감사했다. 플라톤이 우리의 정신을 말 타는 마부로 묘사했던 것과 달리, 아리스토텔레스의 그림은 감정, 성향, 행위적 상태라는 세 가지 맛으로 나

뉜 팝콘 통을 떠오르게 했다. 우리는 행복, 슬픔, 격노, 불안 등 대부분의 감정을 경험한다. 감정은 저절로 일어나며 어떤 감정은 불의에 맞서는 분노처럼 적절하고, 어떤 감정은 질투처럼 그리 유쾌하지 않다. 그래도 아리스토텔레스는 감정은 바꾸기 어려우니 조절하기 위해 너무 많은 에너지를 낭비하지 말자고 했다. 성향은 우리가 그런 감정을 느끼게 될 가능성을 말한다. 어떤 사람은 열쇠를 잃어버리면 눈물이 터지지만, 어떤 사람은 격분한다. 사람은 각기 다양한 감정적 기질을 지니고 있다.

만약 내가 슬픔을 잘 느끼는 성향이었다면 격리 기간 동안 작은아들이 글쓰기 수업을 거부했을 때 울었을지도 모른다. 그러나 나는 화가 나는 성향이라 아들에게 꼴도 보기 싫으니 방으로 들어가라고 했다. 하지만 그러자 나도 내 꼴이 보기 싫어졌다. '보통' 사람, 다정한 사람, 여성적인 사람처럼 나도 모든 것이 무너져 내릴 때 그냥 울 수 있기를 얼마나 헛되이 바랐던가. 코로나 격리 기간에 매일 밤 아리스토텔레스는 나를 감싸고 내 성향이 행동을 결정하지 않는다고 부드럽게 되새겨 주었다.

아리스토텔레스는 감정과 성향은 중요하지만 오직 자신을 알게 하는 철학적 덕으로서만 중요하다고 말했다. 서랍이 안 열린다거나 도넛 상자가 고집스레 입을 열지 않을 때마다 내가 자주 쉽게 화낸다는 사실을 아는 것은 도움이 된다. 누군가는 자신의 감정을 잘 안다는 사실에 자랑스러워하고 아리스토텔레스도 이를 칭찬하겠지만 그는 곧바로 주요 무대로 우리를 안내한다. 바로 행동이다.

아리스토텔레스는 감정과 성향에 맞서 자기 자신을 '감당'할 방법을 통제하는 올바른 '행위적 상태'를 구축하는 게 중요하다고 믿었다. 올바른 행동의 영원한 신봉자인 그는 흥측한 상황에서도 아름답게 반응하도록 정신을 단련하라고 제안한다. 나도 옷을 입지 않는 작은아들에게 혼난다고 협박하지 않고 그 피곤한 몸이 걷는 것을 도와 옷장에서 옷을 꺼내게 한 적도 있었다. 아름다운 행동이다. 아름답게 행동하는 동안 화가 나도 된다는 아리스토텔레스가 있는데 왜 화내는 자신이 수치스러워야 하는가? 화나는 감정을 내던지고 싶은 충동이 들지만 제대로 잘 행동하는 것을 연습할 기회를 제공하기에 이는 유익하다고 그는 생각했다. 많은 이가 자신도 모르지만 아리스토텔레스적인 인간이다. 거의 추한 행동을 할 뻔했지만 아름답게 행동하기로 결정하는 자신을 영웅처럼 느낄 수 있다.

스토아 철학과는 다르게 아리스토텔레스는 다행히도 감정에 관한 '의무'를 거부한다. 감정은 그대로 행동으로 옮기지 않는 한 자연스럽고 해를 가하지 않기 때문이다. 아기를 던지고 싶을 정도로 화나는 감정은 자연스럽다. 하지만 아리스토텔레스에게 중요한 것은 그 충동을 따르지 않기로 거부하는 선택이다. 일과 집안일, 게다가 홈스쿨링까지 버거워 화나고 분개하는 감정은 허용할 수 있지만 분노를 분출하는 건 안 된다. 미국의 어린이 드라마 〈미스터 로저스의 이웃〉의 주인공이자 방송인 프레드 로저스Fred Rogers는 아리스토텔레스의 요점을 멋지게 짚어 냈다. "모두가 다양한 방식으로 감정을 느낍니다. 그리고 그 모든 감정은 괜찮아요. 인생에서 중요한 것은 우리가 느끼는 감정으로 무엇을 하느냐예요."[12]

슬프게도 격리 기간에 아리스토텔레스의 덜 비판적인 산조차도 내겐 너무 높아서 오를 수 없을 것처럼 보였다. 화를 내며 행동하지 않는 한 분노를 느껴도 된다고 허락받았지만, 나는 아름답게 행동하기에 지쳐 버렸다. 그의 철학은 아이들이 아기였던 시절을 버티게 해 주었지만 더는 도움이 되지 못했다. 누가 더 많이 가지느냐로 싸우는 두 아이에게 구운 아몬드를 각각 한 줌씩 던지는 나 자신을 제어할 수 없었을 때는 분노에 관한 그의 관점도 힘들었다. 아리스토텔레스가 애인이 아니라, 마치 "어둠과 장난삼아 만나는 건 괜찮지만 결혼은 안 된다."라고 말하는 아버지처럼 보이기 시작했다. 나는 반항하기로 했다.

격리 기간에 겪은 내 분노 경험은 스스로를 화난 상태로 드면 안 된다고 말하는 스토아 철학과 행동으로 옮기지 않는 한 화날 수는 있다고 말하는 아리스토텔레스, 두 가지 밝은 빛 사이에 나를 가두었다. 심지어 클로드 드뷔시Claude Debussy의 연주와 미국 록 밴드 앨리스 인 체인스Alice In Chains의 노래를 들으며 "분노에는 선율로 맞서라.'라고 하는 고대 그리스 철학자 피타고라스Pythagoras의 조언을 실행해 보았다.[13] 하지만 고대 그리스인이 '분노 발작'이라고 부르던 것을 경험할 때면 나는 무언가 대단히 잘못된 것 같다고 느꼈다.[14] 집에 갇혀 초

췌한 모습으로 나를 쳐다보는 거울 속 여자는 추하고 비이성적이며 제정신이 아니었다. 고대인이 했던 그 말, 머릿속에 맴도는 그 말을 나도 내뱉었다. 나는 고장설의 말을 듣고 있었다.

분노를 '비이성적이다.' '추하다.' 또는 '제정신이 아니다.'라고 하는 것은 분노는 악귀에 사로잡힌 것이라거나 과도한 담즙 분비에 시달리는 거라고 말하며 돌아다니는 것만큼이나 고대 철학자들을 소환하는 일이다.[15] 고대의 빛 은유는 오늘날까지 책장을 점령하고 있다. 『신경 끄기의 기술The Subtle Art of Not Giving a F*ck』로 자기계발서 분야의 베스트셀러 저자가 된 마크 맨슨Mark Manson은 스토아 철학이 믿는 것처럼 우리는 신경 쓸 것을 결정할 수 있다고 말한다. 스토아 철학처럼 그는 가치 있는 것, 역경에 대처하는 법, 의미 있는 것을 우리가 결정한다며 선택에 힘껏 기댄다. 맨슨은 분노가 우리의 잘못은 아닐 수 있지만 우리의 책임이라고 말한다.[16] 그의 말에 따르면 나는 아이들의 무례함을 직접적으로 받아들이지 않기로 결정할 수 있었다. 나는 다른 사람들이 나를 짜증 나게 하도록 내버려둘 필요가 없었다. 맨슨은 그가 스토아 철학의 역사적 부흥(〈스토이시즘 투데이Stoicism Today〉 블로그나, 미국의 작가 라이언 홀리데이Ryan Holiday와 스티븐 핸슬먼Stephen Hanselman의 『데일리 필로소피The Daily Stoic』, '스토익 위크Stoic Week'와 '스토이콘Stoicon' 같은 공공 행사를 포함한다)에 가담하고 있다는 것을 부인하지만(2012년 이후), 그의 책 내용은 그렇지 않다.[17] 오늘날 스토아 철학에 매료된 인구 대부분, 즉 '브로이시즘Broicism'(형제를 뜻하는 bro와 스토아 철학Stoicism의 합성

어로, 스토아 철학을 남성성이나 마초적 태도와 결합한 거념. 학문적 개념이 아니라 인터넷 커뮤니티에서 형성된 용어다.—옮긴이)이라는 거북한 별명을 얻게 된 이들이 맨슨이 욕설이 난무하는 '직설법'으로 겨냥한 예상 독자다.

아리스토텔레스 측에서는 자기계발 코치인 게리 비숍Gary Bishop의 『내 인성 구하기Stop Doing That Sh*t』가 기분이 안 좋을 수 있어도 어쨌든 그 일을 하는 방법에 관해 말한다('그 일'은 의무가 요구된다. 예를 들면, 나는 짜증 내는 아이에게 이렇게 말했다. "자전거 타고 집으로 가는 것에 화내도/슬퍼해도 돼. 울고 싶으면 울어. 그 대신 달리면서 해.").[13] 이 철학에 의하면 당신이 얼마나 힘든지는 중요하지 않다. 당신은 행동을 통제할 수 있는 자제력을 지니고 있다. 비숍은, 빌어먹을, 당신이 정신 똑바로 차리기를 여전히 기대한다.

화를 스스로 덜 수 있다고 믿든(스토아 철학처럼), 아니면 행동으로 옮기지 않는 한 화를 낼 수 있다고 믿든(아리스토텔레스처럼), 우리는 분노에 대한 편견을 고대 그리스 로마인에게서 물려받았을 가능성이 충분하다. 그러나 분노를 외면하는 것은 우리 자신을 명확하게 보도록 도와줄 수 없다.

아리스토텔레스와 스토아 철학은 내가 저녁 식탁에서 아몬드를 던진 행동에 서로 다른 해결의 빛을 드리웠을지 모르지만 둘 다 내가 진정할 필요가 있다는 데 동의했다. 이론적으로 나도 동의하지만 내 안의 어떤 부분은 그 제안에 화를 냈다. 고대 마케도니아 제국의 알렉산드로스Alexandros 대왕이 자신의 야성마 부케팔루스를 길들이기 위해 억지로 태양을 응시하게 했다는 이야기가 떠올랐다. 말은 자신의 그림자를 두려워했지만 빛을 응시함으로써 겁먹지 않게 되었다. 하지만 이내 눈멀었고 복종하게 되었다. 많은 여성처럼 나도 마음을 가라앉힐 때 발끈했던 이유가 무엇이든 그건 중요한 일이 아니라고, 내가 과잉 반응한 거라고 결론짓는다. 부케팔루스처럼 나는 맞서 싸우지 않는다. 복종한다.

고대 그리스 로마 철학자들은 분노에 귀 기울이라고 말하지 않았다. 우리를 너무나 화나게 하는 구조적 불의에 직면하거나 맞설 유익한 렌즈를 남겨 주지도 않았다. 오늘날 자기계발 산업도 마찬가지다. 자기계발은 좁다란 우리 존재의 복도를 확장하도록 만들어지지 않았다. 벽기둥은 절대 움직이지 않는다고 받아들이면 최고의 삶을 살도록 도와주리라 약속할 뿐이다. 하지만 우리가 벽기둥이 움직일 수 있다고 믿는다면 어떻게 될까?

팬데믹 동안 일자리를 잃은 여성의 수는 남성의 수보다 100만 명이 많다. 흑인, 라틴계, 아시아계 여성들은 누구보다도 많이 일자리를 잃었다. 우리는 유색인 여성들의 존재의 복도를 넓히기 위해 이 세계에 맞서 싸울 수 있으나, 우리의 분노가 비이성적이거나 추하거나 제정신이 아니라고 미리 믿어 버리면 그럴 수 없다. 너무도 많은 이가 분노에 죄책감을 느끼면서 길을 잃었고 길들여졌다.

이제 허물고 다시 세우는 시간, 분노에 관해 생각하고 우리를 둘러싼 감정의 담을 넓히는 혁신의 시간이다. 스스로에게 화낼 공간을 조금 더 열어 줌으로써 새롭게 시작할 수 있다. 분노에 관한 생각을 고대 그리스 로마 남성들이 아니라 20세기 유색인 여성들에게서 얻어 낸다면 어떤 변화가 생길까? 유색인 여성들이 분노의 동굴에서 우리를 인도하게 한다면? 그들은 우리가 무엇을 보게 해 줄까?

현대 역사상 로드는 자신의 분노를 대놓고 옹호하며 분노 없이는 아무것도 못한다고 주장한 첫 여성일 것이다. 로드 이전의 초기 분노 선구자들로는 1851년 오하이오주에서 열린 전국 여성 인권 대회에서 '나는 여자가 아닙니까?'라는 분노의 연설로 백인 여성과 흑인 여성이 대우받는 방식의 차이를 까발렸던 노예 출신의 소저너 트루스Sojourner Truth와, 1892년 테네시주 멤피스에서 흑인들이 린치당했던 사건에 분노하여 공개적으로 이를 폭로한 아이다 B. 웰스Ida B.Wells, 그리고 1955년 자신의 분노를 "피곤한 상황"이라고 말했던 로사 파크스Rosa Parks가 있다. 1981년 로드가 이미 흑인 사회에서 존경받는 문인이 되었을 때 그는 청중이 듣기 편하도록 목소리 톤을 조절하라는 요청에 항의하는 전설적인 연설을 했다. 로드는 진짜 소리를 높여야 할 때 조금 더 부드럽게 말해 달라고 끊임없이 요청하는 사람들이 실은 잘못되었다고 분개했다. 그는 분노를 비이성적이라고 부르기를 거부함으로써 고대인의 대사에 맞선 철학적 대안을 탄생시켰다.

오드리 로드는 1934년 뉴욕 할렘에서 서인도 제도 이민자의 셋째 딸로 태어났다. 엄격한 어머니를 경악하게 할 만큼 반항과 글쓰

49

기에 탁월했다. 어머니는 자신의 '천둥벌거숭이' 딸 때문에 당황스러웠다. 로드의 어머니는 피부색이 밝아서 비흑인으로 인정받을 수 있었는데, 아마도 그래서 조금 더 어두운 피부색을 지닌 흑인들, 검은 완두콩과 수박을 먹는 '그자들'을 무시했던 것 같다. 로드 가족은 인종차별의 부당함에 관해 이야기하지 않았지만 오드리는 백인이 협력자가 아니라는 사실을 알아차렸다.

로드 부부는 초연해 보려고 노력하며 추악한 인종차별로부터 자식들을 보호하려 했으나 워싱턴 D. C. 여행에서 더는 이를 숨길 수 없게 되었다. 역사박물관 견학 후 로드는 아이스크림을 파는 휴게실에서 구매를 거절당했다. 아무도 소녀 오드리에게 왜 아이스크림을 먹을 수 없는지 설명하지 않았다. 그의 가족도 지금 미국에서 무슨 일이 일어나고 있는지 이해시켜 주지 않았다. 인종차별에 대한 불분명한 인식과 엄격한 양육 환경 사이에서 로드는 점점 더 거칠어질 뿐이었다.

로드 부인은 자녀들이 백인을 의심하고 흑인을 열등하게 보도록 기르면 인생에 득이 되리라 생각했을지 모르지만, 오드리는 엄마의 편견을 본받지 않았다. 어두운 피부와 밝은 피부 둘 다에 대한 편견을 물려받지 않았고, 피부색과 성별을 가리지 않고 모든 사람을 주변에 두었다. 헌터고등학교 재학 중 처음으로 썼던 시와 헌터대학교에서 철학을 부전공으로 공부할 때 출판했던 시를 통해 스스로를 주장했다.[19]

47살 때 로드는 코네티컷주에서 열린 전국 여성학 연구 연합 대회에서 '분노의 사용'이란 제목의 기조 연설을 했다. 로드에 의하면 분노를 이해하는 첫걸음은 두려워하지 않는 것이다. "분노에 대한 두려움은 내게 아무것도 가르쳐 주지 못했습니다." 로드가 말했다. "분노에 대한 당신의 두려움도 당신에게 가르쳐 줄 것이 없습니다."[20]

분노는 파괴적일 수 있어서 두려워하는 게 자연스럽다. 고대 로마의 철학자 세네카의 분노에는 이유가 있었다. 분노와 광기의 어린 황제 네로의 고문이었던 그는 그저 재미로 한 도시 전체를 불태우는 통치자를 보았다. 나 역시 화를 잘 내는 아버지라는 그늘에서 자랐다는 사실을 인식한 이래로 분노를 두려워했다. 너무 많은, 또는 너무 적은 분노일지라도 이를 보았다면 누구나 분노를 두려워할지 모른다. 분노를 두려워하지 않기란 어렵지만 로드의 말이 맞다면 앞으로 나아가기 위해 필요하다.

"정확하게 초점을 맞추면," 로드는 청중에게 말했다. 분노는 "진보와 변화를 위한 힘의 강력한 원천이 될 수 있습니다."[21] 1981년 이전에는 분노를 진보와 변화와 짝짓는 목소리가 거의 없었다. 말콤 엑스Malcolm X같이 목소리를 냈던 인권 운동가들을 언론에서는 어둡고 위험하게 묘사했다. 분노를 위험과 연관 짓는 것에 익숙한 우리에게는 분노를 진보와 변화에 갖다 붙이려면 추가적인 작업이 필요하다.

우리가 분노 때문에 혐오자가 될까 봐 걱정하지 않도록 로드는 분노와 혐오의 차이점을 주장했다. 분노에 관한 그의 연설은 사람이 아니라 인종차별로 향한다. "혐오는 우리의 목표를 공유하지 않는 이들의 격분입니다. 혐오의 목적은 죽음과 파멸입니다."[22] 로드는 임신 중절 병원을 폭격하는 것은 분노가 아니라 혐오에 의한 행동이라고 말하곤 했다. 그러나 이민자 부모의 품에서 아이들을 떼어 놓는 정책에 대해 분노하는 것은 혐오가 아니다. "그 분노의 목적은 변화니까요."[23] 로드는 분노와 혐오 구별하기를 배워야 하며, 그 둘을 혼용하는 사람들을 경계할 수 있어야 한다고 주장했다.

현대 철학자 마이샤 체리Myisha Cherry는 인종차별에 대한 분노를 묘사하는 '로드식 분노Lordean rage'라는 용어를 만들었다.[24] 그런데 우리는 여성 운동선수에게도 똑같은 임금을 요구한다거나, 성 감수성 격차(남성이 여성보다 더욱 고생한다고 여기는 사람들이 있다)를 줄인다거나, 신경 다양성(뇌신경의 차이로 비롯되는 질환이나 행동 양상을 비장애 범주에 포함하자는 관점.—옮긴이)을 존중하고 지지한다거나, 수감자의 권리를 요구하는 등 다양한 경우로 분노에 관한 로드의 옹호를 확장할 수 있다. 중심에 정의가 있다면 로드식 분노다.

화내기가 항상 옳은 것도 아니지만 항상 비이성적인 것도 아니다. 로드는 분노든 다른 무엇이든 "정보와 에너지가 넘친다."[25]라고 했다. 비이성적일 거라 생각해서 분노를 일축한다면 분노가 하는 말을 듣지 못한다. 자기 자신에게 등을 돌린다면 분노가 우리에게 하고자 하는 말이 무엇인지 알아내지 못한다.

분노 폭발 후 우리는 진정하라는 말을 듣는다. 연설 중에 로드는 한 학술 대회에서 "직접적이고 특정한 분노"를 토해 내며 연설한 경험을 회고했다. 한 익명의 백인 여성이 로드의 분노에 이렇게 반응했다. "당신이 느끼는 것을 말하되, 너무 거칠게 말하지는 마세요. 그러지 않으면 들을 수가 없어요."[26] 나도 어조 지적을 받은 적이 있다. 그러면 서서히 논점이 흐트러진다. 상대는 당신이 말하는 내용에서 방식으로 관심을 전환한다. 화난 여성이 어조를 지적받을 때 이는 자신의 분노를 부끄러워하고 자신의 자리를 알라는 말을 듣는 것이다. 빛이 넘쳐 나는 세상에 어둠을 위한 자리는 없다. 현 상황에 권한이 주어진 이들, 즉 인형 조종사들은 그를 비이성적이라고 부를 것이며, 필요하다면 무력으로 입을 다물게 할 것이다.

플라톤은 화를 내며 행동하는 것이 비이성적이라고 생각했다. 스토아 철학은 화를 제정신이 아니라고 보았다. 아리스토텔레스는 추하다고 했다. 이러한 고대의 빛에 갇힌 상태에서 어조를 지적하는 이들이 당신에게 다가온다면 그들에게 맞설 수 없다. 아마도 물러서거나 바꿔 말하거나 더는 말하지 않을 것이다. 게다가 화나도록 '자신을 내버려두고' 방치한 것을 부끄러워할지도 모른다(고마워라, 스토아 철학이여). 내 분노는 내가 분노를 잘 다루는 사람이었으면 좋겠다고 바라게 했고, 스스로가 약하고 고장 났다고 느끼게 만들었다. 미국에 사는 우리에게 분노라는 감정은 수치를 불러일으키며, 화를 표현하면 수치는 더 깊어질 뿐이다.

로드는 어조를 지적하는 여성에게 굴하지 않았다. 그 대신 로

53

드는 자신의 분노를 비판한 그 백인 여성이 자신이 말하고 있던 내용을 듣고 있을 수 없었기 때문에 그랬던 게 아닐지 궁금해했다. 듣기는 변화를 요구했을 것이다.[27] 전 세계 어조 지적자들에게 로드는 공언했다. "나는 당신들이 죄책감을 면하게 하려고 또는 감정을 다치지 않게 하려고 또는 분노를 되받아치지 않게 하려고 내 분노를 숨길 수 없다. 그렇게 하는 것은 우리의 모든 노력을 모욕하고 경시하는 일이다."[28] 자신의 분노를 비이성적이라고 생각했다면 로드는 절대로 그날 그 학술 대회에서 자리를 차지한 채 발언하지 못했을 것이다. 분노의 합리성에 관한 믿음은 로드가 정의를 추구하는 힘이 되었다.

여성의 힘을 자신의 불만을 억누를 수 있는 참을성과 동일시하는 사회, 다른 사람은 더 힘들다며 꾸준히 되뇌며 꾸짖는 사회, 여성의 부당한 처사를 인정하는 대신 자기계발서를 쥐여 주는 사회는 아픈 여성들로 가득한 사회다. 『우리의 분노는 길을 만든다Rage Becomes Her』에서 미국의 분노 전문가 소라야 시멀리Soraya Chemaly는 "분노는 고통을 유발하는 단 하나의 가장 강력한 정서 원인이다."라고 밝힌 한 연구에 관해 논한다.[29] 또한 시멀리는 여성은 남성보다 더 묵묵히 고통을 감내하기에 분노는 아직 알지 못하는 다양한 방식으로 여성의 몸에 영향을 미친다고 결론짓는다.[30] 미네소타주에 살고 있는 내 사랑스러운 조카의 만성 골반통도 억눌린 화일지도 모른다. 어쨌든 화는 삼킨다고 사라지지 않음을 우리는 알게 되었다. 화를 표현할 때(남자아이는 화를 표현하라는 격려를 더 자주 받는 것처럼) 우리가 살아남는다는 사실도 들을 수 있다 시멀리가 인용한 한 연구에 따르면 화를 표현했던 유방암 환자들은 참았던 여성들보다 생존율이 2배 높았다.[31]

로드가 연설에서 묘사했던 분노는 어두웠다. 체계적이고 냉철했고 계산적이었다. 우리가 어둠 속에서 돌아다닐 때 그러는 것처럼. 로드는 우리에게 스스로를 믿고 분노를 자기 자신과 세상의 '정직을 발굴'하는 도구로 사용하라고 요청했다.[32] 맨손으로 진실을 파낼 수는 없다. 문제의 땅을 이리저리 깨고 흙을 퍼낼 삽이 될 분노가 필요하다. 분노는 숨겨야 할 것이라고 추정하는 대신, 도구로 사용하는 법을 배울 때만 우리는 진리에 가닿을 수 있다.

그러나 로드의 말에 동의하며 '분노'를 '도구'와 '정직'에 연결하는 작은 노력을 시작했던 우리조차도 여전히 고대의 빛 철학이 남긴 '제정신 아닌 것'과 '추한 것'이라는 두 맷돌에 짓눌리고 있다.

✦

2021년 1월 6일 수백 명, 주로 백인 남성들이 "도둑질을 멈추라.stop the steal."라고 외치기 위해, 조 바이든이 2020년 대통령 선거 당선인이라는 공식 발표를 막기 위해, 미국 국회의사당 건물로 난입했다. 시위대가 처음에는 경찰 방어벽을 뚫고 국회의사당 계단으로 넘어가더니 창문과 문을 부수고 건물로 진입하며 점점 거세지는 모습을 전 세계가 목격했다. 군중의 폭력에 경찰도 똑같이 대응하리라 예상했던 시청자는 나뿐만이 아니었다. 몽둥이와 총이 나오기를 기다리며 일제히 숨죽였지만 그날 경찰에게 맞은 폭도를 한 명도 보지 못했다. 다친 범죄자들이 들것에 실려 나오는 장면 대신에 브로드웨이 쇼에 참석했다가 양쪽으로 활짝 열린 문을 빠져나가는 관람객처럼 건물 밖으로 호위를 받으며 빠져나가는 수백 명의 웃는 침입자를 보았다. 건물 안에서 화난 폭도는 단 한 명도 체포되지 않았으며, 그날 하루가 끝날 때까지 52명만 대부분 오후 5시 통행 금지 시간을 어긴 이유로 체포되었다.[33] 다음 날 FBI는 그 전날 '그들의 일을 하도록' 경찰이 눈감아 준 자들을 찾기 위해 현상금 공고를 냈다.[34] 여기서 많은 이가 왜 경찰이 건물 안에서 그들을 체포하지 않았는지 궁금해했다. 왜 경찰은 시위대가 그냥 가게 두었을까?

경찰이 흑인들을 구타하는 비디오 장면을 보는 데 익숙했던 우리는 혼란스러웠다. 6개월 전 우리 모두 BLM 집회 내내 군복을 입고 무장한 4,000명의 병력이 링컨 기념관 계단을 '보호'하는 광경을 보았다.[35] 경찰 폭력의 피해자 조지 플로이드(George Floyd) 사망 이후 시위대에게 사용했던 섬광 수류탄과 고무탄, 가시총, 최루탄, 후추 스프레이, 경찰봉에 관한 기사를 읽었다.[36] 그날 밤과 지난 수십 년간 우리는 인권 운동 때문에 수천 명이 체포된 소식을 들어 왔다. 경찰관의 기도를 가격해서가 아니라 그저 앉아 있었다는 이유만으로도.[37]

빛 은유는 백색 테러(white terror)가 위험하다는 것을 알지 못하게 했다. 이를테면 빌보드에 보이는 화사한 미소를 띤 백인 여성이나 리얼리티 TV 프로그램 〈캅스Cops〉속 경찰의 제지를 받는 흑인 남성에게서 보이는 모습을 생각해 보라. "보기보다 더 거친 공격이었던 국회의사당 습격." 미국 연합통신의 헤드라인이었다.[38] 국회의사당 건물 창문을 깨부수는 성난 군중이 슬쩍 보기에는 거칠지 않았다는 말인가? 누구에게? 시위대에 있던 어떤 남자는 노예 해방 이후로 흑인에게 자행된 폭력의 상징인 쇠스랑을 들고 다녔다. 어떤 사람은 남부연합기(노예 해방을 반대했던 미국 남부군을 대표하는 깃발.―옮긴이)를 들고 국회의사당 안으로 들어가는가 하면, 상당히 많은 폭도가 유리를 산산조각 내고 있었다. 총, 칼, 파이프, 족쇄 등 무기도 소지했다. 그들은 건물 안에 교수대를 설치하고 "마이크 펜스(당시 부통령.―옮긴이)를 매달아라!"라고 외쳤다.[39] 건물 곳곳에 폭탄을 숨겨 두기도 했다. 2021년 1월 6일 MAGA('미국을 다시 위대하게 만들자Make America Great Again'라는 트럼프 대통령의 슬로건.―옮긴이) 시민전쟁'이라고 쓴 옷 중 어느 부분이 싸우려고 오지 않은 사람들이라는 인상을 주었을까?

국회의사당 습격 사건 이후 사람들은 폭도들이 흑인이었다면 총에 맞았을지도 모른다고 짐작했다.[40] 정확하게 말하자면, 국회의사당 백인 폭도들의 입장을 위해 깔린 붉은 융단은 없었지만 그들의 분노를 즉시(또는 경우에 따라 한 번이라도) 제정신이 아니라거나 위험하다고 해석하지도 않았다.

스토아 철학은 국회의사당 폭도의 분노를 포함하여 분노는 타당하지 않다고 했다. 아리스토텔레스는 감정이 아니라 행동을 꾸짖었다. 이 논쟁에서 누가 우세한가? 구독하는 매체에 따라 달라질 것이다. 수많은 시청자와 참여자에게는 아리스토텔레스가 옳았다. 잘못된 건 분노가 아니라 분노가 일으킨 행동이라고 해설자들이 말했다. 심지어 나중에 기자가 찾아낸 한 폭도는 "일이 감당할 수 없이 커졌다."라고 인정했다.[41] 그는 자신의 분노가 미친 것이라 인정하지 않고 그저 행동만 인정했다. 만일 폭도들이 흑인이었다면 스토아 철학이 우세했을 테다. 시청자들은 분노의 이름으로 자행된 행동이 아니라, 분노 자체가 미친 것이라고 믿었을 것이다.

미국 작가이자 철학자인 훅스는 『분노 죽이기Killing Rage』(1995)에서 흑인 남성의 기질을 심리학적으로 묘사한 윌리엄 그리어 William Grier의 『흑인의 분노Black Rage』(1968)를 비판했다. 훅스는 저자들이 흑인이지만 여전히 "분노가 단순히 무기력의 표시라고 독자를 설득"하려 노력한다고 항의한다.[42] 훅스는 흑인 남성의 분노는 보통 질병으로 규정되거나 아픈 것으로 여겨지는 반면에 백인 남성의 분노는 상황에 의해 자주 정당화된다고(덧붙이자면 국회의사당 폭동처럼) 주장한다.[43] 훅스가 말하듯 흑인의 분노는 단 한 번도 공정한 기회를 받은 적이 없다는 점을 숙고해야 한다. 어둠을 병적 측면과 연결 짓는 한은 흑인의 분노를 "어쩌면 건강하고, 억압과 착취에 대한 치유적인 반응"이라고 보는 훅스의 시선으로 볼 수 없다.[44]

훅스가 분노를 어쩌면 건강한 것이라고 말한 데 덧붙여 로드는 분노가 유익하고 이성적이라고 믿었다. 이 두 학자는 아이들에게 방해받으며 코로나 분노를 경험했을 때 아이들에게 도움이 필요할 때 화내는 게 실수고 아이들이 스스로를 짐처럼 느끼게 한 게 내 잘못이라고 생각한 나 자신을 돌아보게 했다. 아리스토텔레스와 스토아 철학 대신 로드와 훅스를 분노에 관한 철학 스승으로 대하며, 나는 분노가 하는 말을 듣기 전까지 내 분노를 판단하지 말았어야 한다는 것을 배웠다.

내가 만일 내 분노의 말을 들었다면, 분노를 '정직을 발굴'하는데, 내 집에서 진짜로 일어나는 일이 무엇인지를 질문하는 데 사용할 수 있었을 것이다. 지금부터 나는 분노가 하는 말을 들을 것이라고 스스로에게 선언했다. 내 어두운 기분을 내게 정보를 제공하려고 노력하는 협력자로 볼 것이다. 더는 내가 비이성적이라거나 제정신이 아니라고 가정하지 않을 것이며, 내 분노가 더 당당해지도록 지지할 것이다.

그런데도 여전히 남아 있는 문제는 스스로에게 분노가 추하게 느껴졌다는 점이다. 빛 은유는 자기가 처한 환경에 "불평할 것이 없다!"라고 말하는 아름답고 명랑하고 밝은 여성에 비해, 화난 여성은 추하다고 말한다.

1970년대에는 페미니스트를 추하다고 하는 것이 페미니스트의 생각을 진지하게 받아들이지 않을 수 있는 훌륭한 방법이었다. 시시하지만 효과적인 전략이다. 여성의 말을 듣지 않고 신체 외모에 초점을 맞추는 것은 말의 의도를 흐리는 방법이다. 아르헨티나 철학자 루고네스는 자신이 못생겨 보이는지 아닌지 신경 쓰지 않았다. 한 번은 루고네스가 배를 껍질과 씨, 심지어 통째로 먹는 걸 본 적 있다. 배의 껍질을 칼로 깎아 내고 디저트 포크로 먹기 좋게 잘게 조각내 섬세하게 먹는 나의 칠레인 엄마와 비교하면 루고네스는 짐승 같아 보였다. 아마도 관습에 저항하거나 문명을 경멸하는 그만의 방법이었거나 아니면 음식을 낭비하고 싶지 않았을 수도 있다. 어느 쪽이든 그는 자신의 몸이 과일의 영양분을 흡수하고 노폐물을 내보내리라 믿으며 야만인처럼 보이는 위험을 감수했다. 그때쯤 그는 자신의 마음이 '화를 참기 어려운' 것의 나쁜 점에서 좋은 점을 구분하리라고 믿는 법을 배웠다.[45]

로드나 훅스와 달리 루고네스는 항상 분노의 수호자는 아니었다. 로마가 불타는 모습을 바라보는 세네카처럼 루고네스가 분노에 대해 회의적이었던 이유가 있었다. 어린 시절 그는 폭력으로 나타나는 분노의 종류를 보았다. "나는 폭력을 피해 미국으로 이주했습니다. 내 거주지는 가장 가까운 이들의 싸움과 조직적 강간, 극심한 정신적·신체적 고문으로부터 멀리 떠나 이주한 사람들이 사는 곳이었지요. 나는 새로운 지리적 장소, 새로운 정체성, 새로운 관계를 선택한다는 의미에서 이주를 감행했습니다."[46] 1960년대 루고네스는 아르헨티나에서 미국으로 도피하여 철학으로 학사와 박사 학위까지 따냈다. 그는 1972년부터 1994년까지 칼턴대학교에서 가르쳤고,

그 후 죽을 때까지 버킹엄대학교에서 강의했다.[47]

루고네스는 분노가 자신에 관해 무슨 말을 하는지, 분노가 만들어 낸 자신은 누구인지 걱정했다. "한편으로는 점점 더 분노가 차오르는 나를 보면서도 다른 한편으로는 감정에 휩싸이는 것을 항상 싫어했지요."[48] 루고네스의 내적 갈등은 우리와 비슷하다. 우리는 불같이 화를 내는 동안 절벽 끝을 이미 지나왔지만 발을 계속 구르고 있는 와일 E. 코요테Wile E. Coyote(미국 만화영화 주인공.―옮긴이) 같다고 느낄지도 모른다. 너무 멀리 왔다는 것을 깨달으면 단단한 땅을 떠난 것을 후회한다. 좋은 사람들이 있는 땅으로 다시 돌아가고 싶어 한다.

루고네스는 이렇게 말했다. "무엇보다 압도적인 분노에 깊이 휩싸인 나 자신이 싫었습니다."[49] 격분해 있는 동안 거울을 들여다보고 보이는 그대로를 마음에 들어 할 여성은 거의 없다. 슬픔이나 불안보다 분노는 스스로 추하다고 느끼게 하는 경향이 있다. 아마도 분노를 표출은 고사하고 여성이 느끼면 안 되는, 전형적으로 남성적인 감정으로 받아들이기 때문일 것이다. 루고네스도 분명 추하다고 느꼈을 것이다. 분노를 억누르라고, '여자처럼' 배 껍질을 까고 잘라서 속은 버리고 먹으라고 가르침을 받으며 자랐을 것이다.

그러나 여성들이 점점 더 분노하는 만큼, 무릎반사같이 자동으로 나오는 분노가 추하다는 가정을 슬슬 불쾌하게 여기게 된다. 업무 회의 중 들리는 여성의 화난 요구가 볼썽사나워 보일 수 있지만 반드시 그렇지도 않다는 것을 인식한다. 어둠 속을 응시하도록 시야를 조정함으로써 언젠가 분노가 아름답다고 결론 내릴 수 있다. 이윽고 우리가 진짜로 진보했을 때 이미 어떤 무리에게는 그렇듯 미적 영역을 넘어설 수 있을 것이다. 일반적으로 백인 남성의 분노를 추하다거나 아름답다고 하지 않는다. 그저 정당한지를 물을 뿐이다.

　　루고네스는 어둠 속에서의 분노에 관해 세 가지 지혜를 제안한다.

　　먼저 분노를 단수형으로 말하지 말라. 루고네스가 분노에는 많은 이름이 있음을 제안한 첫 번째 철학자는 아니다. 그리스인은 분노들을 구별했고 각각 다른 이름을 붙였다. 정당한 분노를 뜻하는 네메시스^{Nemesis}는 정의의 여신의 딸이다. 네메시스는 일을 바로잡기 위해 손에 단검을 들고 여기저기 날아다닌다. 보상을 요구하고 피해를 본 사람들에게 마땅히 주어져야 할 것을 돌려준다.[50] 오르게^{Orgē}는 광기에 가까운 강력한 분노로 세네카와 로마의 정치인 키케로^{Cicero}가 매우 두려워했던 것이다. 메니스^{mēnis}(진노), 칼레파이노^{chalepaino}(성가심), **코토스**^{kotos}(억울함), **콜로스**^{cholos}(비통함, '담즙'에서 나왔다)도 있다.[51] 그리스어에는 다양한 분노를 묘사하는 용어만 있는 것이 아니라, 우울하지 않고 기백이 넘치는 감정을 묘사하는 단어도 있다.[52] 루고네스는 복합적인 분노가 있음을 알려 주며, 우리가 잃어버린, 최소한 분노의 다양성을 존중했던 오래된 전승을 활용한다.

　　다양한 분노가 있다는 발상은 많은 것을 설명한다. 분노는 건강하고 이성적인 정치적 도구라는 로드의 말에 동의하면서도 누군가는 왜 여전히 추하다고 느낄 수 있는지 설명한다. 어릴 적 저녁 식탁으로 갈 때마다 얼마나 긴장했는지를 계속 생각나게 하는 목소리, 내가 아버지의 분노를 물려받았다고 장담하는 그 목소리가 언제나 틀린 것은 아니었다. 내 분노는 때때로 아이들에게 그리고 나 자신에게 상처를 입힌다. 단순히 분노에 관한 입장을 번복하고 어둠은 새로운 빛이라고 결론 내리는 게 도움이 되지는 않는다. 루고네스의 조언에 따라 그저 '저들의 분노' 대 '우리의 분노'가 아니라, 코토스 대 네메시스에 관해 먼저 말해 보아야 한다. 격분은 격분일 뿐이라는 말은 사실이 아니다. 각각의 분노가 추한지 아닌지를 알아내기 위해 그 역사와 근원, 효과, 생산성까지 연구해야 한다.

 분노의 종류가 많다는 발상은 국회의사당 폭도들의 분노가 추했다고 어떻게 결론을 내릴 수 있는지도 설명해 준다. 그 결론은 단순히 분노 반대 운동의 교묘한 속임수가 낳은 산물이 아니다. 핵심은 분노가 복잡하다는 점을 인정하고, 기계처럼 억누르거나 아니면 경찰이나 정부 건물을 폭발시키는 방식으로 그 복잡성을 경시하지 않는 것이다.

 두 번째로 루고네스는 어떤 분노는 '정보가 많다.'라는 로드의 생각에 동의했다. 루고네스는 자칭 "화를 조절하기 힘들다."라는 여성들 역시 "심히 냉철하다."라는 점을 관찰했다.[53] 그들의 말은 "분명하고 진실하며 다른 사람들의 감정이나 예상 가능한 반응을 고려하느라 희석되지 않은" 듯 들린다.[54] 너무 화가 나서 오히려 생각이 분명해졌던 적 있는가? 자기 말이 어떻게 들릴지 가다듬느라 에너지를 낭비하는 것을 멈출 때 그 에너지를 정확한 말을 찾는 데 쓸 수 있다. 분노가 남들 시선 걱정을 능가할 때 나 역시 가장 조리 있게 말한다.

  마지막으로 루고네스는 분노를 좀 더 분명하게 보도록 도와주는 두 가지 철학 범주를 남겨 주었다. 네메시스와 투모스thumos(격정적으로 끓어오르는 노여움) 같은 분노의 유형이 아니라 분노를 사용하는 두 가지 방법이다. 루고네스는 첫 번째를 1차 분노라고 부른다. 그것은 "강하고 침착하며 소통을 추구하고 회고적"이다.[55] 1차 분노는 잘 들리고 수용 가능하다고 여겨진다.

  어렸을 적 누군가에게 장난감을 뺏겼을 때 "불공평해!" 소리 지르며 1차 분노를 표현해 본 적이 있을 것이다. 상황은 잘 모르지만 불만을 적절히 표현하면 나를 믿어 줄 상대와 소통해야 할 때 1차 분노를 사용한다. 1차 분노는 국회의사당 폭도들의 분노를 설명한다. 또한 BLM 시위대의 분노도 설명한다. 이 두 무리는 정의를 추구하자고 주장하며 일리 있는 주장을 한다. 1차 분노가 도덕적인지 아닌지는 미리 알 수 없으나(추론과 증거, 선례 등에 달려 있다) 언제나 소통적인 건 맞다. 1차 분노는 항상 무언가 말하려고 노력한다. 함정은 기꺼이 들으려는 사람에게만 그리고/또는 같은 언어를 쓰는 사람에게만 통한다는 점이다. BLM 시위대의 주장을 받아들이지 않는 사람에게 그 분노는 말 그대로 터무니없는 것이다. 비평가들은 흑인이 매우 흥분하는 이유를 이해할 수 없다. 물론 그중 일부는 흑인의 분노는 제정신이 아니라는 이야기에 사로잡혀 이해하려는 시도조차 하지 않는다.

한 여성이 1차 분노를 전달했으나 그 요구가 거절당하면 2차 분노가 타오를 수 있다. 분노가 알맞은 정도로 일어났지만 상대가 내 말을 듣지 않거나 신경 쓰지 않는다는 걸 알고 점점 더 절박해지고 목소리가 커진다면 2차 분노 상태다. 우리는 이해받지 못한다고 느낄 때 자신의 말을 더 잘 이해시키려고, 주장을 더 정확하게 표현하려고 노력한다. 틀림없이 더 분명하게 말하면 내 말을 들으리라 생각한다. 그러나 그조차 통하지 않을 때, 노력을 쏟아부었으나 정신적 긴장, 감정적 에너지 소모, 헛된 믿음으로 진 빠지기만 했을 때, 우리는 '폭주'하는 자신의 모습을 보게 될지도 모른다. 루고네스와 가까이 있으면 이런 순간을 더 이상 부끄러워할 필요가 없다. 분노는 자기 보호라는 다른 목표를 채택한 것일 뿐이다.

2차 분노는 어떤 것을 전달하는 것이 아니다. 루고네스는 "강하고 격렬하며 비소통적이고 전진적"이라고 이를 설명했다.[56] 2차 분노가 상대에게 들리지 않거나 이해받지 못하거나 관심을 얻지 못할 때, 점점 세게 고함치거나 미쳐 날뛰게 될 때 2차 분노를 사용한다. 분노의 이유를 상대가 보지 못하거나 알지 못하고 '제정신이 아니다.' 또는 '감정적이다.'라고 한다면 소통의 희망은 대체로 사라진다. 이런 분노를 표현하는 당신은 논리적인 주장을 하는 사람이라기보다는 그저 감정 덩어리라는 취급을 받아 왔다. 이 부분이 2차 분노가 도와줄 수 있는 지점이다.

루고네스는 2차 분노를 소통적인 것이 아니라 '알아가는 경험'이자 자기 자신을 돌보는 형태라고 했다.[57] 2차 분노 상태에서는 더 이상 누구에게도 자신의 분노가 정당하다고 설득하려 노력하지 않는다. 나는 더 대접받을 가치가 있다고, 세상은 성차별적이라고, 나에게는 휴식이나 먹을 것이 필요하다고 주장하기를 멈춘다. 2차 분노는 이해받고 싶었던 사람들에게 이해받을 수 없는 세상에서 우리 자신을 보호한다. 1차 분노처럼 2차 분노도 꼭 도덕적이지는 않지만 그럴 수도 있다.

우리는 제정신이 아니라고 생각하는 위험에 처했을 때 2차 분노를 사용한다.[58] 사실상 어떤 사람이나 무리를 이해시키지 못한다는 것을 깨달으면, 우리는 소통을 멈추고 나 자신의 분별력을 절제한다. 여성이 가스라이팅을 당할 때(여자가 화내는 건 이유가 있어도 없는 것이라고) 가장 피해야 할 일은, 자신의 분노가 비이성적이고 제정신이 아니며 추하다고 생각하는 것이다. 화난 여성을 그렇게 부르는 것은 그를 수치스럽게 만들어 순응하게 하려는 시도다. 2차 분노는 수치를 거부해 우리가 자기 자신의 편에 서게 한다. 자신이 어리석다고 믿는 대신 2차 분노는 어리석은 세계를 차단한다. 2차 분노의 상태에서 소리를 지르고 손가락 욕을 날릴 수 있지만, 그 말과 행동은 다른 사람과 소통하기 위한 게 아니라 반대론자들을 쫓아내고 그들로부터 자신을 보호하는 수단이다.

우리가 느끼고 있는 분노의 종류가 무엇인지, 1차 분노인 네

메시스인지 2차 분노인 코토스인지 더 분명하게 이해할수록 분노를 어떻게 사용할지 더 잘 알게 된다. '너 자신을 알라.'라는 명제는 지금도 유효한 고대 철학 계명이다. 분노를 인식하고 이름 붙이는 건 어떤 것이 좋고 나쁜지, 어떤 것이 불의에 유용한 응답이고 어떤 것이 두려움을 가장한 것인지 알 수 있도록 도와준다. 1차 분노인 네메시스를 다른 사람과의 상호작용에서 사용한다면 이는 내가 불의를 말함으로써 관심을 얻을 수 있다고 생각한다는 의미다. 2차 분노인 코토스를 사용한다면 너 말이 진지하게 받아들여지지 않는 것에 대한 억울함을 알고 있다는 의미다.

아버지로부터 커다란 분노를 물려받았기에 나는 한때 나의 모든 분노를 불신했다. 하지만 루고네스의 이야기를 듣고 나서 내 분노가 전부 추하지는 않다는 사실을 알게 되었다. 어떤 분노는 그저 훈련이 필요할 뿐이다.

아리스토텔레스가 우리는 분노를 훈련해야 한다고 말했을 때 그 의미는 분노를 조절하는 법을 배워야 한다는 뜻이었다. 이는 분노 같은 어두운 감정에 빛을 드리울 때 듣게 될 종류의 조언이다. 시멀리에 의하면 분노 조절 기술은 '파괴적이고 무시무시한 격노' 또는 우리가 '남성의 분노'라고 생각하는 것을 조절하기 위해 만들어졌다. 고대인은 여성의 분노를 연구하지 않았을뿐더러 오늘날의 많은 분노 연구가도 마찬가지다. 분노를 전형적으로 남성적인 것으로 생각하면 분노는 조절되고 관리될 필요가 있다는 결론에 이른다.⁵⁹ 시멀리는 이렇게 서술한다. "여성에게 건강한 분노 관리란 분노 조절을 위해 더 노력해야 하는 게 아니라 오히려 덜 노력해야 한다. 우리는 부지불식간에 항상 분노를 관리하고 있다."⁶⁰

나의 코로나 분노는 이 글을 쓰고 있을 때 일어났다. 그래서 무언가 새로운 것을 볼 수 있을 때까지 어둠 속에 앉아 있기로 도전했다. 평소처럼 분노를 '독'이라고 부르기 시작했고 그게 내 가족을 찢어 놓는다는 상투어를 반복했다. 나는 익숙한 곳에 이르렀다. 화난 사람들이 수치심을 가득 안고 돌아다닌다. 그러나 이번에는 어둠 속에서 나 혼자가 아니었다는 점이 달랐다. 로드도, 훅스도, 루고네스도 바로 내 옆에 앉아 있었다.

분노의 어둠 속에서 생각하고 쓰고 머문 후에야 마침내 빛에서는 볼 수 없었던 것을 보았다. 나는 그것을 큰 소리로 말해 보았다. "난 지금 번아웃burnout이야."

내가 번아웃이라고 말하는 것은 내가 고장 났다고 말하는 것과 완전히 달랐다. 고장 난 것은 수도가 벽 안에서 터진 것처럼 무언가 안에서 터진 것을 의미한다. 번아웃은 물을 너무 많이 맞아서 집 외부 벽돌이 침식된 것처럼, 밖에 있는 무언가가 우리를 아프게 하는 것을 의미한다. 문제는 많은 사람이 이를 구분할 수 없다는 점이다. 부패를 감지할 때 우리는 안에서부터, 즉 우리 자신에게서 생긴 것이라고 가정하도록 길들여졌다.

철학자들은 특정한 목소리를 신용하지 않는 것을 가리켜 '인식적 부정의'라는 특별한 용어를 사용한다.[6] 인식적 정의는 어떤 것을 인지하는 사람이 아는 사람으로 인식되고 여러 가지를 아는 사람으로 대우받을 때 일어난다. 인식적 부정의는 어떤 것을 아는 사람이 아는 사람으로 인식되지 않을 때 일어난다. 유색인 여성이 툭하면 인식적 부정의를 마주하는 미국에서 항상 '지식'을 '빛'과 '남성'에 연결하는 전문 철학자 공동체가 '어둠'과 '여성'을 '지식'과 연결 짓도록 설득하기란 거의 불가능했다. 나는 고대 철학자들이 여전히 지배하는 미국에서 자랐기에 분노를 느끼는 것은 고장 난 것이거나 생리전 증후군이거나 아픈 것이라고 생각하도록 교육받았다. 나는 고장설을 믿었다.

팬데믹 격리 기간이 시작되면서 '무너지는 여성들'이라는 식으로 여성이 얼마나 힘든 생활을 하고 있는지를 다룬 기사 제목들을 봤다. 이런 논평가들은 여성이 팬데믹 때문에 감정적으로 취약하다는 의미를 넌지시 전하는 듯했다. 아마도 '더 약한 성별' 집단은 치솟는 사망자 수를 마주하기엔 너무 예민했나 보다. 아마도 우리는 눈물이 너무 많아서 수도관이 터졌나 보다.

그러나 시간이 지나면서 격리 기간 동안 재택 근무로 시간을 꽉 채워 일하면서도 아이의 원격 수업을 감독해야 했던 여성들의 열악한 근무 환경을 자세히 전달하는 기사들이 보였다. 이미 미국 내 맞벌이 가정에 관한 연구는 여성이 집안일을 더 많이 하고 직장일을 하며 얻는 수익이 더 적다는 결과를 보여 주었다. 그런데도 팬데믹이 팽창하면서 여성에게 주어지는 집안일만 더 늘어났다. 이 요구를 감당하기 위해 여성은 기록적인 속도로 일을 줄이거나 일터를 떠났다. 그런 기사들 때문에 나는 내가 많은 짐을 지고 있었다는 것을 알았다. 돌이켜보면 내 몸이 이건 아니라고 크고 분명하게 말하고 있었다. 고대 철학의 빛 아래서 빠져나오는 것도 도움이 되었다.

내가 로드와 훅스, 루고네스를 믿기로 결심했을 때 그들은 내가 나 자신의 편에 머물 수 있도록 도와주었다. 나는 내 분노가 루고네스가 말하는 '고의적인' 종류의 분노임을 알았다. 내게 주어진 다른 여러 가지 기대를 인지하고 저항하는 것이었다. 내 분노는 2차 분노인 코토스의 형태로 일어났다. 소통하려는 의도 없는, 부당한 상황에 대한 분노였다. 내 분노의 이야기를 듣는 일은 도움이 되었다. 자신을 질책하느라 시간을 낭비하는 대신, 나는 나 자신을 위한 시간을 요청하고 요구하고 만들어 냈다. 내 요구가 무엇인지 소통하며 2차 분노를 1차 분노로 바꾸기 시작했다. 다행히도 만족감을 얻을 수 있었다. 설거지를 그만두었고 홈스쿨링 일을 절반으로 줄였고 시가 식구들에게 아이들을 봐 달라고 부탁해 3일 동안 육아 면제를 얻어 냈다.

자신의 분노가 필요로 하는 안도감을 누구나 얻지는 못한다. 하지만 만족감을 얻을 수 없다고 분노를 그냥 무시하는 것은 실수다. 분노는 우리를 보호하고 불공평한 상황이라는 현실에 발을 붙이고 있을 수 있게 한다. 상황을 바꿀 수 없다면 분노는 쓸모없다는 말에 로드나 훅스, 루고네스는 동의하지 않을 것이다. 분노의 기능 중 하나는 품위를 유지하는 것이다. 어조를 단속하거나 가스라이팅하는 배우자와 결혼한 여성은 좋은 결과가 있으리라 기대하는 1차 분노로부터 만족감은 포기하지만, 정신은 보호하는 2차 분노로 옮겨갈 것이다. 이 차이를 아는 것이 머물지 떠날지를 결정하는 데 도움이 된다.

분노는 추하고 제정신이 아닌 것이며 비이성적이라고 말하는 빛 장사꾼들의 이야기를 계속 듣는다면 우리는 정의를 위해 싸울 도구를 잃게 된다. 로드와 루고네스, 훅스에게로 몸을 피하지 않는다면 자기 자신을 잃는 것은 물론 어둠 속에서 만날 기회마저 잃을 위험에 처한다. 우리는 빛 주창자들이 우리더러 부정적이기를 좋아한다는 말이 옳은지 의심하며, 계속해서 우리 자신에게 되돌아가 스스로에게 질문을 던질 것이다. 자기 자신의 곁에 머물기 위해 "내게 무슨 문제가 있지?"를 "이 상황에 무슨 문제가 있지?"로 바꾸는 법을 배울 필요가 있다. 자꾸 안을 들여다보고 자기 자신에게서 누수를 찾고 싶어 하는 사람들은 밖으로 나가 주위를 둘러봐야 한다. 누군가 또는 무언가가 우리에게 호스를 겨누고 우리의 수치심에서 득을 보고 있다.

나는 내 분노를 격렬하게, 그것도 어린 나이에 의심하기 시작했으므로 분노를 신뢰하는 법을 배우기가 쉽지 않았다. 쉽게 화내지 않는 사람들에게는 처음엔 이상하게 느껴질 것이다. 그러나 분노를 존중하는 것은 비판의 말을 발설하게 한다. 수치심으로 입을 다물지 않았다면 말할 수 있었을 그 비판의 말 같이다. 분노를 잠재우려고 노력하며 그렇게 하지 못하는 나 자신을 질책하며 쏟은 시간 동안 집과 사회에서 병든 젠더 역학 관계 이야기를 듣지 못하고 보낸 것이다. 분노를 존엄하게, 가능하다면 정당하게 보기 위해 분노를 통제하라는 아리스토텔레스의 조언을 듣기보다, 루고네스가 격려했듯이 분노가 우리를 지지할 수 있도록 훈련해야 한다.[62]

역사의 이 시점에서 우리가 분노한다는 사실은, 심지어 그렇게 생각하지 않던 사람들도 분노하고 있다는 사실은 부정할 수 없다. 이 깨달음은 선택을 남긴다. 분노할 것인가 아닌가가 아니라, 분노를 안으로 돌릴 것인가 바깥으로 향하게 할 것인가, 훈련할 것인가 아니면 훈련하지 않아서 생기는 결과로 고통받을 것인가의 문제다. 이제 분노라는 어둠 속에서 자기를 발견하게 될 때 진정하려 애쓰거나 열까지 숫자를 세거나 베개를 때리지 말자. 심호흡을 하지도, 기분을 나아지게 하려고 요가를 하지도 말자. 한 시간이고 두 시간이고 어둠 속에 머물러 분노의 이야기를 들어 보자.

우리는 혼자가 아닐 것이다. BLM 운동은 분노에 공감하면서 그 규모가 점점 커졌다. 로드와 훅스의 업적이 아직 널리 알려지지는 않았지만, 그들은 소수의 현대 분노 옹호자를 재교육해 왔다. 시멀리, 문화 평론가이자 활동가 브리트니 쿠퍼Brittney Cooper, 체리, 저널리스트 리베카 트레이스터Rebecca Traistor, 브라운은 모두 고장설을 거부하며 분노의 어둠은 불의에 적합한 반응임을 깨닫도록 돕는다. 부처도 분노는 고통을 일으키며 버려야 할 필요가 있다고 가르쳤지만, 현대의 불제자 라마 로드 오웬스Lama Rod Owens는 그의 저서 『사랑과 분노Love and Rage』에서 분노를 위한 자리를 만들었다.⁶³ 새로운 분노 활동가 세대는 불만족에 관해 목소리를 내는 것도 정의를 추구하는 것에 포함된다고, 심지어 집 안팎의 비평가들을 불쾌하게 만들더라도 그렇다고 말한다. 분노는 유쾌한 감정은 아니다. 하지만 최소한 우리가 할 수 있는 것은 분노가 제정신이 아니고 비이성적이며 추하다는 가정에 도전하는 일이다. 분노의 꼭대기에서 자신을 의심하는 느낌을 멈출 수 있다면 분노를 더 효율적으로 사용할 수 있으며, 미국의 신학자이자 작가 하워드 서먼Howard Thurman의 말처럼 분노가 "우리 내면을 좀먹는 것"을 멈출 수 있다.⁶⁴

수년 전부터 현대의 분노 활동가들이 첫 책을 출간하고 있지만, 특히나 우리에게는 어둠 속에서 분노가 어떤 모습인지를 보여 주는 로드와 훅스, 루고네스가 있었다. 분노는 개인적이고 정치적인 도구라는 유색인 삼인조의 말에 설득되었다면, 또한 자기 자신의 편에 머물고 싶다면, 우리는 마음속에서 정직을 발굴하고 무엇보다 사회를 변혁시킬 수 있다. 분노를 무시하거나 억누르지 말라. 이 여성 학자들의 유산을 통해 옛날부터 화나면 안 되는, 하물며 화를 표현하면 안 되는 우리는 어둠 속에서 분노를 알 기회를 얻었다. 빛으로 돌아서는 대신 분노 가운데 앉아 있기로 동의한다면, 거의 2,500년간 뜨거운 전등 밑에 우리를 앉혀 둔 고대 철학자들이 분노를 느끼거나 표현하는 게 잘못이라고 말하면서 우리에 관해 또는 우리의 분노에 관해 알지 못했다는 사실을 보게 될 것이다.

어둠 속에서 우리는 가장 정당한 분노를 가졌던 사람들도 처음에는 비이성적이고 제정신이 아니고 추하다는 말을 자주 들었다는 사실을 확인할 수 있다. 어둠 속에서 분노를 억누르거나 조절하는 게 아니라 훈련해야 한다는 것도 알 수 있다. 분노에 귀 기울여라. 분노를 연구하라. 분노에 이름을 붙여라. '정직을 발굴'하는 도구로 사용하라. 무색의 철학만 섭취해 온 사람에게 로드와 훅스, 루고네스의 지혜를 전하라.

2장

고통스럽다, 고로 나는 존재한다

✦
✦
✦

공원에서 만난 한 행인이 내가 우는 아기를 안고 있자 아이들은 아픔을 알아주면 더 크게 우니 모르는 척하는 게 최고라고 말해 준 적이 있다. 나는 어렸을 때 누군가의 '진흙탕 뒹굴기' 기억에 관한 이야기를 듣거나 누군가 불쌍한 자신에 대해 '신세 타령'을 한 일을 기억한다. 그 사람들이 자녀에게 "주어진 걸 받아들이고 짜증 내지 마."라고 말하는 소리를 우연히 듣기도 했다. 이런 종류의 말을 들은 아이들은 아무도 자신이 어디를 다쳤는지 듣고 싶어 하지 않고, 우는 모습을 보고 싶어 하지 않는다는 이해를 바탕으로 자라난다. 이런 차가운 세상에서 성장하는 일은 우리가 신체적, 감정적 또는 정신적 아픔을 알리기를 주저하는 이유가 될 수 있다.

미국 내에서 우울증 발병 증가는 정신의학 공동체에게는 상당히 당황스러워서, '강한 슬픔'을 포함해 다른 힘겨운 기분들은 간과되어 왔다.[1] 그들이 주장하기를, 슬픔은 실제적이며 연구할 가치가 있다고 했다. 그러나 조사해 보면 슬픔은 이론적으로 그리고 언어학적으로 스르륵 지나간다. 슬픔은 물리적 요소도 있지만 정신적, 감정적 요소도 지닌다. 슬픔과 고통은 자주 유의어가 되지만 항상 그렇지는 않다. 일반적으로 사람들은 기분이 모호할수록 명확함을 원한다.

고통에 관해 말하는 이번 장을 먼저 읽어 본 사람들은 계속 질문했다. 그런데 여기서 걱정에 관해 이야기하는 게 아니야? 이제 신체적 고통을 이야기하는 게 아니야? 이건 그냥 슬픔 아니야?

나는 신체적, 정신적 괴로움이 모여드는 지점이 어디인지, 걱정과 슬픔, 고통이 융합되는 곳이 어디인지를 보기 위해 시야를 넓혀 보려고 했다. 2개 국어를 사용하는 철학자로서 나는 이 복잡한 회색 지대를 표시하기 위해 지나치게 단순한 영어 번역어에 저항하여 스페인어 단어를 골랐다. 스페인어의 '돌로르dolor'라는 단어는 신체적 고통뿐 아니라 감정적 사촌인 애도, 슬픔, 괴로움, 비애, 곤경, 우울을 의미한다. 감정과 신체, 또는 정신과 심리 사이의 선은 절대로 우리가 원하는 만큼 분명할 수 없지만 돌로르라는 단어는 그 경계를 쉽게 넘나든다. 발목이나 심장에, 치아나 영혼에 돌토르가 있을 수 있다. 최근 이혼한 여성은 결혼 생활이 끝나서 돌로르를 느낀다고 묘사할 수 있겠다. 아빠가 일하러 갔을 때 운 서 살배기 아들도 돌로르를 느낀 것이다. 8살 무렵 이쑤시개에 발이 찔렸을 때 나도 돌로르를 느꼈다.

그 이쑤시개를 뽑았던 여자, 내 친구의 엄마는 동의하지 않았다. 그분은 나를 주방 싱크대에 앉혀 상처를 씻어 주며 그 정도로 아프지는 않다고 내게 말했다. 나는 그때 돌로르가 발뿐 아니라 마음의 아픔이기도 하다는 것을 알았다. 내 마음은 거짓말쟁이로 불리는 것을 받아들이지 못했다. 아픔을 호소하는 게 위험하다는 것도 배웠다. 수많은 이와 마찬가지로 내게도 강한 고통에 관한 경험담이 있고 때때로 고통을 경험하게 되리란 걸 알지만 그 이야기를 충분히 하지는 않는다. 돌로르에 관한 우리의 생각은 분노와 마찬가지로 상당 부분 고대 그리스 로마 철학자들에게서 왔다. 우리가 사는 세계가 약간 감정적 빈혈이 있는 것 같다면 그들을 원망하라.

고대 아테네에서는 어디에 모이는지에 따라 누가 어떤 철학 아카데미에 소속되어 있는지를 알 수 있었다. "행동이 감정보다 중요하다."라고 한 아리스토텔레스 추종자들은 말 그대로 종일 그를 따라다녔다. 아리스토텔레스가 죽은 후에도 걸어 다니며 이야기 나누기는 계속되었다. "감정은 조절될 수 있다."라고 설파한 스토아 철학자들은 지금은 폐허가 된 건물 앞 현관에서 만났다. 에피쿠로스^{Epicurus} 철학 추종자들은 도시 생활의 나쁜 영향을 피해 한적한 곳에 위치한 에피쿠로스의 정원에 모였다. 그 배경은 그들과 잘 어울렸다. 행복의 꽃들이 쾌락주의 에피쿠로스의 토양에서 자라났다.

에피쿠로스는 언제나 '영혼 속 폭풍우'의 조짐 덕분에 인간은 행복하지 않다고 믿었다.[2] 그는 불행의 이유를 두 가지 요인 탓으로 돌렸다. 첫째로 우리는 원하는 것을 얻는 데 집착하며, 둘째로 갖고 나면 잃어버릴까 불안해한다. 그는 고통을 느끼는 사람은 쾌락을 느끼지 못하며 쾌락은 고통 때문에 망가진다는 점에 주목했다. 우리는 나이 든 어머니를 방문하여 첫사랑 이야기를 듣다가 갑작스럽게 어머니의 숨결에서 죽음의 냄새를 맡는다. 배우자를 진실하게 사랑하다가 어느 날 실망감으로 장기가 쿵 내려앉는 기분을 느낀다. 다행히도 에피쿠로스는 '욕구로 인한 고통'을 다루는 치료법을 제시했다. 새로운 것을 그만 원하고, 원래 있던 것을 잃어버릴까 걱정하지 달라. 원칙상 여성과 노예들의 정원 출입이 허용되었다는 사실과 함께 이 치료법은 에피쿠로스 철학을 꽤 매력적으로 보이게 한다. 에피쿠로스는 거의 신처럼 명성을 얻었고, 죽은 뒤에는 전설이 되었다.

학기 초 나는 학생들에게 묻는다. 선하게 살 것인가, 행복하게 살 것인가? 욕심 많은 학생은 둘 다 택한다. 그들은 사람이 선하면서도 행복할 수 있어야 한다고 생각한다. 나는 그들에게 아리스토텔레스가 당신들의 남자라고 말해 준다. 다른 학생들은 선을 택한다. 이 그룹은 보통 자기희생을 해 왔고, 사람은 응당 도덕적인 인간이 되거나 아니면 이기적인 인간이 되거나 둘 중 하나를 골라야 한다고 생각한다. 이 학생들에게 나는 쾌락보다 덕을 우선시하는 스토아 철학을 권한다. 세 번째 그룹은 행복하고 싶지만 이기적으로 보이고 싶지는 않아 한다. 다행히도 그들에게는 교실 맨 뒤에서 어깨를 으쓱하며 "욜로."(밀레니엄 세대와 접촉이 없는 독자를 위해 번역하자면, '인생은 한 번뿐. You Only Live Once.'이라는 뜻이다)라고 말하는 선도자가 있다. 나는 "에피쿠로스 학파가 여러분의 사람이네요."라고 답한다.

에피쿠로스는 쾌락주의자였다. 이 말은 즉, 그는 쾌락의 관점에서 모든 것이 선이며 심지어 덕이라고 생각했다. 솔직히 모든 사람은 행복하기를 원한다고 추론했다. 에피쿠로스는 행복이 아타락시아^{ataraxia}, 즉 걱정으로부터의 자유를 의미한다는 스토아 철학에 동의했다. 그러나 그는 그것이 고통으로부터의 자유인 아포니아^{aponia}를 의미하기도 한다고 생각했다. 비참하다면 행복할 수 없다고 그는 추론했다. 쾌락은 순식간이고 돌로르는 수그러들지 않기에 에피쿠로스 철학자는 쾌락을 극대화하고 고통을 최소화하려고 노력한다.[3] 에피쿠로스에게 행복은 돌로르의 반대말이다.

    쾌락주의는 쾌락을 극대화하라는 조언 때문에 비판받기도 한다. 에피쿠로스 철학자라는 단어는 반쯤 벗은 젊은 노예가 큰 나뭇잎으로 부쳐 주는 바람을 맞으며 소파에 누워 포도를 받아먹는 늙고 부유한 남자의 이미지를 불러일으킨다. 별장이나 섬을 사들이는 할리우드 유명 인사나 저녁 식사비로 한 식당에서 수천 달러를 쓰는 거물을 생각나게도 한다. 부와 명성에 관한 얄팍한 비평은 질투에 지나지 않지만, 예리한 비평가는 삶의 목표로 쾌락을 극대화하는 것을 인정하지 않는다.

    불행히도 돈을 많이 쓰는 사람이나 비평가나 에피쿠로스를 제대로 연구하지 않은 것 같다. 일확천금을 꿈꾸는 나의 젊은 학생들은 실망할 테지만, 나는 유명 인사의 쾌락은 에피쿠로스가 행복과 쾌락을 동일시하며 생각했던 종류의 쾌락이 아니라고 공언한다. 진짜 에피쿠로스 철학자는 호화로움을 좇지 않는다. 그들은 작고 이룰 수 있고 단순한 쾌락을 추구한다. 오후 4시에 저녁으로 먹을 밥과 콩을 생각하며 군침을 흘리는 여자가, 굴 요리와 뵈브 클리코의 고급 샴페인에 입맛이 길들었지만 그 음식을 사 먹을 형편이 안 되는 여자보다 행복하다. 자신이 지닌 힘으로 얻을 수 있는 것만 원한다면 여생은 풍족할 거라고 에피쿠로스는 말했다. 힘과 부를 기르기 위해 열심히 일하는 대신 욕망을 단순화하는 데 집중하라. 행복은 도박꾼이 쥔 최고 패나 추격전의 긴장감이 아니다. 단순한 쾌락을 극대화하여 얻는 안정적인 쾌락이다.

그러나 행복이 안정적으로 유지되려면 고통을 최소화할 필요도 있다. 에피쿠로스는 "정신적 괴로움은 견뎌 내야 하는 극도의 고통이다."라고 인정했다. 하지만 "에피쿠로스 철학을 붙잡으면 그 고통을 다시는 마주하지 않을 것이다."라고도 했다. 그러니 신체적 고통에 관해 걱정하느라 애쓰지 말라고, 그건 그리 큰 문제가 아니라고 에피쿠로스는 우리를 안심시켰다(정작 에피쿠로스는 신장 결석으로 천천히 아프게 죽었다). 정신적, 감정적 고통을 최소화하고 단순하고 건강한 생활 방식을 받아들임으로써 우리는 정신을 '소란'으로부터 자유롭게 할 수 있고 '축복받은 삶'을 살기 시작할 수 있다.[4]

에피쿠로스주의가 합리적으로 들리거나 적어도 익숙하게 들린다면 쾌락은 좋고 고통은 나쁘다는 생각을 물려받은 문화 속에서 살아가고 있기 때문이다. 쾌락이 "타고난 선"이며 "축복된 삶의 시작이자 끝"이라는 에피쿠로스의 주장은 부인하기 어렵다. 더 큰 쾌락과 적은 고통에 누가 반기를 들겠는가? 에피쿠로스 방식의 최신 버전과 오래된 미적분학을 서점의 '부정성 극복하기' 코너뿐 아니라 어린이 책 부문에서도 발견할 수 있다.

2019년에 출간한 책 『작은 슬픔점A Little Spot of Sadness』은 '공감과 온정'에 관한 책으로 홍보되고 있다.[5] 헌정사에서는 아이들은 '슬픔점'을 '평화점'으로 바꾸며 '진정'할 수 있는 힘을 지니고 있다고 말한다. 저자 다이앤 앨버Dian Alber에 따르면 우리는 슬픔과 불안, 분노를 평화로 바꿀 때 "최고의 기분을 느낀다." 그는 울음이 기분을 낫게 해 준다고도 서술한다. 온정과 공감은 친구의 '슬픔점'을 진정시킬 수 있다. 사랑과 놀이, 창의성도 마찬가지다. 앨버는 손바닥 중앙에 원을 그리고 심호흡하면서 자신의 슬픔점을 진정시킬 수 있다고 하며 책을 끝맺는다.

앨버는 에피쿠로스보다도 더 우리가 고통을 감내하지 않기를 바라며 아이들에게 돌로르를 최소화할 도구를 가르쳐 준다. 그는 진심으로 도와주려고 노력하는데, 만일 어둠이 최소화될 때가 가장 최상의 상태라는 빛 은유에 갇히게 된다면 그가 제시하는 도구가 잘 들어맞을 것이다. 그러나 여전히 누군가 '도구'라는 용어를 제안할 때 그 말은 우리에게 어딘가 고장 난 부분이 있음을 시사한다. 앨버가 생각하기에 슬픈 어린아이에게 고장 난 부분은 정확히 무엇일까?

앨버는 심리학자가 아니므로 돌로르를 어떻게 생각해야 할지 알고 싶다면 전문가의 생각을 살펴보아야 한다. 심리학자들은 하얀 점이 검은 점보다 낫다거나 행복을 더 느끼고 싶으면 슬픔을 덜 느껴야 한다는 이론을 거부할 거라고 생각할 수도 있겠다. 그러나 긍정심리학자들은 놀랍게도 에피쿠로스 철학자다.

♦

낙관적인 아이가 비관적인 아이보다 더 낫다고 주장하는 『낙관적인 아이The Optimistic Child』에서 저자 마틴 셀리그만Martin Seligman은 비관주의의 위험성을 밝히려는 의도로 한 이야기를 소개한다. 그런데 나는 그 이야기가 사실 우리가 지닌 돌로르의 복잡한 본성을 보여 준다고 말하고 싶다. 조디는 가정주부이자 아이들이 다 커서 재취업을 생각하는 엄마다. 어느 날 저녁 식사 자리에서 조디는 남편과 10대 아들에게 자신이 약 10년간 실직 상태여서 불안하고 걱정이 된다고 마음을 터놓는다. 그러나 조디가 제 느낌을 다 말하기도 전에 배려심 많은 남편은 부동산 중개업자였던 아내가 자신의 일을 얼마나 즐겼는지를 상기시킨다. '그쪽에 전화를 걸어 보는 것부터 시작하면 어때?"라고 물으면서.[6]

 조디는 그 회사에서 다시 일하고 싶지 않다고 말한다. 그러자 남편은 전략을 바꾼다. 아마 그쪽에서 당신의 강점과 흥미를 목록화해서 잘 맞을 것 같은 직업을 같이 생각해 줄 수도 있다고 말한다. 그런 식으로 조디의 남편과 아들은 대화에 적극적으로 참여한다. 그들은 좋은 엄마인 것은 큰 시장성이 있다며 여러 방안을 생각나는 대로 내뱉는다. 조디가 '참을성 있고' '창의적이며' '활력이 넘친다'며 특징을 집어내고, 곧이어 남편은 '탁아소'에서 일하기를 제안한다.[7] 인내심과 창의성, 활력이 아이를 돌보는 일로 이어진다는 데까지 남편의 생각이 빠르게 흐른다. 남편이 다른 아이디어를 내던지기 전에 조디는 항변하며 대화에 끼어든다.

> 당신 도움은 고맙지만 가능할 것 같지 않아. 어떤 직업을 생각해 내든 문제는 이거야. 나는 더 많이 배우고 10년의 경력 단절도 없고 나보다 훨씬 더 젊은 사람들과 경쟁해야 할 거라고. 더 많이 배우고 더 좋은 자격요건을 갖춘 사람이 있는데 왜 중년 주부를 고용하겠어?[8]

조디의 남편은 그제야 아내가 어려워하고 있다는 걸 깨닫는다. "당신 정말 불안해하는군." 그러나 그는 단념하지 않는다. 조디에게 필요한 건 "에너지 있게 시작하는 것."이라고 밝게 선언한다.[9] 주말 동안 이력서를 고치고 구인 광고를 열람하라고 제안한다. 정말 구체적인 전략이다. 이번엔 아들이 끼어들어 엄마의 벅찬 일을 자신의 방 치우는 일에 빗댄다. 어쨌든 엄마는 책장에 달려들기 전에 바닥에 널브러진 옷가지들을 다 치우라고 가르치지 않았나. 조디는 마지막으로 한 번 더 남편과 아들을 이해시키려고 노력한다.

> 이건 무언가 시작하기 위해 자극이 필요한 문제가 아니야. 내게 고용

될 만한 능력이 없다는 게 문제야. 귀엽고 뻔한 수법으로 내게 얼마나 많이 동기부여를 하려든지 간에 중요한 건 난 중요한 사람이 아니라는 거야."[10]

조디의 남편과 아들은 조디의 까다로운 돌로르, 즉 걱정과 자기 자신에 대한 의심, 마음 깊숙한 곳에 있는 이름 모를 아픔의 혼합체를 축소하려고 열심히 노력한다. 조디는 상처받았고 가족이 자신의 슬픔점을 진정시키려는 걸 원하지 않는다. 그들이 "그래, 할 수 있어!"라고 말할 때마다 조디는 "나는 못해."라고 대답한다. 그날 밤늦게 아들은 자신이 말했어야 하는 확실한 답에 관해 생각했을지도 모른다. 『작은 기관차는 할 수 있어 The Little Engine That Could』(미국의 유명한 어린이 그림책. 작은 기관차가 고장 난 다른 기차를 도와 산을 넘는 내용이다. 작은 기관차는 산을 오르며 "난 할 수 있어, 난 할 수 있어."라고 끊임없이 말하며 노력해 결국 성공해 내는 이야기다.—옮긴이) 이야기 말이다. 조디는 어린 아들이 낙심해 있을 때 그 책을 읽어 주었다. 이제 조디가 할 일은 그 책을 자기 자신에게 읽어 주는 것이다.

셀리그만은 이 이야기에서 조디가 '파멸적인 생각'으로 고통받은 '음울한 비극주의자'였다고 결론 내린다. 그러면서 조디 가족이 긍정적으로 '조디의 부정성에 맞선' 시도를 칭찬한다. 가족이 옳았고 조디는 틀렸다. 조디는 나쁜 '해명 방법'을 사용했고 가족이 더 나은 해법을 사용했다.[11] 본질적으로 셀리그만은 조디가 자신의 상황을 변론한 것보다 남편과 아들이 더 나은 논쟁을 펼쳤다고 인정한다. 조디는 자신의 형편을 부정확하게 설명했고 바르게 다잡을 도구가 필요했다. 조디는 어둠 속에 있었고, 가족은 다정하게 조디를 빛으로 꺼내 오려고 시도했다.

셀리그만의 전문가적 위치와 인기도를 과소평가하지는 않는다. 셀리그만은 유리구슬과 괴짜 사상을 지닌 불법 치유자가 아니라 획기적이고 수상 경력도 있는 전문 심리학자이자 '긍정심리학'의 시조이며, 수십 년 동안 조디의 사례처럼 감정적, 신체적, 심리적, 정신적 고통의 경계가 흐려진 돌로르를 치유한 경험이 많은 임상 우울증 분야의 전문가다. 그는 『낙관적인 아이』를 출간한 지 1년이 지난 후 역대 투표 사상 최다 과반수로 미국 심리학회 회장이 되었다. 셀리그만은 대중적인 학자이며 그의 (에피쿠로스 철학) 사상은 전 세계 전문가에게 동의와 지지를 받는다.

장담하건대 다른 긍정심리학자들 역시 조디 같은 상담자와 함께 일하고 싶어 하고, 그가 얼마나 능력 있는 사람인지, 그리고 부정적인 자기 대화가 행복을 어떻게 파괴하는지를 알려주고 싶어 할 것이다. 그들은 조디 같은 사람들에게 부정적인 이야기를 바꾸고 일을 찾아 나서도록 도구를 건네는 일에 통달한 전문가다. 조디에게 진실을 알려 주자. 그가 얼마나 고용할 만한 사람인지를 알게 되기까지 '관점'의 빛을 주입해 보자. 그러나 객관적으로 조디는 틀렸다고 선고 내린 후, 셀리그만은 그를 더는 언급하지 않는다. 셀리그만은 그저 독자들에게 조디를 뒤틀린 생각의 사례로 제공했을 뿐이다. 아마도 그는 실직한 중년 주브가 직장을 다시 구하는 일에 문제가 거의 없다고 믿는 건가 보다. 조디가 해야 하는 일은 자신을 믿고 자신이 얼마나 참을성 있고 창의적이며 활력 넘치는지 세상에 보여 주는 것이다. 그의 논리는 이렇게 흘러간다. 조디가 계속 수심에 잠겨 있는 한 거기서 벗어날 수 없다.

그동안 셀리그만은 고통받는 수천 명의 어린아이와 어른을 치료했다. 그는 절망이나 체념, 자살이 임박한 상태처럼 너무 어두워서 감각이 없어지는 돌로르를 목격했다. 그 역시 에피쿠로스와 앨버, 그의 선배들과 다르지 않게 사람을 대하며 어둠 속에 있는 이들에게 빛을 드리운다.

셀리그만의 빛이 자기 자신의 눈을 멀게 해 닉토포비아 nycto-phobia(어둠 공포증)를 보았을 때 인식하지 못했을 가능성이 있을까? 아마도 조디의 남편과 아들은 조디의 어둠이 두려워 그 어둠 속으로 초대받았을 때 해결 방안으로 그의 입을 막았을 것이다. 조디가 자신의 직업 전망에 관해 슬퍼하거나 비관적일 권리가 있었을까? 조디의 남편과 아들은 달변가이지만 경청하지 않는 사람이었을까? 조디는 낙심했고(매우 그랬을 법하다), 가족의 반응은 그를 끌어올리려는 노력이었다(역시 매우 그랬을 법하다). 이 대조적인 움직임이 균형이라는 이름으로 다정하게 행해진다. 누군가 좋지 못한 하루를 보내고 있으면 그들을 긍정성으로 균형을 잡아 준다. 에피쿠로스 철학은 서로 관련 있는 반대 개념에 영감을 주었다. 쾌락과 고통, 비관주의와 낙관주의, 행복과 슬픔. 고대 그리스뿐 아니라 미국에서도 우리는 행복해지려고 한다면 극심한 슬픔을 멈춰야 한다고 배웠다. 우리는 돌로르를 이겨 내기 위해 그 위에 명백한 현실을 비추어야 한다고 들었는데, 조디가 분명히 본 성차별적이고 중장년 차별적인 채용 제도의 현실은 다 무엇이란 말인가?

우리 사회를 괴롭게 하는 것이 쾌락을 극대화하라는 에피쿠로스 사상은 아니지만, 슬픔은 행복의 단순한 반대말이라는, 더 행복해지기 위해서 슬픔을 몰아낼 필요가 있다는 생각은 자동적이고 뻔한 가정일 뿐이다. 이런 식으로 생각하며 우리는 무엇을 잃는가? 돌로르를 줄이려고 노력하다가 고통이 얼마나 더 심해졌는가?

조디의 이야기로 다시 돌아가 상상력을 발휘하여 에피쿠로스 철학의 빛을 계속 따라가면 어떤 일이 펼쳐질지 살펴보자. 저녁 식사를 마친 후 조디는 지금 마주하는 불편한 감정에 관해 이야기하기 위해 가장 친한 친구에게 전화를 걸까 고민한다. 하지만 무슨 일이 일어날지 알기에 전화기를 들지는 않는다. 사랑하는 친구는 사랑하는 자신의 가족이 이야기한 것을 그대로 말할 것이기에.

"넌 잘할 거야! 스스로 의심하지 마!"

여기서 조디가 말하는 모든 것은 '확증 편향'이라며 불리하게 여겨질 것이다. 확증 편향은 사람들이 '자신과 세계를 보는 자신의 관점이 사실임을 보여 주는 증거만 보려 할 때' 일어난다.[12] 자신이 느끼는 진짜 감정이 모두를 불편하게 만드는 건 아닌가 생각하며 조디는 감정을 억누른다.

다음 날 아침 식사 자리에서 조디는 자신의 돌로르를 평소보다 더 숨긴다. 남편과 아들이 어떤지 물을 때 억지로 밝은 미소를 짓는다. 그러나 그들이 집을 나서면 주방에 털썩 주저앉는다. 여전히 슬프고 걱정스러우며 이제는 가족이 기대하는 자신감을 가질 수 없어서 외롭고 수치스럽기까지 하다. 이렇게 하면 가족을 행복하게 할 수 있을 거야, 조디는 생각한다. 강한 여성은 불안해하지도 않고 중년의 위기 같은 냄새를 풍기며 전전긍긍하지도 않을 거야. 더 좋은 아내, 더 좋은 엄마는 가족을 실망시키지 않겠지. 불행히도 조디의 수치심은 기분을 더 낫게 하거나 일자리 전망을 좋게 만들지도 않는다.

돌로르는 긍정주의로 없어지지도 않지만, 수치심 때문에 급격하게 쌓인다. 기분이 좋지 않아서 기분이 더 좋지 않아지는 것이다. 행복은 노력으로 생겨날 수 있다고 확신하지만 그런데도 슬픔을 겪는 사람이라면 분명 지금 이 연약하고 게으른 느낌 충분히 열심히 하지 않는다는 느낌과 싸우고 있는 것이다. 고장설의 신호다. 고장설이 계속되면 두려움과 의심, 후회를 느끼면서 그저 어떻게든 도와주려는 사랑하는 사람들을 실망시켰다는 자괴감까지 느낀다.

조디의 남편과 아들이 조디를 감정적으로 가로막았다는 생각조차 하지 못하고 그들을 칭찬하는 문화는 돌로르를 다룰 수 없는 문화다. 사실상 다루기는 고사하고 말 그대로 놓치고 있다. 슬픔은 나쁨인 세상에서, 슬픔은 불행이다. 누군가 "힘내." "울지 마." 또는 "넌 잘할 거라 확신해."라고 말할 때마다 그들은 우리의 돌로르를 이해하려는 대신 우리에게 손전등을 내밀려고 노력한다. 흔해 빠진 말이 우리를 고통에서 건져 내지 못할 때 그 말은 우리를 외로움 속으로 더 깊이 던져 넣는다. 조디의 가족에게가 아니라 세상의 조디들에게 분석 도구를 제공하는 심리학자는 편한 의자에 앉아 돌로르라는 나무 때문에 사회적 기능 장애라는 숲을 놓칠 위험에 처해 있다. 고장설을 불러일으키지 않는 돌로르에 관해서 생각할 방법이 있을까?

◆

내 책상 위에는 행복해지는 방법이 적힌 365일 일력에서 뜯어낸 종잇조각이 있다. 미래에 무슨 일이 일어날지를 알려 주는 대신 지금 무엇을 해야 할지를 말하는 신개념 포춘 쿠키 같다. 그 쪽지는 "당신의 짜증을 발설하지 마시오."라고 영원히 충고한다. 나는 어떤 외부인이 내 컴퓨터 앞에 앉아 이 쪽지를 읽고 동의의 미소를 띠며 내가 가족과 동료, 사회 또는 나 자신을 위해 덕스럽게 불만을 삼키는 모습을 상상하는 모습을 그리며 웃는다. 이 조언은 우리가 서로에게 짐이 되지 않도록 부정적인 느낌을 스스로 삼간다면 얼마나 사랑스럽고 또 사랑받을지를 내포한다. 짜증을 숨기고 부정하고 삼키는 법을 배우는 데 더 많은 시간을 쏟는다면 분명 우리는 더 행복해질 것이라고.

만약 스페인 철학자 우나무노가 이 말을 들었거나 조디 가족 이야기를 읽었다면 그는 항의하며 소리쳤을 것이다. 그는 조디를 자신의 돌로르를 표현함으로써 가족에게 자신을 봐 달라고 용기 있게 요구하는 '카르네 이 궤소Carne y hueso'(살과 뼈)의 여성으로 봐야 한다고 권고할 것이다. 14개 언어를 유창하게 구사했던 우나무노는 소통을 무척이나 중요시했다. 그는 심지어 조디의 가족을 '감정적 문맹'이라고 했을지도 모른다.

1864년 스페인 빌바오 출신인 미겔 데 우나무노는 근친혼으로 태어났다. 그의 아버지 펠릭스는 사십에 조카딸 살로메와 결혼했다. 펠릭스가 멕시코에서 일하다가 스페인으로 돌아온 지 얼마 안 되어서였다. 그들은 여섯 명의 자녀를 낳았고 그중 훗날 우울증의 수호신이 되는 미겔은 유전병을 극복하고 살아남은 네 자녀 중 하나였다.

펠릭스는 막내아들이 6살이 되기 전 천식으로 세상을 떠났다. 미겔은 아버지에 관해 거의 기억하는 게 없었고 겉보기엔 느닷없는 죽음이 그에게 영향을 미친 것 같아 보이지 않는다. 그러나 어린 나이에 아버지를 잃는 일이 우나무노가 성인이 되어 아픔과 고통, 죽음에 몰두하는 데 영향을 미치지 않았다고 보기는 어렵다. 돌로르는 우나무노의 모든 철학에 채색되어 있다. 1913년에 출간한 그의 저서 『생의 비극적 의미The Tragic Sense of Life』는 1637년에 나온 데카르트의 철학적 명제, "나는 생각한다, 고로 나는 존재한다."를 "나는 고통스럽다, 고로 나는 존재한다."라는 명제로 치환한 책이다.[13]

우나무노는 어린 시절 연인이었던 콘차와 결혼하여 아홉 명의 자녀를 낳았다. 여섯 번째 자녀인 파란 눈의 라이문도는 수두증이 생겨서 6살이 되었을 때 뇌수막염으로 사망했다. 어린 우나무노가 아버지를 잃었던 나이였다. 우나무노의 가톨릭 신앙은 라이문도의 오랜 투병과 죽음의 무게로 덧없이 무너졌다. 자식을 먼저 보낸 아버지의 삶은 "죽음을 끊임없이 생각"하는 것으로 채워졌다.[14]

우나무노는 할 수 있는 한 꾸준히 글을 쓰려고 애썼다. 그는 "내 일의 위대한 부분은 어쩌면 가능하면 내 이웃들을 불안하게 하고, 그들 마음의 침전물을 휘저으며, 그들 안에 고뇌를 심는 것이었을지도 모른다."[15]라고 인정했다. 다음은 이런 극적인 시도의 예다.

> 독자여, 잘 들어 보라. 나는 당신을 모르지만 당신을 너무 사랑해서 내 손으로 당신을 잡을 수 있다면 당신의 가슴을 열고 그 심장 중앙에 상처를 내어 그 안에 식초와 소금을 문질러 넣어 다시는 평화를 알지 못하고 끊임없는 고뇌와 끝없는 갈망으로 살게 할 것이라오.[16]

우나무노는 에피쿠로스와 앨버, 셀리그만 못지않게 우리를 사랑한다. 그러나 그들과 다르게 그는 우리의 돌로르를 고쳐 주고 싶어 하지 않는다. 우나무노가 말하길 고통에서 자유로운 삶은 의미 있는 삶이 되지 못한다. 그는 우리가 삶과 죽음, 우리가 내면에 저장해 둔 '분노 공장' 옆의 아픔과 고통과 갈망을 파헤치기를 열렬히 바란다.[17] 우나무노의 가장 철학적인 책인 『생의 비극적 의미』는 소크라테스가 아테네인에게 그러했듯이 스페인 사람들을 뒤흔들어 잠에서 깨우려는 시도였다. 두 철학자는 사랑이란 이름으로 사람들을 깨우려 했다.

경고한다. 우나무노의 철학은 다소 극단적이다. 감정적인 평온함보다는 강압적인 판매 같으며 피학대 성애자에게는 위험할 수 있다. 우나무노는 우리가 돌로르를 자발적으로 얻으려 하는 것을 바라지는 않았지만 돌로르가 매일, 매주, 매달, 매년 우리 삶에 찾아올 때 무시하지 말라고 조언한다. 고통을 초대할 필요는 없다. 고통이 찾아온다고 감사할 필요도 전혀 없다. 그러나 고통이 문 앞에 찾아올 때 받아들일 수 있으며, 고통은 꼭 올 것이다.

우나무노와 콘차는 파란 눈의 아기를 잃었을 때 다른 부부들은 거의 알지 못하고 더욱이 견뎌 내지도 못하는 돌로르를 공유했다. 우나무노는 이를 "진정한 정신적 사랑"의 탄생으로 연결해 준 "절망 포용하기"라고 불렀다. 그는 14살부터 콘차를 사랑했지만, 두 사람의 몸은 첫날밤 부부의 침상에서 섞였지만, "같은 고통의 절구 안에서 슬픔의 절굿공이로 두 사람의 가슴이 찧기고 빻아질 때까지" 두 사람의 영혼은 미처 하나가 되지 못했다고 기록한다.[18] 우나무노가 말하길, 자신과 콘차는 "같은 슬픔의 멍에" 아래 함께 꺾였으며, 그것이 결혼 생활의 새로운 차원을 열었다고 말한다. 그는 돌로르가 그저 상처 이상의 것을 가져다준다는 역설을 깨달았다.

　　우나무노의 유명한 구절이기도 한 "생의 비극적 의미"는 모든 살아 있는 것은 죽는다는 사실을 의미한다. 매우 사랑하는 이가 죽으면 어딜 가든 돌로르가 보이는 핏발 선 눈으로 폐허 속에 남겨진다. 그때 우리의 선택은 어둠의 크기를 축소하느냐, 아니면 어둠 속에 앉아 있느냐다. 에피쿠로스 철학은 전자를 권한다. 하지만 두 번째 선택지는 어떠한가? 돌로르를 지닌 채로 앉아 있다면 거기에 발목 잡히게 되는 것일까?

　　결국 감정적인 삶의 어두운 면으로 나아가는 자세를 취해야만 한다. 에피쿠로스 철학에서는 돌로르에 관한 한 가지 철학을 제시한다. "행복과 슬픔은 공존할 수 없다." 그러나 이는 내가 말했듯이 수치심으로 이어진다. 우나무노는 우리가 돌로르를 지닌 채 살아가도록 돕고, 고통받고 죽게 되는 생명체로서 돌로르를 인간의 공통 조건 중 필수적인 부분으로 이해하도록 돕는 대안적인 철학을 제공한다.

　　미국에서는 내 일력에 쓰여 있던 것과 같은 조언("당신의 짜증을 발설하지 마시오.")이 일반적이다. 짜증을 표현하는 것, 자신을 아프고 슬프고 불편하게 하는 것이 무엇인지 알리는 것은 우리를 민망하게 한다. 돌로르는 들어주기 힘들다. 또한 슬프게도 가족을 진심으로 사랑한다면 가장 어두운 생각과 느낌을 숨기라는 이야기를 자주 듣기도 한다. 가족은 당신이 슬퍼하는 모습을 견딜 수 없고 결국 그들을 슬프게 할 것이다. 더 심각하게는, 그들이 무력함을 느끼게 할 것이다.

만약 우나무노가 달력을 제작했다면 내가 진짜로 잘라서 전시해 놓았을 그의 명언은 이것이다. "나는 고통을 느낄 때마다 소리쳤으며 대놓고 아파했다."[19] 그는 그리스 신화의 영웅 테세우스가 켄타우로스의 미로로 들어갈 때 아리아드네가 그에게 실을 건넸던 것처럼 돌로르를 표현하는 건 주변 사람들에게 실을 건네는 행위나 선물처럼 보여야 한다고 믿었다. 아리아드네의 실은 테세우스가 미로를 빠져나오게 했다. 우리의 실은 돌로르를 경험하며 혼자라고 느끼는 미로 속으로 사랑하는 이들을 끌어들인다. 에피쿠로스 철학 쪽으로 기운 지금의 사회에 돌로르를 드러내는 것이 사랑하는 이들에게 선물과 다름없다는 말은, 시대에 뒤떨어지고 문화에 저항하는 것 같으며 심지어 터무니없게 들린다.

조디의 가족이 조디가 돌로르를 표현한 것을 선물로 받아들이지 못한 태도는 자신의 느낌을 좀처럼 이야기하지 않는 한 여성과의 연결고리를 빼앗은 것이었다. 가족은 조디를 도우려고 그를 못 본 체했다. 잔뜩 혼이 난 개처럼 조디의 돌로르는 조용히 빠져나가는 반응을 보였다. 취약성이 강점이라는 심리학자 브라운을 믿고 싶을지 모르겠지만 우리도 조디와 비슷하다. 우리를 위로해 주는 사람들은 계속 당황하며 우리가 준 실을 떨어뜨린다. 그들은 빛 은유에 갇혀서 이렇게 묻는다. 내가 뭘 할 수 있는데? 내가 그걸 해결할 수 있어? 그래서 그들은 스스로에게 고장설을 말하고 싶은 유혹이 끊이지 않는 어둠 속에 우리를 홀로 남겨둔다.

우나무노는 돌로르를 행복의 반대말로 여기지 않았고, 축소하려는 의무감을 느끼지도 않았다. 긍정성으로 부정성에 맞서는 것은 친밀감과 관계, 공감과 연민의 기회를 차단한다고 믿었다. 오늘날 우나무노가 살아 있다면 "주어진 상황을 받아들이고 짜증 내지 마."라고 활기차게 말하는 사람들이 자신의 의견에 당황스러운 표정을 보내리란 것을 인지하고서 "긍정적인 태도의 압제"에 맞서 싸우라고 조언할 것이다.[20] 하지만 그렇게 함으로써 우리는 부정성은 고장 난 것도 쓸모없는 것도 아니며, 아픔과 슬픔, 상실은 우리를 인간이게끔 한다고 믿는 사람들과 연대하게 될 것이다.

왜 우리의 짜증을 이야기해야 할까? 우리의 삶에 들어온 사람들에게 우리를 사랑할 기회를 주기 위해서다. 슬픔은 억압이나 응원이 아니라 인정과 표현을 바란다. 아픔은 살아 있음의 표시이며, 이를 인정하는 건 아픔을 마주 볼 때 인식할 수 있는 눈을 뜨게 해 준다. 고통 중에 있는 사람은 고장 난 게 아니다. 그저 고통스러운 것이다.

아들의 죽음 이후 우나무노에게 더 큰 고통이 찾아왔다. 그로 인해 그의 고통의 철학에 더 큰 소재 거리가 생겼다. 1924년 독재자에게 고개 숙이지 않았던 거침없는 지식인인 그는 스페인 정부에 의해 살라망카대학교 총장 자리에서 해임되어 푸에르테벤투라 섬으로 망명했다. 6개월 후 프랑스로 달아났으나 그곳에서도 고집스레 프리

모 데 리베라 정권에 항거하며 6년 동안 살았다. 리베라 사망 이후 우나무노는 정치적 혼란을 일으키려는 의도를 지닌 채 고향에 돌아왔다. 우나무노가 총장으로 복직하는 행사장에서 고위직 프랑코 지지자가 "지식에 죽음을! 죽음이여 영원하여라!"를 외쳤다. 우나무노는 침묵하지 않고 맞받아쳤다.[21] 이번엔 추방 대신 가택 연금을 당했다.

우나무노는 형벌에서 살아남지도, 스페인 내전의 끝을 보지도 못했다. 누군가는 그가 프랑코 독재 정권을 노골적으로 반대해 살해당했다고 하고, 누군가는 자연사했다고도 한다. 우나무노는 72살이었고 비극적이고 시적인 정체성을 드러내면서 사람들에게 사랑받았다. 그는 대중적인 글을 통해 스페인의 순수 문학, 시, 음악, 예술을 칭송했으며, 동료 스페인인들이 돌로르에 관한 미적 감각을 포함해 예술적, 문학적 정신을 회복하기를 바랐다.

우나무노의 철학은 라틴아메리카와 수십 년 동안 필 목사의 긍정적 사고 방식이 가득했던 미국에까지 퍼졌다. 돌로르에 관한 그의 사색은 『노먼 빈센트 필의 긍정적 사고방식The Power of Positive Thinking』에 반대하던 독자들 사이에서 유행했다. 1960년대부터 1980년대까지 우나무노의 책들은 철학 수업에서 교재로 사용되었으며, 강의실에서는 죽음에 관한 사색이 당연했다. 불행히도 우나무노는 빛의 피해자가 되었다. 미국에서 자라면서 우리에게는 점점 더 어둠 공포증이 심해졌고, 우나무노 사상은 서서히 사라져 갔다. 내 강연에서 60대 대졸자에게 우나무노 이야기를 언급하면 그들은 크게 미소 지으며 철학 수업에서 그의 책을 읽었다고 회고한다. 30대에게서는 그런 경험을 하기가 좀처럼 힘들다.

우나무노는 돌로르가 인정받기를 원하지, 무시당하거나 훈계받기를 원하지 않았다. 하지만 우리의 돌로르 표현은 조디의 경우처럼 종종 잘못 다뤄진다. 우리를 위로하는 사람들은 돌로르를 표현한 행위가 무뚝뚝한 해결책이 아닌, 연민과 관계를 불러일으키기 위한 시도였음을 깨닫지 못한다.

감정적 고통을 알기 위해 우나무노처럼 아이를 잃을 필요는 없다. 하지만 때때로 돌로르를 느껴야만 한다. 언제까지고 돌로르가 떠나갈 때까지 손바닥에 동그라미만 그리고 있을 수는 없다. 돌로르가 예고 없이 찾아올지 모르지만 초인종 소리를 무시한다고 문 앞에서 기다리지 않는 것은 아니다. 돌로르 없는 세상은 분명 더 밝을 테지만 더 밝은 세상은 감정적으로 더 쇠약한 세상일지도 모른다. 만일 실수로 돌로르를 '내게 무언가 잘못된 것'의 유의어로 해석한다면 우리 자신뿐 아니라 다른 사람을 향한 연민의 요소 역시 간과하게 될 것이다. 아리아드네의 사랑이 담긴 실을 들고 있었기에 어둡고 혼란스러운 미로에서 길을 찾아낸 테세우스처럼, 우리는 사랑하는 사람이 건네준 그 실, 그들의 돌로르라는 미로로 인도해 줄 그 실을 반드시 꽉 붙잡아야 한다.

우나무노는 고통스러워하는 동료를 향한 연민이 자라나면 연민의 띠가 점차 확장된다고 말한다. 사랑은 나무, 동물, 곤충까지 포함해 연민을 가진 모든 것을 '인격화'한다. 다른 사람의 돌로르를 통해 나는 우리가 같다는 사실을 인식한다. 우나무노는 이렇게 써 내려간다.

> 우리는 자신과 닮은 것만 사랑한다. 연민이 커지면서 동시에 어떤 것과 자신의 유사성이 발견되는 만큼 사랑도 자란다. 만약 내가 어느 날 하늘에서 사라질 운 나쁜 별을 연민하고 사랑하게 된다면, 그것은 내가 가진 사랑과 연민이 그 별 역시 희미하거나마 자의식을 가지며, 언젠가 더는 별로서 존재할 수 없게 될 운명으로 인해 그 고통스러워하리라는 것을 나 또한 느끼기 때문이다.[22]

누군가의 돌로르에 반응할 때 그들을 향한 우리의 연민과 사랑이 자란다.[23] 이런 종류의 사랑(우나무노는 "영적인 것."이라고 말한다)은 비극에서 유래하며 때때로 소원해졌던 자기 자신에게로 인도한다. 돌로르는 이전에 보지 못했던 것을 보는 눈을 뜨게 해 준다.

조디의 선물을 수용하지 못한 남편과 아들은 조디가 어디에 있는지도 알지 못했다. 조디는 그들에게 손을 뻗고 있었지만(두말할 필요도 없이 이는 기적 같은 일이다), 돌로르에 관한 그들의 어설픈 짐작이 조디에게 가까이 다가가지 못하게 했다. 연민이 아니라 싸움에 집중했기에 그들은 조디를 알아볼 수 없었다. 조디는 그들에게 실을 건넸지만, 가족은 그것을 떨어뜨렸다. 그들의 손에는 빛을 비출 손전등이 가득 들려 있었다.

아마도 기분이 우울할 때보다 신날 때 가족은 서로 더욱 친밀해진다고 믿기 때문에 조디의 돌로르를 축소했을 수도 있다. 조디의 남편은 조디가 새로운 직장에 처음 출근하는 날을 기념하며 가지게 될 저녁 식사를 상상했을 수 있다. 가족도 흡족하고 조디도 만족스러울 그 서정적인 밤은 관계가 한 단계 더 깊어지는, 딱 맞춤한 시간일 것이다. 그들은 불빛을 계속 켜 둘 테고.

하지만 인간은 기분이 좋을 때 가장 좋은 관계를 유지하는가? 에피쿠로스는 아마 그렇게 믿었던 듯하고, 앨버와 셀리그만도 마찬가지일 것이다. 우나무노는 몸이 "최고로 기쁠 때" 연합한다는 말이 맞다고 인정했지만, 영혼은 그렇지 않다고 생각했다. 정신은 돌로르를 통과하며 더 잘 연결된다.[24] 지지 집단은 슬픔을 공유하며 형성되고, 거기서 사람들은 자신이 가장 잘 보인다고 느낀다. 돌로르는 사람들을 모두 같은 '고통의 절구통'으로 끌어들이고 어둠 속에서 서로를 볼 수 있는 기회를 제공한다.

조디의 남편은 긍정적인 태도로 아내를 격려하고 싶었지만 그럴 수 없었다. 이것이 밝은 면의 함정이다. 신나는 느낌은 고통을 보지 못하게 할 수 있다. 보기 싫어서든 아니면 흔히 볼 수 없어서든 신이 난 사람들은 자신의 긍정성으로 상황을 악화시킬 수 있다는 것을 돌아보지 않는다. 사랑하는 누군가가 우리의 아픔을 잡아 줄 수 있는 고운 마음을 유지하기 위해서는, 특히 그들이 아프지 않을 때는, 큰 노력이 필요하다. 그들에겐 우리의 돌로르를 누르고 부정하고 거부하는 것이 훨씬 더 쉬우며, 우리 사회는 그렇게 하면 박수를 보낸다. 빛 은유 안에서, 우리의 고통은 다른 사람의 기쁨을 방해하는 것이다.

에피쿠로스 철학에 기울어진 우리 사회를 고려해 볼 때 어둠 속에서는 기쁨보다 돌로르가 눈이 더 밝다는 사실이 비극이다. 돌로르는 고통받는 동료를 찾아낼 수 있다. 아무리 태닝을 하고 새로 산 청바지를 입고 있다고 해도.[25] 철학자 아르투어 쇼펜하우어Arthur Schopenhauer의 말을 빌리자면 돌로르는 그를 새롭고 빛나는 표면 아래 존재하는 "비참한 동료"로 본다. 돌로르에 익숙하지 않은 사람들은 겉모습만 보고 고통받는 사람이 건강하고 행복하다고 가정한다. 하지만 물리적인 세계에서 그렇듯이 눈이 어둠에 이미 적응했다면 어둠 속에서 다른 사람을 더 잘 볼 수 있다. 고통스러워하는 사람들을 보는 (자기계발 산업이 마침내 초능력으로 부르게 된) 능력은, 우리 또는 다른 사람들이 고장 났다고 자동적으로 결론짓지 않고 고통에 다정히 맞서는 기꺼운 마음에 달려 있다. 돌로르는 우리가 만들어 낼 수 없는 레이더지만 모두가 이미 부분적으로 가지고 있으며 끈질긴 연습으로 세워 갈 수 있는 것이기도 하다.

어떻게 느끼는지에 관해 솔직해지기도 중요하지만 주위를 둘러보는 것도 중요하다. 돌로르를 억누르거나 무시하거나 축소하고 있다면 비슷한 처지에 있는 사람들의 고통을 놓치고 있을 것이다. 만일 조디의 남편이 중년의 위기를 겪고 있었다면 조디를 더 잘 알아볼 수 있었을 것이다. '당신도 나와 같구나.' 하고 알아보았을지도 모른다. 그 깨달음이 급진적으로 솔직한 대화로 이끌어 주었을지도 모른다. 지난 10년 동안 조디가 느꼈던 양가 감정을 알게 되었을 수도 있다. 조디는 말했을 것이다. "나는 시간을 잃었어. 신용을 잃었어." 아마도 조디는 CEO나 직원들이 자신을 유능한 개인이 아닌 무능력한 주부로 볼까 봐 두려웠을 것이다. "직장인들이 나이 많은 여성을 얕잡아 보는 건 불공평해. 이 사회는 50대가 넘어서 경력을 쌓으려고 노력하는 사람들에게 모질어."라고 덧붙였을지도 모른다. 남편과 아들이 수용적이었다면 조디는 정규직으로 근무하면서 동시에 전업으로도 엄마이고 싶었던 이루지 못한 소망을 표현했을 것이다. 자녀의 어린 시절도 놓치고 싶지 않지만 일을 그만두고 싶지도 않았다고 말했을 것이다.

"이 나라는 선택하게 만들어. 그리고 나는 지금 내가 한 선택에 책임을 져야 하고. 얼마나 창의적이고 인내심이 많은지는 상관없이, 당신이 생각하기에 내가 에너지가 넘쳐도, 나는 서른 살짜리와 경쟁이 되지 않아. 집에 있었던 것을 후회하지는 않지만 지난 10년 동안 직업인으로서는 나 자신에 대해 마음이 아파." 하고 덧붙였을지도 모른다. 그날 밤 저녁 식탁에서 조디는 '아내'와 '엄마'로만 남아 있지 않고 온전한 인간이 되었을 것이다. 만일 그들이 조도를 낮추었다면.

의심은 누군가가 걱정하지 말라고 말한다고 사라지지 않는다. 그러나 상대가 의심을 축소하려는 의도가 없다고 느껴질 때 우리를 조이는 의심의 힘이 약해질 수 있다. 조디의 가족이 이런 가상 대화처럼 '마음을 터놓는 대화'를 계속해서 나누었다면 그들은 더 가까워졌을 것이다. 조디는 걱정을 숨길 필요가 없다고 믿거나 가족을 위해 '용감한' 표정을 짓지 않아도 된다고 믿었을 것이다. 가족이 자신의 슬픔과 의심, 당황스러움을 어루만져 줄 수 있다고 확신했을 것이다. 자신의 돌로르를 혼자서 맞설 필요가 없다고 생각했을 것이다. 마찬가지로 남편과 아들 역시 서로에게, 조디에게 조금 더 연약한 상태여도 안전하다고 느낄 것이다. 돌로르를 억누르지 않고 정기적으로 돌로르에 관한 이야기를 시작한다면 우리 사이에 어떤 대화가 흘러갈지 누가 알겠는가?

　　우나무노는 유대감을 형성하는 돌로르의 특징을 보증한다. 돌로르를 각자 우려내서 서로를 오염시키는 독극물이 아니라, 시간이 흐르며 자연히 함께 마시는 한 컵의 슬픔 이상으로 생각할 수 있다고 믿었다. 우리는 우나무노를 통해 돌로르와 싸우지 않겠다는 결의를 배울 수 있다. 비통한 기분이 드는 자신을 발견하면 주위를 둘러보고 연민을 바라는 다른 이들의 초대에 응할 수 있다. 그 시간 동안 우리는 실을 받아 들고 붙잡는 연습을 할 수 있다. 브라운보다 100년이나 앞서서 돌로르를 표현해야 한다는 우나무노의 기조는 깨지기 쉬운 취약한 상태란 나약한 게 아니라 힘이 필요한 것이라는 현재 유명한 브라운의 사상에 동의한다는 것을 시사한다. 진실한 사랑은 마음의 울음을 공유할 때 발견할 수 있다는 우나무노의 말이 맞다면, 아픔을 공유하는 순간을 서로가 연결되는 통로로 볼 수 있다.

아마도 나는 내 형제자매 중에서 아버지가 더 아프기를 바라는 유일한 사람일 것이다. 그는 심장 마비로 뇌졸중을 겪은 뒤 1년간 치료받고 있다. 아버지는 신체적인 아픔에 익숙한 사람이 아니었다. 젊었을 때는 팔이 골절되고도 병원에 가지 않았고, 언젠가 스케이트를 타다가 발목이 부러져서 응급실에 가야 하는데 눈보라 치는 브롱크스에서 이틀간 미루며 기다린 적도 있다는 이야기를 들었다. 아버지의 경우처럼 많은 의사는 진료대 반대편에서 상황을 보게 되기 때문에 병원에 가는 것을 오히려 주저한다. 게다가 병리학자인 아버지의 진료대는 영안실에 있었다. 아버지가 쓰러지기 전 40년 동안 나는 아버지에게서 물리적 통증이나 정신적 고통에 관한 호소를 들은 적이 없다.

아버지는 85살에 중환자실에서 돌로르를 경험했다. 정맥 주사가 들어갈 때 얼굴을 찌푸렸다. 그 어느 때보다 죽음에 가까워졌지만 이보다 더 아버지의 모습에서 인간다움과 살아 있음이 느껴졌던 적이 없다. 아버지가 지나칠 정도로 아픔을 참아 낸다고 여겼기에 나는 내 아픔을 아버지에게 말하는 게 편하지 않았다. 그 대신 우리는 문학과 시에 관한 사랑을 포함해 다른 연결고리를 만들었다. 아버지가 나이 들어가고 성질이 죽으면서 우리의 관계는 더 부드러워졌다. 하지만 아버지가 그의 돌로르를 나누기 전까지 나는 아버지의 취약한 모습을 본 적이 없었다.

병원에서 아버지는 자신의 과거와 관련한 암흑을 통과했고 죄책감과 편집증도 경험했다. 이는 분명 아버지가 겪는 뇌졸중 종류에서는 정상적인 현상이다. 지켜보기가 슬펐지만 기쁘기도 했다. 아버지에게서 그렇게 많은 감정이 나오는 걸 본 적이 없었다. 아니, 분노가 아닌 감정이 그렇게 많이 나오는 모습을 보지 못했다는 게 더 알맞은 표현이다.

내가 면회 갔던 날에 아버지의 칼륨 수치가 위험할 만큼 떨어졌다. 의사들은 칼륨을 경구로 투여했지만 소용없었고, 정맥 주사를 놓기로 결정했다. 고령으로 아버지가 삽관을 거부했기에 유일한 방법은 팔에 놓는 거였는데, 통증 때문에 칼륨을 주입하기 가장 두려운 위치라고도 했다. 통증이 너무 심해서 노인은 투입을 중단하는 경우가 있다는 보고를 읽기도 했다. 염화칼륨은 독물 주사에 섞는 화학물질이라는 것도 알게 되었다. 주입이 시작됐을 때 아버지는 울부짖었고 멈추지 못했다. "날 괴롭히지 마! 잘 좀 해 주세요! 제발!" 내 기분은 처참했다. 내 주변의 모든 사람이 아버지가 커다란 아기인 양 행동하는 것 같았다. 아버지는 아파하고 있었으며 대놓고 소리 지르고 있었다. 우나무노처럼 아버지는 고통으로 인해 인간다워졌고 나는 그 일에 감사했다. 아버지는 마침내 내게 어떻게, 그리고 언제 울어야 하는지를 가르쳐 주고 있었기에. 우나무노는 마음의 울음은 "다른 사람의 심금을 울린다."라고 말했다.[26] 비통해하는 아버지의 심금은 나의 심금을 울렸다. 나는 잠시 새로운 방식으로 아버지에게 가까이 이끌렸다. 아버지의 울음 없이는 아버지를 알지 못했을 것이다. 사람들 앞에서 공개적으로 우는 것이 관계의 가까움을 보증하지는 않지만 이를 위한 조건을 조성해 줄 수는 있다. 조디는 울었지만 아무도 듣지 않았다. 만일 가족이 들어주었다면 어땠을까?

병원 엘리베이터에서 나는 수술복을 입은 남자에게 커다란 아픔의 한복판 속에서 어떻게 일할 수 있냐고 물었다. 복도에서 서로 부둥켜안고 다정하게 울고 있는 남녀를 보았던 참이었다. 그는 반대 측면을 본다고 말했다. 가장 극심한 아픔 속에서도 기쁨과 희망을. 이 사람의 경험이 돌로르와 연민, 관계에 관한 우나무노의 이론에 이의를 제기하는 것인지 궁금했다. 하지만 이내 아픔을 받아들이는 것이 '절망을 끌어안는' 경험을 공유하는 자리로 향한다는 사실을 깨달았다. 기쁨과 희망은 꼭 밝은 면일 필요가 없다. 아마도 수술복 차림의 남자가 가끔 목격하는 것은 고통과 죽음의 부정이 아니라, 새로워지고 강해진 관계에 관한 기쁨과 희망일 것이다. 물리적, 정신적 아픔이 우리를 문질러서 벗겨 내고 벌겋게 만들지라도 피부가 한 번 벗겨지면 다른 사람의 고통에도 민감해진다. 슬픔은 행복의 반대말이 아니다.

4개월간의 치료 이후 집으로 돌아온 아버지는 다시 과묵해지고 내성적인 모습으로 돌아왔고, 의식이 조금 더 또렷해졌다. 더는 내 손을 잡고 싶어 하거나 침대에 누워 내가 읽는 시를 듣고 싶어 하지 않았다. 매일 몸차림을 시작하면서 아버지는 내게서 조금씩 멀어졌다. 우리는 여전히 잘 지내지만, 아버지가 수치심을 회복하면서 그분의 취약성은 사라져 간다.

　　　아버지가 아프기를 바라다니, 나는 얼마나 가학적인 딸인가. 그러나 그렇지 않다. 나는 아버지의 손을 잡고 싶은 것이다. 안타깝게도 아버지가 아플 때만 그럴 수 있다. 아버지가 아프면서 가장 취약한 상태였을 때 나는 기쁨과 관계의 연결, 다른 종류의 치유를 발견했다. 이제 아버지는 전통적으로 정의하는 '치유'를 경험하면서 다시 자신의 돌로르를 말하지 않는 사람이 되었다. 아버지는 아플 때만 내게, 애정이 담긴 인간관계에 손을 내민다. 물론 아픔이 관계에 필요하지는 않지만, 취약성(볕이 들면 숨고 어두워지면 나오는 이 취약성)은 필요하다. 물론 죽음을 경험하기 전에 몇 겹의 껍질을 벗겨 낼 수 있다면 더 좋을 것이다. 하지만 행복 달력이 짜증을 발설하지 말라고 지시하는 세상에서 그렇게 하기는 힘들다. 임종 자리에서나 재회와 화해가 도래한다. 결국 온다 하더라도 억눌린 후회와 굳은 입술, 말하지 못한 돌로르가 수십 년 쌓인 후에.

　　　우나무노의 렌즈로 보면, 돌로르는 고장 났다는 표시가 아니라 사랑하는 사람들에게 말할 수 있게 해 주는 마음의 동요다. 그러나 사람들이 우리의 부름을 항상 듣지는 못한다. 슬픔은 서로에게 더욱 다가갈 수 있게 해 주지만, 우나무노 역시 반드시 그렇다고 말한 적은 없다. 대신 그는 왜 관계의 연결이 항상 일어나지 않는지를 묻는다. 그의 대답은 가혹하다. "[다른 사람에게] 심금이 없다면 소용

없고 [또는] 너무 굳어 있다면 울리지 않을 것이다." 그러니까 "나의 울음이 그들에게 공명을 일으키지 않을 것이다."[27]

나는 사랑하는 사람들에게 심금이 있다고 생각하고 싶다. 하지만 어떤 이는 아픔을 무시하고 슬픔점을 진정시키라고 오랫동안 교육받아서 마음이 굳어져 있다. 좋은 의도지만 형편없는 조언을 받기도 하면서 감정적인 삶은 고통받는다.

우리 대부분은 한참 동안 어둠에 살고 있으면서도 어둠 속에서 보는 일이 여전히 새롭다. 하지만 우나무노 같은 철학자의 도움을 받을 수 있다. 그의 돌로르는 우리의 심금이 굳어지지는 않았는지 묻는다. 그리고 사랑은 다가가 말을 걸거나 격려하는 것 없이도, 경청하는 데 있다고 가르쳐 준다. 감정적인 아픔은 방어벽을 낮출 수 있고, 전에 경험해 보지 못한 정도까지 감정적으로 정직하게 만들어 준다.

조디의 가족이나 셀리그만 역시 우나무노에게서 얻을 수 있는 지혜는 무엇일까? 그날 밤 저녁 식사 식탁에서 조디 가족이 조디의 돌로르에 어떻게 반응할지를 우나무노가 결정할 수 있었다면 다음 같은 식으로 흘러갔을 것이다. 조디는 자신의 나이에 좋은 직장을 찾을 수 있을지 의심과 걱정을 표현한다. 남편과 아들은 조디의 어둠에 빛을 드리우고자 하는 무의식적이고 자기방어적인 충동을 버리고 조디에게 몸을 기울인다. 꾸미지 않은 말로 질문하고, 겁먹은 듯한 조디의 말을 듣는다. 세 사람은 어둠 속에 앉아 있고 남편과 아들은 집중한다. 그들은 조디에게 가장 걱정되는 것이 무엇인지 묻는다.

"근무 시간을 조정하는 거야, 아니면 경쟁력이 의심스러운 거야, 아니면 상사를 모셔야 한다는 생각이야?"

동굴 안에는 침묵이 많다. 경청의 침묵, 느낌의 침묵, 생각의 침묵. 가족은 조디에게 생각나는 대로 말할 공간, 어둠에 익숙해지고 자신의 느낌을 분간하는 데 도움이 되면서 같은 말을 반복해도 좋을 공간을 제공한다. 낮은 자존감의 문제만은 아님을 조디는 발견한다. 남편과 아들은 조디의 이야기를 들으면서 수많은 중년 지식인 여성이 깨닫게 된 것이 무엇인지를 배운다. 바로 집에 있었던 10년이란 세월은 주부가 일을 구할 때 불리한 입장에 서게 한다는 점이다. 조디가 틀린 게 아니다. 음울한 비관주의자가 아니다. 그의 느낌은 타당하다. 그때 마법 같은 일이 일어난다. 남편과 아들의 심금이 울린다. 조디에게 들은 이야기가 그들을 움직이고 남편은 조디의 손을 잡는다. 당신이 뒤처졌다고, 너무 늙었다고, 더는 쓸모없다고 느끼는지를 묻는다. 세 사람의 마음이 하나의 콘서트를 이룬다.

"조각 난 경력으로 메꾸기가 어려운 건 당연하지." 그들의 대화가 길어진다.

"그때 일을 그만두지 않았다면 좋았을 거라고 생각해?" 이제 조디는 자신이 다른 공간에 있음을 느끼며, 가족을 불쾌하게 할까 봐 두려워하지 않고 자신의 양가 감정을 이야기한다.

"아니야. 다시 돌아가도 그럴 거야. 그렇지만 두 가지 다 성공적인 커리어를 쌓을 수 있었으면, 내가 되고 싶었던 엄마의 모습일 수 있었으면 좋았겠다고 바라기는 해. 지난 세월을 돌릴 수는 없지만 그 세월이 나 자신의 상실을 보여 주기도 하니까. 그건 다른 사람들의 눈에만 그런 게 아니기도 하고. 가끔 나는 두 가지 다 지키도록 돕는 덴마크나 스웨덴에서 살고 싶기도 했어. 내가 선택해야만 한다는 사실이 불공평하게 느껴졌고, 나는 지금 그 선택에 책임을 지고 있지."

"그래."라고 말하는 남편과 아들의 감성 지수가 시시각각 오른다. 조디의 가족은 연민의 기쁨을 주기 위해 돌로르를 없앨 필요가 없다는 것을 배운다. 에피쿠로스 철학이 틀렸다. 우리는 좋음과 나쁨을 동시에 느낄 수 있다. 사랑하는 사람들이 기분 나쁜 상황에서도 도망가지 않는다는 사실을 알면 기분이 좋다.

심금의 합주는 '노.no'가 아니라 '예스.yes'라고 말한다. 심금은 관계가 연결되고 나서 울린다. 조디 가족이 앉아서 경청하고 서로를 지지하며 이 일을 해낼 때 조디는 가족과 더 가깝다고, 이해받고 있다고, 자신의 느낌이 타당하다고 느낀다. 조디는 자신의 돌로르를 꺼내 놓았고, 다시 집어넣으라고 아무도 재촉하지 않았다. 자신의 돌로르가 혹평받지 않고 전달되었기 때문에 조디는 일을 구할 수 있다는 가능성을 즐길 수 있다. 자신의 돌로르를 파고들며 이야기를 나눈 일이 이제 더욱 성숙한 여성으로서 자신이 추구하고 싶은 분야가 무엇인지에 관해 생각을 떠올릴 수도 있다. 그날 밤 조디는 느슨하고 유연하고 편안하게 잠자리에 든다. 가족이 손전등을 내려놓고 자신의 실을 붙들어 준 것이 고맙다. 그날 밤 그들은 어둠 속에서 서로를 보았다.

어느 날 내 친구는 5살짜리 아들의 베개에 눈물 자국이 굳은 것을 보았다. 충격이었다. 그는 아들의 이 직접적인 표현에 죄책감을 느꼈고 당황했다. 아들의 돌로르는 엄마의 양육 방식에 대한 비난이었고, 아들의 베개는 자신이 아이를 행복하게 하지 못한 증거였다. 너무 비극적이라 친구는 아들에게 그 눈물 자국에 관해 물어보지 못하고 못 본 체했다.

돌로르를 무시하는 건 아주 흔한 행동이지만 만일 내 친구가 아들이 엄마를 신뢰하며 내민 끈을 잡았더라면 어땠을까? "너 슬픈 것 같아 보여." 이렇게 간단하게 말했더라면 어둠 속에서 아들을 더 가까이 보게 되었을지도 모른다.

어둠 속에서 서로 꼭 붙어 있는 것은 어둠 속의 시야를 얻기 위해서 좋은 시작이다. 그러나 완전히 익숙해지기 위해서는 돌로르가 빛이 있는 곳에서만 실패로 보인다는 사실을 믿어야 한다. 어둠 속에서는 이것이 심금이자 영혼의 연결처럼 보인다.

돌로르를 부정하거나 숨기거나 축소할 때는 누군가 우리에게 다가오는 길을 개척할 기회를 열지 못한다. 어설프고 어색해진다. 자신을 위해서만이 아니라 다른 사람을 위해서도 어둠 속에서의 시야를 개발해야 한다. 자녀와 배우자, 친구가 자신의 돌로르를 말하기를 원한다면 기꺼이 빛을 줄이고 어둠에 눈이 적응하도록 해야 한다.

그리고 애도할 때보다, 즉 죽음을 마주하는 살아 있는 사람들의 돌로르보다 어둠 속에서의 시야가 더 필요한 곳은 없다.

3장

끝까지 애도하기

✦
✦
✦

최근 사별한 한 남자에게 한 친구가 말하는 걸 엿들은 적이 있다. "당신이 이 상황을 잘 다스리고 있다는 사실이 참 인상적이에요." 여기 아내를 떠나보낸 지 나흘째인, 비극에 대해 자신이 아는 유일한 대처 방법으로 설거지나 물품 관리에 신경 쓰면서 감정을 일에 쏟아붓는 남자가 있다. "힘든데도 바쁘게 지내고 침착함을 유지하는 모습이 멋져요." 내 친구의 발언이 그 남자의 기분을 나아지게 했을지, 나쁘게 했을지는 모르겠다. 아마 그는 자신의 노력이 다른 사람의 눈에 시간이나 에너지 낭비가 아닌 것처럼 보였다고 느꼈을 수 있다. 자신의 생산성을 가치 있게 여기며 아내에 이어 자신의 능력까지 잃지는 않았다고 감사했을 수도 있다. 잘 애도하기 분야에서 '잘했어요' 상을 받고 좋아했을지도 모른다. 아니면 계속 평상심을 유지해야 한다는 압박감을 느꼈을 수도 있다.

나중에 나는 친구에게 그 남자가 아무것도 안 하고 울기만 했어도 똑같이 인상적이었을지를 물었다. 그가 설거지를 거르고 매일 밤 도미노 피자만 먹었다면? 그가 아내의 옷을 입고 자고 종일 그 옷을 입고 돌아다녔다면? 그가 블라인드를 내리고 모든 전화를 거부했다면? 애도와 반응이라는 범위 안에서 아내가 죽었을 때 설거지하지 않는 것도 설거지하는 것만큼 인상적인 애도의 방식이 아닌가?

아내를 잃은 남자가 무너져 내릴 권리를 지지하는 사람은 '무너져 내리다'라는 용어(또는 '침착함을 유지하다'라는 용어도 마찬가지로)를 사용하지 않는다. 어떤 애도의 방식도 '인상적'이라고 말하지 않는다. 미국에 얼마나 많은 감정 반항자가 있는지 나는 알지 못한다. 이곳은 봄맞이 대청소 같은 애도 방식이 비극적인 방식보다 친구들과 가족에게 더 큰 인상을 주는 나라다. 비극적인 방식은 사람들이 정신 건강에 관해 수군거리게 만드는 경향이 있다. 애도하지 않는 사람들이 애도하는 사람들을 바쁘게 만들려고 작정한 이유는 무엇일까?

내 친구는 누군가 무너져 내리는 것이 나쁜 애도의 반응이라는 의미를 암시하려 한 것은 아니었다. 친구는 사별한 그 남자가 죽음을 애도하는 일을 얼마나 '잘' 해내고 있었는지 진짜로 충격받았고, 그 사람이 그렇게 '강할지' 몰랐다고 고백했다. 빛 은유가 바쁘게 지내는 것이 인상적이라고 선언하는 이 세상에서 고정설은 생산성 없는 애도인에게 당신들은 부족하다고 말하는 데 주저하지 않는다. 그들은 자신이 슬픔을 다스리는 게 아니라 슬픔에 굴복하고 있다는 사회적 메시지를 전달받을 것이다(그리고 이를 내면화할 것이다). 잘못 슬퍼하고 있다고.

사별한 남자와 내 친구는 힘이란 굳세게 견디는 것을 의미한다고 믿도록 교육받았다. 여러 세대에 걸친 수백만의 사람처럼 그들은 슬픔으로 자기 자신을 무너지게 두는 것보다 계속 활동하는 것이 더 건강한 방식이라고 배웠다. 리트 그라넥^Leeat Granek^은 이런 태도를 의사들이 하는 말로 '애도 치료'라고 부르는 사회과학자다. 애도를 다룰 때 대체로 "목표는 사람들이 잘 기능하고 시기적절하고 비용 효과적 방식으로 일자리에 복귀하는 것이다."[1] 보험회사들은 분명 종료일이 있는 치료를 선호한다. 빠르고 깔끔하게 애도하는 사람은 그렇지 못한 사람보다 더 건강하고 성공적이라고 여겨진다. 그런데 바쁘게 지내는 것만이 애도에 적절한 방법인가? 모든 사람이 설거지를 해야 하는가?

나중에 다시 언급하겠지만 애도 전문가인 메건 더바인^Megan Devine^은 애도 기간에 "당신에게 진짜 필요한 건 춤추러 가는 것."이라는 말을 들었다. 남편이 익사하고 며칠 지나고서였다. 빛 은유는 그에게 인생의 밝은 면에 머물러 있으라고 강압했다. 여기서도 고장설은 그가 거절하면 공격할 준비를 하고 있었다. 1년 동안 더바인은 남편과 함께 사용한 침대 시트를 빨지 못했고, 잠시 후 이야기하겠지만 자신이 애도하는 매 순간을 변호했다.

나는 처음으로 진짜 애도를 마주하는 일이 두렵다. 하지만 이는 죽음이 불러오는 돌로르 때문이 아니다. 내가 두려운 이유는 그때가 닥친다면 나는 싱크대 앞이 아니라 바닥에 드러누워 있을 것이기 때문이며, 다 잘되리라고 믿는, 깊은 애도를 수치스럽게 여기는 이야기를 그동안 이 사회에서 너무 많이 들었기 때문이다. 우리 사회는 애도를 감정적으로 억누르는 철학이 너무 단단히 자리 잡았고, 무너져 내릴 자리(작가 캐서린 메이Katherine May의 용어를 빌리자면 '겨울나기wintering' 자리)를 마련하는 사람은 힘든 시간을 보내게 된다.[2]

앞선 장에서 살펴보았던 분노와 복잡한 형태의 돌로르에서와 마찬가지로, 고대 그리스 로마 철학의 빛 때문에 오늘날 우리는 애도하는 사람들의 애도를 서둘러 처리한다. 자신의 분노를 크게 책망했던 플라톤을 칭송한 고대 로마의 스토아 철학자 세네카는 아내를 잃고 바쁘게 지내는 친구를 인상 깊게 보았다. AD 40년, 세네카는 친구 마르치아에게 죽은 아들에 대해 그만 슬퍼하라고 조언했다. 엄마가 아들을 보낸 지 3년이 지났을 때였다. 세네카는 아들을 잃은 다른 두 엄마와 마르치아를 비교하며 공개 편지를 보내기로 마음먹었다. 첫 번째 엄마는 "어둠과 고독에 가까워졌지만", 두 번째 엄마는 "자신의 슬픔을 아들과 함께 미뤄 두고 명예를 지킬 만큼만 애도했다."[3] 세네카가 마르치아에게 두 번째 엄마처럼 행동하라고 제안하며 무례한 사람이 되려고 한 것은 아니었다. 진심으로 그는 친구가 고통스러워하는 모습을 보고 싶어 하지 않았다. 마르치아의 애도가 비이성적이라고 생각하기도 했다. 마르치아는 절망한 상태로 있기를 선택했다고 세네카는 결론지었고 이를 이해할 수 없었다. 누가 3년 넘게 애도하고 싶겠는가?

스토아 철학에 따르면 우리는 분노를 선택하고, 슬픔을 선택하고, 애도를 선택한다. 아리스토텔레스가 주장했듯이 느낌은 정신에서 자연적으로 발생하여 올라오지 않는다. 그러므로 우리는 아프기를 선택하지 말아야 한다. 세네카는 심지어 마르치아의 애도를 악에 비교하여, 고통에 대한 기괴한 충성심으로 빠지게 만드는 '건강하지 못한 쾌락'이라 했다. 세네카에게 묻는다면 마르치아는 아들을 사랑한 게 아니라 애도를 더 어둡게 만드는 돌로르를 사랑한 것이었다.

여기서 세네카는 마르치아의 애도가 슬픈 느낌보다 더 오래 갔다고 확신했다. 그는 마르치아에게 어떻게 "슬픔이 스스로 회복되고 매일 새로운 힘을 주는지"에 집중하라고 조언했다.[4] 그리고 애도를 '강화'하지 않는 동물들의 예시를 따르라고도 제안했다.[5] 매일 마르치아는 애도의 딱지를 피가 날 때까지 긁고 있었고 세네카는 불같이 화를 내며 그 손에 장갑을 끼우고 있었다.

어두운 감정에 관한 세네카의 관점이 비판적으로 들릴지 모르지만, 오늘날 마르치아가 살아 있다면 친구나 정신 건강 전문가가 그에게 자신의 슬픔에 집착하고 있다고 결론 내리는 것이 그리 이상하지는 않을 것이다. 3년은 사랑하는 사람을 떠나보내고 애도하기에 긴 시간이다. 우리는 마르치아가 갇혀 있는, "죽지 못해 어쩔 수 없이 사는" 그 끔찍한 중간 지대에 갇힌 사람을 보는 것 자체를 싫어한다.[6] 또한 그 슬픔은 잃어버린 아들을 대신하는 것이라고 결론 내릴지도 모른다. 아이를 놓지 않고 애지중지하면서 잊거나 외면하지 않도록 말이다. 그의 삶이 너무도 짧게 끝나서 유감이고, 세상 모든 행복을 누리길 바랄 수도 있다. 우리의 특별한 문화적 관점에서 보면 행복은 아들을 보내 주는 것을 의미한다.

세네카는 애도에 관해 사랑하는 사람을 위해서만이 아니라 우리 자신에 대해, 잘못 사용한 시간으로 인해 눈물을 흘린다고 말한다. 우리는 그들이 살아 있을 때 고마워하지 못했음을 후회한다. 사랑하는 이들이 우리처럼 생자필멸의 법칙에 종속되어 있다는 것을 알았더라면 우리의 애도는 조금 더 나아지고 짧았을 것이다. 세네카의 추론은 이렇게 진행된다. 사람은 죽는다는 사실을 아는데 왜 그들이 죽을 때 충격받는가? 왜 준비하지 않는가? 세네카는 내 수업에 들어온 몇몇 젊은 엄마가 유언장을 작성해 두지 않았다는 사실에 놀라지 않을 것이다. 세네카의 저작을 읽으면 혼나는 기분이 들지만 대개 세네카가 옳다고 생각한다.

세네카가 도와주려고 한 사람이 마르치아만 있던 건 아니었다. 그는 심지어 자기가 살아 있는데도 애통해하던 모친에게 보내는 회유 편지를 썼다(세네카는 로마 황제 칼리굴라Caligula가 누이와 잠자리한 것을 비판한 이후 추방당했다). 세네카는 형제의 죽음을 애도하던 남자에게 편지를 쓰기도 했다. 이 두 편지에서 그는 마르치아에게 했던 것과 비슷하게 주장을 전개했다. 중심 내용은 항상 같다. "눈물 흘릴 만한 가치가 있는 것은 살아 있는 생명입니다. 오래된 문제를 해결하기도 전에 새로운 문제가 당신을 짓누를 것입니다."[7] 세네카의 주장은 여기까지 가닿는다. 죽은 사람들은 아무것도 느끼지 못한다. 그들은 당신이 동정해 주길 원하지 않는다. 더 오래 사는 게 꼭 더 나은 삶은 아니다. 당신의 애도가 그들을 돌아오게 하지 못한다. 그는 모친에게 지금보다 더 나빠질 수도 있다고, 자신이 죽을 수도 있다고 (그럴 경우에는 마르치아에게 보낸 편지를 보라고) 덧붙였다. 세네카는 모든 위로 편지의 끝에 이런 치료약을 처방했다. 철학과 시를 읽으라.

세네카는 자신의 방법이 다소 폭력적이라고 인정했다. 그는 애도를 "정복하기 위해 싸우고 산산조각 내기"로 선택했다.[8] 그는 "부드러운 방식의 치료법이 아니라 지짐기^{cautery}와 칼"[9]을 사용했다. 그게 고통스러워하는 사람이 애도를 통과할 수 있도록 도와주는, 그가 생각할 수 있는 유일한 방법이었다. 그렇지만 세네카도 부드럽게 접근하려고 노력했다. 그는 마르치아에게 우리는 모두 고통받을 운명을 타고났음을 상기시켰다.

> 이를 위하여 당신은 태어났소. 상실을 경험하고 스러지기 위해, 희망과 공포를 느끼기 위해, 다른 이들과 자기 자신을 괴롭게 하기 위해, 죽음을 두려워하면서도 기다리기 위해. 무엇보다 최악은 당신이 어떤 조건으로 존재하는지 절대 알지 못한다는 것이오.[10]

세네카는 추론한다. 삶은 이미 고통스러운데 왜 이 모든 것에 더해 애도하기마저 선택하는가? 그는 백방으로 노력했다. 사람들은 아타락시아를 진심으로 바랐지만, 계속해서 애도하기를 선택하는 것을 목격했다.

놀랍게도 세네카는 애도에 관하여 다른 스토아 철학자들에 비해 조금 더 관대한 편이었다. 그는 사람들이 우는 것(그러나 빠르게, 그래서 다시 삶으로 돌아올 수 있도록, 꼭 필요한 경우에만)을 허용했다. 비통해 우는 것을 좋아하지 않았지만 "아예 애도하지 않는 것은 인간미 없는 냉정함"임도 인정했다.[11] 더 엄격한 스토아 철학자들과 달리 세네카는 적절한 선에서 애도를 허용했으며, 아이의 장례식 날에 엄마의 눈물을 말리지 않으리라 주장함으로써 너무 신랄하다는 혐의로부터 자신을 방어했다(장례식 다음 날은 약속하지 않았다).[12]

세네카가 태어나기 60년 전, 로마의 정치인이자 한때 스토아 철학자였던 키케로는 오늘날 우리가 "해로운 남성성"이라고 부를 수 있는 말로 애도하는 사람을 모욕했다. 예를 들어 그는 애도를 "연약하고 여성스럽다."라고 말했다.[13] 그리고 자발적이라고 했다. 애도가 자발적임을 증명하기 위해 키케르는 "남자답지 못한" 모습을 보이지 않으려고 흐르는 눈물을 멈추었던 수많은 귀족과 군사령관을 지목했다.[14] 보이는가? 그는 추론했다. 애도는 저절로 일어나지 않는다. 그만하기로 선택할 수 있다.

'연약하고 여성스러운' 애도의 주문에서 자기 자신을 구원하기 위해 스토아 철학자들은 메멘토 모리, 죽게 될 것을 매일 기억하고 사랑하는 사람들이 이미 죽었다고 상상하는 것을 연습하라고 제안했다. 이 실천은 살아 있는 동안 감사의 불꽃을 피울 것이다. 스토아 철학자들은 내일은 없을지도 모르니 오늘 사랑하는 사람을 껴안아야 한다는 오래된 격언에 책임이 있다.

엄마가 되어 스토아 철학을 적용하고 있었을 때, 나는 만약을 위해 메멘토 모리를 실행했다. 스토아 철학자들은 우리가 매일 죽음을 곱씹는다면 다른 사람이 살아 있는 동안 그들에게 더 감사하게 되리라 생각했다. '나는 죽게 된다.' 나는 마음속으로 생각했다. '부모님도 돌아가실 거다. 남편도 죽는다.' 나는 젖먹이의 작은 손을 잡고 사랑스럽게 바라보며 속삭였다. "너도 죽게 될 거야." 내가 이 이야기를 하면 학생들은 초조하게 웃는다. 나는 과도하게 미신을 믿는 사람이 아니지만 그 의식을 마치자 땀이 났다.

세네카가 수많은 스토아 철학자 중 남부의 신사이자 다정한 사람이었다면, 에픽테토스는 우리가 느끼기에 부드러운 구석이 없는 돌직구 투수였다. 그는 이렇게 말했다. "당신이 어떤 항아리를 좋아한다면, 항아리를 좋아한다고 말하라. 그러면 그 항아리가 깨지더라도 마음이 동요하지 않을 것이다."[15] 이를 확장해 보자면, "아이나 아내에게 입 맞춘다면, 한 인간에게 입 맞추고 있다고 스스로 말하라. 그러면 그가 죽어도 마음이 동요하지 않을 것이다."[16]

에픽테토스가 이렇게 직설적인 이유는 그가 노예였기 때문일 것이다. 전설에 따르면 에픽테토스의 주인이 그의 다리를 비틀고 있었을 때 그는 웃으며 말했다고 한다. "제 다리를 부러뜨리시겠군요." 주인은 계속 다리를 비틀었고 다리는 부러졌다. 에픽테토스는 차분히 물었다. "부러지겠다고 말하지 않았습니까?"[17]

뉴요커로서 나는 에픽테토스를 사랑했다. 그는 직설적으로 말했다. 나는 그로부터 내 아기가 불멸할 거라 상상하는 것은 어리석을 뿐 아니라 좋지 못한 삶의 방식이라는 걸 배웠다. 그리고 만일 아기가 죽으면 결말은 분명 애도였을 것이다. 스토아 철학은 세네카가 인생의 '폭풍'(에피쿠로스가 말했던, 우리 정신에서 일어나는 폭풍의 외부 버전)이라고 불렀던 것을 우리가 견뎌내도록 무척이나 돕고 싶어 했다.[18] 그들은 정신을 똑바로 차린다면 배가 뒤집혀도 침착하게 곧 회복할 것이고, 곧장 수리에 착수할 수 있을 거라고 주장했다. 아내의 죽음을 상상해 보라. 그러면 아내가 죽어도 설거지를 그만두지 않게 된다.

사람은 감정을 조절한다는 스토아 철학의 사상을 듣고 학생들이 기운을 차리는 모습을 보기도 했다. 스토아 철학은 다수가 고장 난 사회에서 우리가 잘 지낼 수 있도록 돕기도 하지만, 애도마저도 훈련하는 데서 나오는 빛은 눈이 부실 정도다. 그러나 나는 스토아 철학에 (여전히) 매력을 느끼면서도 세네카의 편지가 애도하는 수취인들에게 큰 위로를 주었을지는 의심했다. 애도는 존재하지 않음과 짧음 사이 어딘가에 있어야 한다는 말에 동의할 수 없다. 심지어 세네카의 편지는 마르치아 같은 애도하는 사람들을 공개적으로 수치스럽게 하여 기분을 더 힘들게 만들었을지도 모른다. 애도는 개인적인 일이다. 죽음이 사랑하는 이를 내게서 앗아 갔을 때 나는 침착해지고 곧 회복하는 일을 목표로 삼지 않을 것이다. 나는 설거지에서 어떤 덕도 발견하지 못한다. 누구에게 좋은 인상을 줄 필요도 없다.

대신 나는 사과하지 않고 뒤집힐 자유를 원한다. 미셸 드 몽테뉴^Michel de Montaigne 처럼.

1563년 8월 17일 프랑스의 철학자 몽테뉴는 절친 에티엔 드 라보에시^Étienne de La Boétie가 페스트로 죽는 모습을 바라보며 밤을 새웠다. 몽테뉴는 30살이었고, 페스트는 프랑스 남부 전역에 퍼지고 있었다. 그럼에도 그는 자리를 지키고 친구를 향한 사랑 때문에 죽음을 감수했다. 17년 후 몽테뉴는 이렇게 기록했다. "그를 잃은 그날 이후로 나는 그저 너절하게 삶을 질질 끌었을 뿐이다."[19]

라보에시를 만난 그 즉시 몽테뉴는 그를 자신의 반쪽으로 여겼다. 둘의 우정은 4년간 지속되었고 그 4년은 몽테뉴의 인생에서 가장 멋진 시간이었다.[20] 라보에시가 죽은 후 몽테뉴는 결혼도 하고 아이도 낳았지만 그 누구도 라보에시처럼 가까워지지 못했다. 그 보기 드문 우정(순수한 우정 이상이리라 여러 소문이 돌았던)과 라보에시의 어떤 점이 그렇게 대체 불가능했는지를 설명해 달라는 요청을 받았을 때 그는 긴말하지 않았다. "왜 그를 사랑했는지 말하라고 재촉한다면 이렇게 대답하는 것밖에는 표현할 길이 없다. '라보에시였으니까. 그리고 나였으니까.'"[21] 몽테뉴는 영혼의 반쪽을 만났고 그 경험을 말로 전달할 수 없었다.

몽테뉴의 애도는 만성이 되었다. 라보에시가 죽고 거의 20년 동안 몽테뉴는 친구 없이 사는 삶을 계속 비탄했다. "모든 면에서 우리는 반쪽이었다. 나는 그에게서 그의 몫을 훔치고 있는 것처럼 느껴진다." 몽테뉴는 역사상 가장 유명한 에세이스트가 되었지만 자신의 삶이 영원히 "반쪽짜리에 지나지 않는다."라고 느꼈다.[22] 평생 애도하던 라보에시의 친구는 고대 로마 시인 호라티우스Horatius에게서 위안을 얻었다.

> 때아닌 바람이 내 영혼의 일부를 앗아 갔는데 내가 왜 남 없는 곳에 그저 숨만 쉬며 남아 있어야 하는가? 그날 우리 둘 다 몰락했다.[23]

그날 몽테뉴는 페스트에 전염되지 않았지만 라보에시의 죽음은 그를 텅 비게 했다. 남은 29년의 인생에서 사랑하게 된 사람들이 있었지만, 그는 애도를 그치지 않고 당당하게 라보에시를 기억했다.

그는 자신의 영원한 애도를 옹호하며 고대 로마의 서정시인 카툴루스Catullus를 인용하기도 했다. "너무나 사랑하는 사람을 애도하는 것에 무슨 부끄러움이나 한계가 있어야 하는가?"[24] 왜 부끄러워해야 하는가? 이 질문은 더욱 어두운 관점에서 애도에 접근한다. 몽테뉴의 글은 놀랄 만큼 유약하고 개인적이다. 예를 들면 『에세Les Essais』의 한 대목에서는 어떤 음식을 먹으면 방귀가 나오는지 이야기한다. 그의 에세이는 인간의 조건을 감추기보다는 예찬한다. 몽테뉴의 친구 사랑(소문 거리가 될 위험에도)과 수십 년간의 변함없는 애도는 모두 존엄의 예시가 된다. 깊이 사랑하고 애도하는 것에 사과하지 않는 몽테뉴는 온전한 인간이 되는 비非스토아적 방식을 분명히 보여 주었다. 그 모습이 아름다워 보인다.

그러나 오늘날의 기준에서 몽테뉴의 애도는 병적이라고 여겨질 것이다.

침팬지들도 죽은 새끼를 데리고 다닌다고 알려졌다는 것을 그 당시 세네카가 알았다고 해도 그는 애도가 상실에 대한 이성적인 반응인지에 관해 자신의 입장을 바꾸지 않았을 것이다.[25] 어두운 기분은 피할 수 있다는 스토아 학파의 중심 전제는 지난 10년 동안 불안과 우울, 애도를 포함한 다양한 정신 질환을 진단하게 한 하나의 관점이다. 세네카의 편지들, 토기 항아리와 아이 사이의 유사성에 기초한 에픽테토스의 충고, 군사령관은 입을 다물고 눈물을 거둔다는 키케로의 관찰은 애도를 정신 질환으로 분류하는 현대 정신의학의 관점에 초석을 놓았다.

◆

'지속성 복합 애도 장애Persistent complex bereavement disorder'는 '복합성 애도 장애', 편하게 '복합성 애도'로도 불린다. 『정신 질환 진단 및 통계 편람Diagnostic and Statistical Manual of Mental Disorders, DSM』(제5판) 책의 '추가 연구가 필요한 진단적 상태' 장에서 '단기 경조증 동반 우울 삽화depressive episodes with short-duration hypomania'와 '카페인 사용 장애caffeine use disorder' 사이에 등장한다(해당 책이 2022년에 개정되면서 '지속성 복합 애도 장애'는 '지속적 비탄 장애Prolonged Grief Disorder'라는 명칭으로 정식 장애로 분류되었다.—옮긴이).[26] 집필진의 말마따나 이 장에 나오는 증상들은 모두 공식적으로 인정되지 않았으며 그래서 의료적 목적으로 사용될 필요도 없다는 것처럼, 복합성 애도도 비공식적 진단이지만 그럼에도 진단은 진단이다.[27] 미국 인구 중 5퍼센트 미만의 사람이 복합성 애도를 앓고 있다는 보고가 있다. 불안과 우울처럼 남성보다는 여성이 더 많이 경험한다. 키케로가 옳은 것 같다. 애도는 여성적이다.

지속성 복합 애도 장애로 진단받으려면 적어도 1년 이상 죽음을 슬퍼해야 하고 다음의 증상 중 하나 이상을 '자주' 경험해야 한다. ⑴ 죽은 사람을 지속적으로 갈망함/그리워함 ⑵ 강한 슬픔과 정서적 고통 ⑶ 죽은 사람이나 죽음의 방식에 사로잡힘. 사랑하는 사람이 죽은 지 1년이 지나도 이 세 가지 느낌을 모두 '자주' 경험하는 사람을 생각해 보기란 어렵지 않다. 애도하는 사람은 다음 증상 중 여섯 가지 이상을 보여야 한다. ⑴ 죽음을 받아들이기 힘들어함 ⑵ 죽음을 믿지 못함 또는 정서적 마비 ⑶ 죽은 사람을 긍정적으로 추억하기 힘들어함 ⑷ 상실에 관한 비통함 또는 분노 ⑸ 자책이나 그 비슷한 증상 ⑹ 다른 사람들을 회피함 ⑺ 사회적 붕괴 ⑻ 죽고 싶은 갈망 ⑼ 다른 사람을 신뢰하기 어려워함 ⑽ 혼자라고 또는 삶은 의미가 없다고 느낌 ⑾ 정체성이 축소된 느낌 ⑿ 흥미를 추구하기 꺼려짐. 이렇게 긴 기준 목록이지만 사별 후 1년이 지난 후 여섯 가지 조건을 충족하는 사람을 상상하는 일 역시 쉽다.

미국 정신의학 협회는 1년에 미국 성인 중 거의 5분의 1이 어떤 형태로든 정신 질환을 경험한다고 보고한다.[28] 모든 진단 중 애도는 병이라고 불리기에 가장 망설여지는 항목이다. 많은 일반인이 강렬히 사랑하고 깊이 애도하는 것이 일반적이라고 믿기 때문이다. 일부 정신 건강 전문가를 포함하여 우리는 애도(보편적인 경험이라고 생각하는)를 질병 관련 책에 올려두는 게 마음이 편하지 않다. 그러나 이 특정한 유형의 돌로르를 향한 광범위한 연민에도, 2010년 이후 제약회사들이 결국 애도 치료제로 상품화할 약의 임상 시험을 시행하고 있다.[29]

소중히 여기며 사랑하는 이들보다 더 오래 산다고 가정하면 복합성 애도로 진단받을 사람의 범주에 들 좋은 기회가 생긴다. 마르치아와 몽테뉴도 오늘날 평가를 받았다면 마찬가지일 것이다. 나는 아마도 사회뿐만 아니라 의학계로부터도 추가적인 수치shame를 처방받을 것이다. 『정신 질환 진단 및 통계 편람』은 '복합성' 애도인에게 다른 95퍼센트 이상의 애도인은 금방 회복한다고 말하는 새롭고 과학적인 세네카 같다. 12개월이 흐르기 전에 치유하라는 압박은 애도가 연장되는 원인이다.

세네카는 마르치아를 부끄럽게 만들었을지 몰라도 그의 애도를 치료하지는 않았다. 그저 이성적이지 않다고 생각했을 뿐이다. 키케로는 애도가 비이성적이고 "다른 많은 '마음의 동요'처럼 (나쁜) 생각의 문제"라는 세네카의 말에 동의했다.[30] 그는 거기서 한 발짝 더 나아갔다. 『투스쿨룸 대화Tusculan Disputations』에서 키케로는 한 장 전체에 걸쳐 애도를 '팽창한' 마음 또는 '염증이 생긴' 마음의 산물이라고 부르는 데 할애했다.[31] 지혜로운 사람도 가끔 '광란'이나 '공분' 같은 일시적인 히스테리에 빠질 수 있지만 그들은 이성의 지배에 머물러 있기에 분별력 있다고 여겨질 것이라고 키케로는 말했다. 반대로 일부는 애도하다가 분명 병들 거라고 이야기했다. 이성의 손에서 벗어나는 것은 미친 짓이라고 키케로는 믿었다.

적절한 정도의 감정을 옹호했던 아리스토텔레스와 달리 키케로는 감정을 조금도 원하지 않았다.[32] 특히 부정적인 감정은 그에게 병약한 정신(고대 로마에서는 뇌 질환과 동등한)의 증거였다.[33] 그는 우리를 미치게 할 수 있는 부정적인 감정뿐 아니라 욕망이나 즐거움 같은 긍정적인 감정도 마찬가지라고 생각했다. 아마 키케로는 라보에시가 살아 있는 동안의 몽테뉴도 '팽창한' 마음이라고 진단을 내렸으리라. 그들은 서로 격렬하게 사랑해서 건강할 수 없었다. 감정은 우리를 미치게 한다고 키케로는 생각했다. 말 그대로 정신없이 몸만 돌아다니며 아무도 알지 못하는 짓을 하게 한다.

작은 감정들도 위험한데, 키케로는 경험을 통해 애도는 결코 작지 않으며 특히 어려운 유형의 고통이라는 것을 알았다.[34] 이를 알 수 있었던 이유, 즉 나중에 키케로의 친구들이 그를 불량한 스토아 철학자로 여겼던 가장 큰 이유는 자기에게 애도할 차례가 돌아왔을 때 불행히도 키케로는 실패했기 때문이다. BCE 45년, 키케로의 딸 툴리아가 사망했다. 그는 거의 딸 동상을 세울 뻔했으며 아내가 툴리아 없이 정리된 환경을 마음에 들어 하는 듯한 의심이 들자 자리를 박차고 아내를 떠났다.[35] 그는 자기 연민에 빠져 뒹굴었다.[36] 키케로의 친구 브루투스[Brutus]는 그가 애도하는 방식이 얼마나 비스토아적인지 말하며 제발 정신 똑바로 차리라는 편지를 보냈다. 어떤 평론가가 덧붙였듯이 키케로는 자기 삶의 브루투스들에게 "공격적으로" 변했고, 애도를 누그러뜨리라고 충고하는 친구와 동료에게 분개하거나, 애도가 자신의 정신 상태를 망가뜨렸다고 핑계를 댔다.[37] 키케로는 더 강하게 애도하기로 했다.

하지만 그는 스토아적으로 애도하려고도 시도했다. 키케로는 애도하는 중에 애도에 관한 자신의 철학을 써 내려갔으며 자기가 꽤 '남자답게 행동'을 잘하고 있다고 생각했다. 툴리아가 죽은 지 두 달이 지났을 때 (아마도 여전히 불타는 마음으로) 그는 애도에 관한 논문을 저술했다. 그는 자신이 두 가지 일을 잘했다고 자부했다. (1) 글쓰기로 주의를 돌린 것 (2) 슬프지 않은 척한 것이었다. 키케로에게는 스토아 철학자라는 정체성이 필사적이었기에 딸을 몹시 그리워하는 자신의 "연약하고 여성적인" 면에 빠지는 걸 용납조차 할 수 없었다.[38]

키케로는 분명 친구들이 옳았다고 생각한 게 틀림없다. 죽음에 관한 인식을 바로잡고 살아갈 때 상심과 두통으로부터 자신을 구할 수 있다는 데 그는 이론적으로 동의했다. 그러나 이 지점에서 그는 딸의 죽음이 힘들다는 사실을 곤혹스러우면서도 열렬하게 생각했다. 원래 그는 애도의 나무를 쓰러뜨리고 뿌리까지 제거해야 한다고 말하던 사람이었지만 정작 도끼를 들 수도 없었다.[39] 키케로는 사람은 정신 건강을 위해서 침착할 필요가 있다고 생각했었다. 그러나 그럴 수 없었다.

침착함을 유지하는 방법 중 하나는 철학 책을 읽고 논하는 것이라고 키케로는 생각했다. 우리도 살펴보았듯이 한 세기 후 세네카도 위로 편지에서 똑같은 이야기를 했다. 영혼의 치료제로 철학 사색은 여러 문제점이 있지만, 철학이 우리를 도와줄 수 있다는 키케로와 세네카의 말이 맞았다. 애도를 잘라 버려야 하는 어둡고 여성적인 나무라고 부르지 않는다면 말이다.[40]

애도라는 정신 질환으로 고통받았던 남자라는 자신의 운명을 확정 짓듯이, 사후에 키케로는 현대 학자 캐슬린 에반스Kathleen Evans로부터 통계학적으로 말하자면 가장 여성적인 정신 질환인 극심한 우울 장애 진단을 받았다.[41] 애도는 비이성적이라는 스토아 철학의 관점은 여전히 정신 의학에서 많이 받아들여지지만 시간이 흐르며 진화했다. 1651년 영국의 작가 로버트 버튼Robert Burton은 애도를 "일시적 우울감", 즉 신체 질환이라 했다.[42] 1917년 오스트리아의 정신분석학자 지그문트 프로이트Sigmund Freud는 애도는 질병이 아니라고 주장하며 받아쳤다. "애도는 삶의 정상적인 태도에서 크게 벗어나기는 하지만 이를 병리 상태로 여기거나 의학적 치료에 맡겨야 하는 일은 결코 일어나지 않는다."라고 그는 인정했다.[43] 프로이트는 누군가의 애도 과정을 방해하는 건 상처를 줄 수 있다고까지 믿었다.[44] 에밀 크레펠린Emil Kraepelin(정신 의학의 아버지이자 프로이트의 라이벌이다)은 이에 동의하지 않았다. 그는 애도는 질병이라고 봤으며, 그가 승기를 잡았다.[45] 크레펠린은 지금 진행되며 곧 통용될 애도 치료제 시험과 더불어 애도가 신체화되고 병리화되는 가장 큰 이유를 제공했다.[46]

『정신 질환 진단 및 통계 편람』 제4판에서 '애도 과정 제외 bereavement exclusion' 부분은 사랑하는 사람의 상실에서 오는 유사 우울 증상과 우울증을 구별했다. 이 구분은 (원인을 아는) 애도와 (주로 원인이 없는) 우울을 나누는 기능을 했다. 제5판이 출간되었던 2013년까지 미국의 심리학자들은 애도를 프로이트처럼 인간 조건의 일부로 여겼다.

그러나 심리학자들은 궁금해지기 시작했다. 애도가 주요 우울 장애와 증상이 같다면 똑같이 치료할 책임이 더 있지 않은가? 무엇보다도 누군가 우울해 보인다면, '타당한 이유'가 있으면 정말 문제 아닌가? 완전히 같은 고통을 겪고 있지 않은가? 이 논리가 설득력을 얻어서 한 무리의 정신의학자가 논란을 해결하라는 요청을 받았다. 그들은 애도 과정 제외를 유지할 것인가, 삭제할 것인가를 정하는 임무를 부여받았다.

유지하자는 입장은 애도가 우울처럼 보일 때도 있다고 생각하는 이들이었다. 그러나 사랑하는 사람이 죽었고 자연적으로 그리고/또는 타당하게 이 상실로 힘든 시간을 보내고 있다는 애도의 맥락을 이해하는 것이 중요하다. 이 진영에 있는 사람들은 '정상 상태의 치료'라는 것을 걱정했고, 애도를 질병으로 규정 짓기를 거부했다.[47]

삭제 파는 과잉 진단은 문제 되지 않으며 자동적으로 애도인을 우울증 환자처럼 대하는 것을 걱정하지 않아도 된다고 말했다. 그들에게 진짜 문제는 치료제와 치료법의 접근이었다. 보험회사들은 서류를 요구하며, 도움을 얻기 위해 의료 진단이 필요한 애도인은 진단서를 가질 수 있어야 한다(과잉 진단으로 이어질 수 있다 하더라도 말이다).[48] 이 진영은 "상실은 상실이다."라고, 고통에 계급은 없다고 말한다.[49] 그들은 이 항목이 오랫동안 부지불식간에 애도인에게 특권을 부여해, 자신의 우울에 이유도 댈 수 없는 우울증 환자보다 더 높은 위치에 두었다고 주장한다. 애도인은 자신의 증상에 정당한 이유도 대지 못하는 머리가 듬성듬성한 (아마도 게으른) 형제들 옆에 서 있는 금발의 아이들로 대우받아 왔다는 것이다. 애도인과는 달리 우울증 환자는 "나는 정신적으로 아픈 게 아니에요. 그냥 애도 중이라고요!"라고 말할 수 없다. 논리는 이렇다. 이 항목을 삭제하면 우울이 연약함이라는 내면화된 인식과 맞서게 된다.

2013년 '애도 과정 제외'는 『정신 질환 진단 및 통계 편람』에서 삭제되었다. 이제 애도인은 2주 이상 우울한 징후를 보이면 주요 우울 장애로 진단받을 수 있다.[50]

문제의 어느 편에 서느냐가 정신 질환이 증상과 관련 있다고 믿는지 또는 느낌과 행동의 전후 상황과 관련 있다고 믿는지를 결정한다. 의료 기관에 대한 신뢰 역시 관련이 있다. 만일 당신이 여러 차례 방문해 상담 기준 시간인 10분을 넘길지라도, 의사가 당신을 상담하는 동기와 시간이 필요하다고 가정한다면, 성급하게 우울증 진단을 받는 것을 걱정하지 않아도 된다. 만일 2주 이상 애도하고 우울증이라고 진단받는다면 2013년 이전에는 치료를 거부당했던 0.5퍼센트의 인구 중 하나다.[51] 그러나 (6개의 항목을 충족함에도) 자신의 애도를 우울증이라고 부르고 싶지 않다면 애도가 질병으로 분류되었다는 것을 실감할 것이다. 건강이 행복과 만족, 즐거움, 기능, 직장 복귀(빛)를 의미하는 세계에서 3주 차에도 꼭 닫고 있는 블라인드는 우리 의료 기관이 보기에는 꽤 건강하지 못한 모습일 것이다.

  애도인이 고통스러워한다는 사실은 부정할 수 없다. 또한 블라인드가 걷혀야 더 편하다고 느끼는 문화 때문에 수치심을 느끼고 있다는 점도 부정할 수 없다. 어떤 사람이 '정상'인은 2주 동안 애도하고 난 후 빛을 밝히기 시작한다는 사실을 믿게 되면 왜 자신은 고장 났다고 여기는지를 발견하기는 쉽다. 자신은 장애가 있고 아프고 고장 났다고 여기는, 애도로 산산조각 난 사람을 떠올리기도 어렵지 않다. 애도하는 사람의 역경은 우리를 질문하게 한다. 빛 은유를 멈추어 고장설을 불러일으키지 않게 할 수 있을까? 애도에 관한 사회의 인식을 전환하기 위한 다른 이야기가 있을까?

◆

영국의 영문학자이자 작가 루이스는 시인인 조이 그레셤Joy Gresham과 결혼했을 때 머지않아 자신이 조이의 죽음을 지켜보게 되리란 걸 알고 있었다. 그러나 그 기간이 4년이 걸릴지, 그 애도가 자신의 신앙을 산산조각 낼지는 알지 못했다.

루이스와 조이는 조이가 암 치료를 받던 병원에서 결혼했다. 1956년이었고 그때 루이스는 58살로 모두가 그는 절대 결혼하지 않으리라 생각했던 때였다. 둘의 결혼을 집례했던 사제가 조이에게 손을 얹었다. 암은 다소 차도를 보였다. 루이스는 거의 4년 동안 조이와 부부로 살 수 있었으나 동시에 조이가 그저 친구라고 생각했던 모든 사람에게 조이의 죽음을 대하는 루이스의 애도는 너무 커 보였다. 루이스는 많은 애도인과 똑같았다. 그는 무너져 내렸다. 동시에 많은 애도인이 거의 하지 못하는 일을 했다. 그는 이 과정에 관해 책을 썼다.

『헤아려 본 슬픔A Grief Observed』은 루이스의 내면에 애도가 일으켰던 깊은 슬픔과 분노, 혼란스러움의 증언을 보여 준다. 이 책은 애도의 어둠에 앉아 있는 영혼이 응시하는 거울이자 고인이 된 사랑하는 사람의 영혼을 몸에 새긴다는 게 어떤 건지 아직 알지 못하는 나 같은 가벼운 사람들에겐 창문이기도 하다. 『헤아려 본 슬픔』에서는 빛을 발견할 수 없으며, 어둠 속에서 신과 자신과 싸우는 남자만 있다. 이 책의 가장 큰 교훈은 애도는 삶의 일부라는 점이다. 그러나 맥락이 중요하다.

루이스는 신을 믿는 절대 신앙으로 유명해진 작가였다. 조이가 죽었을 때 그는 자신의 믿음(이제는 종이로 만든 불안정한 집처럼 되어 버린)이 무너지는 모습을 보았다고 기록한다.[52] 어릴 적의 무신론으로 회귀하는 대신 루이스는 "관리인에게 으르렁거리고 침을 뱉는 길고양이"가 되었다.[53] 루이스는 신을 차례로 생체 해부자, 웃기는 가학 성애자, 악의적인 바보라고 불렀다.[54] 신을 향한 그의 독설은 분명 놀랄 일이지만 그의 믿음이 이렇게 시험받았던 적은 없었다.

"나는 신앙이라는 밧줄이 나를 지탱할 수 있을지 없을지가 중요해진 시점이 왔을 때까지 내가 밧줄을 신뢰한다고 생각했다." 루이스는 이렇게 말했다. "이제 밧줄이 중요해진 때가 되자, 나는 내가 신을 믿지 못했다는 것을 깨달았다."[55]

결국 루이스는 신과 자기 사이의 문이 "더 이상 닫히지도 않고 빗장을 지를 수도 없다."라는 사실을 발견했다. 그러나 몸이 무너지면 자신의 종이집이 다시 무너지게 될지 궁금했다. 그렇지는 않았지만 2년 동안 그는 그 사실을 알지 못했다.[56]

계속 두들겨 맞는 신앙과 더불어 루이스의 애도는 너무 단순했던 신학의 가면을 벗겼다. 이전에 수년 동안 그는 사람들에게 고인이 된 사랑하는 이들은 '더 나은 곳'에 있다고 말해 왔다. 많은 사람이 아직도 그러하듯 루이스도 이런 말이 애도인들에게 위로를 주리라고 생각했다. 하지만 이제 그는 수년 동안 자신이 전달했던 애도의 바통이 산산조각 났다는 것을 깨달았다. 루이스는 자신의 위로가 얼마나 서툴렀는지, 얼마나 위험했는지를 직접 경험했다.

루이스가 이전에 했던 자동적인 위로는 사실 종교적이었으나 친구나 동료가 그 위로의 바통을 넘기려고 할 때 그가 격렬히 거부했던 이유이기도 했다. 누군가 조이는 더 나은 곳에 있다고 또는 죽으면 조이와 다시 만날 거라고 말할 때마다(그를 빛으로 끌어내리려고 시도할 때마다) 그는 이렇게 대답하며 화를 냈다.

> 종교적 진리를 말하면 기쁘게 듣겠다. 종교적 의무를 말하던 순순히 듣겠다. 하지만 종교적 위로를 말하려거든 오지 말라. 그러지 않으면 당신이 분별력이 없다고 생각하리라.[57]

이 땅에서의 모든 것을 사후에 다시 얻는다는('천국에 담배'도 있으리라는) 생각은 루이스에게 혐오감을 주었다. 정확히 그가 원하는 것이었기 때문이다.[58] 바로 그래서 루이스는 더 이상 믿을 수 없게 되기도 했다. 조이의 죽음 이전에는 독자들과 신도들에게 신나서 조언했던 믿음의 약을 아무리 많은 설탕을 섞는다 해도 삼킬 수 없었다.

세네카와 키케로, 젊은 루이스처럼 우리도 애도가 숲을 위협하는 침습성 나무라고 생각한다면 재빨리 움직여 잘라 낼 것이다. 하지만 마르치아와 몽테뉴, 노년의 루이스처럼 애도가 사랑을 증발하지 않게 지켜 주는 것이라면 끊임없이 도끼를 건네주는 세상에서 애도하느라 힘든 시간을 보낼 것이다. 루이스를 기독교의 다정한 빛으로 끌어내리려는 친구들은 하나도 도움이 되지 못했다. 루이스의 동굴에 횃불을 가져다주는 일은 통하지 않았고 그를 부끄럽게만 했다. 『헤아려 본 슬픔』은 위대한 책이지만 이는 애도를 완벽히 포착해서가 아니라, 빛 아니면 어떤 것도 주려고 하지 않는 사랑하는 이들에게 받은 애도자의 수치심을 완벽히 포착했기 때문이다.

  키케로가 딸 툴리아를 잃고 2,000년이 지난 후 루이스는 키케로가 마주했던 격차, 자신이 믿는다고 생각했던 것과 진짜 믿었던 것 사이, 믿고 싶었던 것과 믿을 수 있었던 것 사이의 격차를 마주하게 되었다. 이 격차는 우리 모두 놀라운 방식으로 발견하는 것이다. 키케로처럼 루이스는 자신이 어떤 사람인지 안다고 생각했지만 그것은 사랑하는 사람이 죽은 후였다.

  심지어 루이스는 이 책을 쓰면서도 마주하는 모든 사람에게 자신이 당혹감을 준다는 걸 알고 있었다.[59] 친구와 지인을 불편하게 만들고 있다는 걸 느꼈지만 그는 자신의 슬픔을 숨기지 않았다. 루이스는 사람들이 자신의 깊고 어두운 느낌을 보기를 원하지 않는다고 말했다. 자신도 그 느낌을 마주하고 싶지 않았다. 신을 악의적인 바보라고 부르지 않을 때는 자기 연민에 빠져드는 자신을 채찍질하고 있었다. "느낌, 느낌, 그놈의 느낌. 생각 좀 하자."[60] 지식인이자 인간으로서 루이스는 생각과 느낌 사이에서 갈피를 못 잡고 산산이 부서졌지만 냉정을 유지하고 싶어 했다.

전쟁의 해악과 전쟁이 생존 병사에게 남긴 정신적 폐해를 목격한 젊은이이기도 했던 루이스는 자기 내면의 삶에는 거의 주의를 기울이지 못했다. 전쟁 후 간단하게 썼던 한 편지에서 그는 친구이자 전우에게 일컫는다. "자기 성찰과 걱정을 멀리하라. 일과 온존한 정신 상태, 환기에 신경 써라. …… 우리는 정신 건강을 겨우 실 한 오라기로 붙들고 있으며 그것을 위협할 만큼 가치 있는 것은 없다."[61] 젊은 시절 루이스는 자신의 느낌에 파고들며 정신 건강을 위태롭게 하려고 하지 않았다. 그러나 노년이 되자 그는 원칙을 놓아 버렸다. 젊은 루이스가 자위는 치명적인 죄라고 믿으면서도 자주 열심히 했던 것처럼 노년의 루이스는 굳게 결심해도 애도를 멈출 수 없었다.

『헤아려 본 슬픔』의 서문에서 루이스의 의붓아들 더글러스 그레셤Douglas Gresham은 자신과 (친구들이 루이스를 부른 이름인) 잭 사이의 오래된 오해를 바로잡았다. 루이스는 자신의 두 의붓아들과 엄마 조이에 관해 이야기하려고 할 때마다 낙담했다. "그들의 얼굴에는 애도도, 사랑도, 연민도 보이지 않고 아무것도 통하지 않는 부도체의 결정적인 모습, 당황스러움뿐이었다. 아들들은 내가 외설적인 행동이라도 저지르는 것처럼 본다."[62] 그들이 당황스러워하지 않도록 루이스는 애도나 조이에 관해 더는 말하지 않기로 했다. 하지만 그레셤은 루이스가 당황한 표정이라고 해석했던 것은 사실 수치심이었다고 기록한다.

"잭이 엄마에 관해 말하면 나는 제어하지 못하고 대놓고 울게 될 것을, 더 심각하게는 그도 그렇게 되리라는 것을 알았다." 그레셤은 "자신에게 일어날 수 있는 가장 수치스러운 일은 공공 장소에서 눈물을 흘리고 마는 일"이라고 가르쳤던 7년간의 영국 학교 체제의 "세뇌"를 탓했다.[63] 오늘날 우리는 그레셤이 소년 시절 흡수했던 가르침을 '해로운 남성성'이라고 부른다. 울지 말라고 가르침을 받은 게 영국 소년들뿐이 아님을 우리는 안다. 하지만 20세기 중반의 '강한 남성'에 관한 이상은 분명 남자아이나 성인 남성 모두를 혼자 애도하고, 혼자 부끄러워하게 했다. 이는 분명 엄마가 죽었을 때 10대였던 그레셤 형제들에겐 비극이었다.[64] 아이들의 애도는 배출구가 없었으며 그레셤은 수치심 없이 울기까지 30년이 걸렸다고 기록했다.[65] 감정을 억누르는 소년은 자라서 여자처럼 울지 말라는 말을 하는 어른이 된다. 2021년 내 아들의 야구 코치가 자기 아들에게 그렇게 말했던 것처럼 말이다.

　　사회 분위기를 파악하면 루이스의 날것 그대로의 애도가 수치스럽긴 했다. 하지만 그는 이 당황스러울 정도로 솔직한 책이 사람들에게 도움이 되리라 생각했다. 그는 출판사를 찾는 데 어려움을 겪었다. 영국 시인 T. S. 엘리엇[T. S. Eliot]은 이 책을 루이스가 썼다는 사실을 알기 전까지 들춰 보고 싶어 하지도 않았고, 심지어 루이스는 이 책을 다른 필명으로 출판했다. 예상대로 'N. W. 클러크[N. W. Clark]'의 『헤아려 본 슬픔』은 완전히 실패했다. 소문에 의하면 요크 대주교는 어두운 느낌이 너무 많이 표현되어 "감상적이고 남성적이지 못하다."라고 말했다.[66] 루이스의 전기 작가 A. N. 윌슨A.N.Wilson이 말했듯이 "그 누구도 N. W. 클러크가, 자신의 불행으로 세상에 부담을 주려는 일을 허락받을 수 있다고 확신하지 못했다."[67] 1961년 독자들은 『헤아려 본 슬픔』에 표현된 수준의 돌로르를 받아들일 준비가 안 되어 있었다. 그들은 비평가들이 "매우 사적인 문서"라고 비판한 이 책을 감상할 충분한 감정적 문해력이 없었다.[68]

애도-수치심grief-shaming은 애도인을 두 번 저주한다. 애도하는 순수한 행동이 나약한 사람이 되게 만들 듯이, 애도의 아픔을 이미 겪고 있는 사람들이 자신의 고통을 나쁜 것으로 느끼게 한다. 세네카는 마르치아를 수치스럽게 했다. 브루투스는 키케로를 수치스럽게 했다. 영국인들은 루이스를 수치스럽게 했다. 애도-수치심은 애도는 고장 난 기분이라는 빛의 사상에 기반한다.

◆

나는 우리 집 복도 벽장 맨 꼭대기 선반에 있던 신비로워 보이는 신발 상자를 보고 자랐다. 5살 때인가 처음 그 상자를 보았을 때, 심지어 그때도 나는 그것을 열지 못하리란 걸 알았다. 언니가 거기엔 내가 태어나기 6년 전에 오빠가 죽은 후 부모님이 받은 위로 카드로 꽉 차 있다고 말해 주었다. 아무도 죽은 오빠에 관해 내게 말해 주지 않았다. 내가 아는 모든 건 벽난로 장식장의 사진을 연구해서 알아낸 것이었다. 9살이 되기 전까지 나는 오빠보다 어렸다. 어느 날 나는 오빠보다 나이가 많아졌다. 오빠가 귀여운 아이처럼 보인다. 이게 내가 아는 모든 것이다.

　　　부모님이 너무 고통스러워서 오빠에 관해 말하지 못했거나 아니면 사산아를 포함하여 죽은 아이에 관해서는 우리를 위해 말하면 안 된다고 믿었거나 둘 중 하나다. 어느 경우든 부모님은 오빠를 절대 말하지 않았기에 나는 귀신과 겨루며 성장하지 못했다. 부모님의 슬픔의 무게를 내가 짊어져도 안 됐고, 부모님이 나를 대신해 오빠를 되돌리고 싶은지 궁금해하면 안 됐다. 내 어린 시절은 특별한 고통의 절구에서 부서지지 않은 부모 밑에서 자란 내 친구들의 어린 시절과 다를 바 없이 보였다. 부모님은 떠난 자식과 함께 죽는 대신, 남은 여덟 명의 자식을 위해 살기로 선택했다. 만일 부모님이 애도로 맥을 못 추었다면 우리를 전혀 신경 쓰지 않았을 수도 있다. 나는 태어나지 못했을지도 모른다.

　　　오빠를 벽장 안 상자에 담아 두기로 한 부모님의 선택은 존경할 만하고 책임감이 있었다. 사랑이었다. 부모님이 마르치아나 몬테뉴처럼 오랫동안 고통스러워하지 않았던 건 행운이었다. 그들은 일과 삶으로 돌아왔다. 과거는 묻어 두었다. 그들은 다시 웃었고, 정신 질환 없이 길고 행복한 삶을 살아갔다. 부모님은 우연히 좋은 스토아 철학자가 되었고 의도적으로 좋은 가톨릭 신자가 되었다. 그들은 빛 안에서 걸어가기로 했다.

나는 옛날 옛적에 아버지가 아이들과 놀아 주려고 바닥에 엎드렸다는 뜬금없는 말을 들었다. 엄마가 이전의 다른 삶에서는 아이들에게 기타를 연주해 주곤 했다고 들었다. 언젠가 엄마에게 물었더니 "그 애가 죽었을 때" 기타 연주를 멈추었다고 대답했다. 애도는 열심히 헤쳐나가려고 노력해도 가족에게 흔적을 남긴다. 침묵의 대가는 무엇인가? 빛 안에서 길을 잃는 것은 무엇인가?

루이스의 당황스러운 솔직함이 수치심이 없는 새로운 기준이 되었다고 상상해 보라. 의붓아들들에게 조이에 관해 매일 이야기하는 그를 상상해 보라. 아니면 남자는 울지 않는다는 사상을 아이들에게 주입하지 않는 영국 학교와 미국 야구팀을 상상해 보라. 세네카보다 루이스에게 더 많은 영향을 받은 미국을, 죽은 사람의 곁을 떠나지 않고 장례식이 끝난 후에도 그들에 관해 이야기하는 문화를 생각해 보라. 상실을 일상의 삶에 통합시키는 일이 허락된다면, 빛은 미뤄 두고 어둠을 위한 작은 방을 만든다면 어떨까?

2017년 애도 치료사 더바인은 『슬픔의 위로It's OK That You're Not OK』를 저술했다. 이 책에는 사별한 사람을 비난하거나 수치스럽게 하는 서툰 위로의 이야기가 줄줄이 펼쳐진다.

- 그래도 당신은 그들을 그렇게 오랫동안 곁에 둘 수 있었잖아.
- 언제든 다른 아이를 가질 수 있어/다른 배우자를 찾을 수 있어.

- 지금 그들은 더 좋은 곳에 있을 거야.
- 그래도 이제 인생에서 정말 중요한 게 뭔지 알게 되었잖아.
- 이 일은 결국 너를 더 좋은 사람이 되게 할 거야.
- 항상 이렇게 힘들지는 않을 거야.
- 너는 생각보다 더 강해.
- 이것도 다 계획의 일부야.
- 모든 일은 일어나는 이유가 있어.[69]

더바인은 경험상 애도인에게 부담되지 않는 방식으로 대하는 사람이 거의 없어서 위와 같은 불필요하고 상투적인 말 대신 해야 할 말을 가르치는 애니메이션을 제작했다고 한다.[70] 그는 이러한 위로의 문제점은 무언의 결말을 암시하는 것이라고 지적한다. "너는 생각보다 더 강해."라는 말은 암묵적으로 "그러니 그 감정을 그만 멈춰."로 끝난다.[71] 구경꾼은 우리가 상처받는 모습을 보고 싶어 하지 않아서(자기 보존을 포함하여 수백만 가지의 이유로) 우리가 어서 이 슬픔을 해결하게 하려 한다. 인생의 동반자가 갑자기 세상을 떠났을 때 더바인은 너무 오랫동안 슬퍼하고 화나 있다는 비판을 받았다. 개인적인 동시에 자신의 전문 분야이기도 한 경험을 글로 옮기면서 그는 소수의 애도인을 제외하고 어둠이 용납되지 않는 세상에 관해 설명한다. 더바인의 책과 웹사이트, 그가 진행하는 30일 글쓰기 과정은 애도를 더 힘들게 하는 문화로부터 수치심을 느꼈던 애도인에게 안식처를 제공한다는 평을 받는다. "애도는 고쳐야 할 문제가 아니다." 더브-인은 써 내려간다. "짊어져야 하는 경험이다."⁷²

루이스의 친구들은 그를 어둠에서 끌어내어 문제를 해결하려고 했으나 루이스는 저항했다. 그들의 흔해 빠진 명언을 수용해 아내의 죽음을 극복하고 일자리로 돌아가는 대신, 그는 어둠 속에 앉아 거기서 보았던 것을 글로 썼다.

설령 루이스가 자신의 애도에 조금은 수치심을 느꼈더라도 『헤아려 본 슬픔』은 그에게 애도-수치심의 해결책이다. 독자들에게 애도를 베어야 할 나무로 생각하지 말아 달라고 하는 고집스러운 초대이자 유연함과는 거리가 멀었던 한 남자의 감정적 문해력에 관한 교훈이다. 『헤아려 본 슬픔』은 한때 루이스 역시 부분적으로 영향받았던 빛 은유를 거부한다. 그 책을 읽는 것은 거물급 지성인이 애도를 이기지 못하고 우리에게도 이길 시도조차 하지 말라고 허용하는 모습을 지켜보는 행위라고 할 수 있다.⁷³ 루이스는 우리에게, 우리가 선택하기만 한다면 애도를 끌어안고 앉아 있을 수 있도록 그늘을 드리우는 큰 나무를 남겨 주었다.

루이스는 원초적인 것이 무엇인지, 의심하는 것이 무엇인지, 무모하게 사랑하는 것이 무엇인지, 무너져 내리는 것이 무엇인지 보여 주었다. 그의 애도는 바쁘게 움직여서 주의를 딴 데로 돌리는 스토아식 애도의 대안이다. 애도인은 자신의 문제를 고칠 필요가 있다고 말하는 고장-설의 대안이다. 루이스는 자신의 감정을 피해 숨지 않앓고(그래서 수치심을 얻었지만) 그 감정을 서랍에 감춰 두지 않았다(그래서 또 수치스러웠지만). 슬픔과 의심, 절망, 분노, 신성모독 그리고 수치심을 책으로 출판하며 루이스는 우리에게 아프게 애도해도 된다는 허가를 내주었다.

우리는 루이스로부터 그가 자신의 시대에는 하지 못했던 일을 배운다. 존엄하게 애도하는 법 말이다. 애도하는 사람은 회복이 빠르지 않다고 고개를 떨어뜨릴 필요가 없다. 그 사람도 광적으로 그릇을 닦던 앞에서 본 사별한 남자처럼 어느 모로 보나 존엄하다. 죽음은 결국 우리 모두에게 닥친다. 돌로르에서 도망치는 것은 불가능하다. 내 엄마가 기타를 내려놓았던 시기의 침묵처럼 언제나 흔적이 남는다. 애도는 우리에게 다가오는 다른 어려운 기분들과 비슷하지만 많은 사람이 애도를 완전히 정상적이라고(적어도 이론상, 그리고 2주 동안은) 여긴다는 점이 다르다. 애도는 우리가 준비되지 않았다거나 죽음에 잘못된 방식으로 반응하는 거라는 암시가 아니다. 애도는 우리에게 기본적인 사실을 알려 준다. 생존은 아프다는 것 말이다. 애도하는 방법은 다양하고, 애도를 고쳐야 할 문제나 질병으로 생각할 필요가 없다. 다른 모든 고통스러운 기분처럼 애도는 어둠 속에서 제대로 볼 수 있을 때까지 우리가 가지고 앉아 있는(더바인의 표현으로는 '짊어지고 있는') 그 무엇이다.

1963년 루이스의 사망 이후 『헤아려 본 슬픔』은 진짜 이름으로 재출간되었다. 판매량은 급등했다.[74] 아마도 루이스의 독자들은 그가 슬퍼하게 둘 만큼 충분히 그를 사랑했거나, 조금은 가학적이거나 아니면 그에게서 배우려는 마음이 간절했으리라. 고인이 된 루이스는 오랫동안 불을 켜지 않고 어둠 속에 앉아 있으라고 조용히 주장했던 얼마 안 되는 대변가 중 하나였다. 지금은 잘 알려진 공인을 포함하여 애도의 대변가가 더 많아졌다.

최근 모친을 떠나보내고 애도 중이라 눈에 띄게 흔들리고 있는 미국의 앵커 앤더슨 쿠퍼Anderson Cooper가 한 인터뷰에서 40년 전 비행기 추락 사고로 아버지와 두 형제를 잃은 미국의 방송작가 스티븐 콜베어Stephen Colbert에게 요즘은 그 상실을 어떻게 견디는지 물었다. 콜베어가 쿠퍼에게 그 고통으로 얻은 가장 큰 성과는 다른 애도인에게 공감할 수 있게 된 것이라고 했을 때, 그는 자신이 우나무노(우리가 돌로르를 느낄 때 돌로르를 겪는 다른 사람을 볼 수 있다고 말했던)와 연결되어 있다는 사실을 몰랐을 것이다. 콜베어는 어둠 속에서 돌 수 있는 사람이다. 그는 고통을 피할 길이 없음을 안다. 루이스도 그랬다.

애도인을 빛으로 끌어내기를 멈춰야 한다는 것을 알았던 다른 현대인도 애도는 문제가 아니라는 신념을 전한다. 더바인이 그렇다. 미국의 작가 노라 매키너리Nora Mcinerry도 있다. 매키너리는 뇌종양으로 남편을 잃고 더바인이 나열한 상투적인 위르를 견뎌야 했다. 매키너리는 상실과 함께(상실에도 불고하고가 아니라) 사는 삶에 관한 책을 썼다. 또한 팟캐스트 〈끔찍해요, 물어와 줘서 고마워요Terrible, Thanks for Asking〉를 통해 자신의 이야기를 인위적으로 행복한 결달로 전달하지 않으려고 노력하는 공개 토론회를 진행한다.

종종 오해를 불러일으키는 애도의 단계(이 단계들이 순차적으로 받아들여지기를 의도한 적이 없다)로 유명한 미국의 정신의학자 엘리자베스 퀴블러로스Elisabeth Kübler-Ross는 최근 사별한 여성에 관한 이야기를 들려주었다. 젊은 여성이 부모와 통화하면서 울기 시작했을 때 엄마는 전화를 끊으려 했다. 아마 딸이 혼자 울도록 하려고 했을 것이다. 퀴블러로스는 이렇게 말한다. "다행히도, 아버지가 개입해서 말했다. '아니야. 나는 딸이 울더라도 계속 통화할 거야.'"[75] 아버지는 애도하는 딸과 함께 어둠 속에 기꺼이 앉아 있었다. 혼자라고 느낄 때 전화를 끊지 않을 만큼 우리를 사랑하는 누군가가 모두에게 있으면 좋겠다.

언젠가 목소리에 슬픔의 기운이 하나도 없이 자기는 바다에 들어가 우는 것을 좋아한다고 말하는 한 여성을 만났다. 눈물이 편리하게 씻겨 나가고 아무도 절대로 알지 못한다고 했다. 그는 아무도 모르게 애도할 여성의 권리를 옹호하며 누구나 다양한 방식으로 애도한다고 주장한다. 또한 어떤 사람들은 자신의 일을 아무와도 나누고 싶어 하지 않는다고 설명했다. 이 주장은 타당하다. 우리는 다양한 방식으로 애도한다. 오늘날 우리는 바닷속에서만 우는 한 여성을 강하고 용감하다고, 또는 영국인답다고 말할지 모른다. 하지만 100년 안에 이런 이야기에 가슴 아파하는 사람이 더 많아질 것이다. 더 많은 사람이 옛날 옛적에 이 땅에는 자신의 슬픔을 감당해 줄 인간이 없다는 것을 경험으로 깨달은 후 바다에서 위로를 얻은 여자가 있었다는 사실에서 비극을 찾아낼 것이다.

언젠간 우리 사회는 힘겨운 기분을 억눌러서 없앨 수 없음을, 그리고 '사생활'에 대한 갈망은 방치된 욕구에서 발생한다는 것을 깨달을 것이다. 앞서 말한 방송인 로저스는 이렇게 말했다.

> 사람들은 수년 동안 다른 사람에게 "울지 마."라고 말해 왔다. 그 의미는 "네가 감정을 보이면 나는 너무 불편하니 울지 마."였다. 나는 차라리 이렇게 말한다. "더 울어. 나는 여기 너와 함께 있을게."[76]

아마도 언젠가는 슬픔이 사랑하는 사람을 쫓아낼까 봐 두려워하지 않고 그들의 감정적인 포용을 받아들이게 될 것이다. 우리 자신의 고통보다 그들의 불편을 더 걱정하지 않게 될 것이다. 애도가 오래간다는 생각을 거부하고, 울기 시작하면 "절대 멈추지 않는다."라고 말하지 않게 될 것이다. 4세기 기독교 세계에 등장한 황야의 교부들(다음 장에서 살펴볼)의 "울음은 위안을 가져다준다."라는 말에 동의하게 되며, 서로의 눈물을 감당할 준비가 될 것이다.[77] 울음은 더 이상 부적절하거나 당황스럽거나 웃음보다 전염성이 강하지도 않다는 것을 알게 되고, '감정이 격해졌다.'라는 사과 없이 터놓고 울 수 있을 수 있다. 크게 애도하는 일이 '침착함을 유지'하는 데 실패한 증거로 보이지 않을 것이다. 또한 인간이 삶을 살아내는 동안 인간성을 표현하는 존엄한 방식으로 애도가 존중받게 될 것이다.

4장

우울 다시 채색하기

"이 강의실에 왼손잡이가 몇 사람이나 되지요?" 나는 학생들에게 손을 보여 달라 요청한다. 40명의 학생 중 3~4명의 주르도^{zurdo}('왼손잡이'의 스페인어)가 손을 든다. 인구의 10퍼센트가 왼손잡이라는 점을 고려하면 얼추 맞다. 그들에게 직접적으로 묻는다.

"오른손잡이를 위해 만들어진 세상에서 사는 건 어떤가요?" 강의실의 '오른손잡이' 몇 명이 미간을 찌푸린다. 강의실을 둘러보며 아마도 처음으로 전부 오른손잡이용 책상이라는 걸 알아차리는 모습을 바라보며 그들의 혼란스러움에 나도 공감한다. 오른손잡이는 세상의 구조가 자신에게 잘 맞기 때문에 주의를 기울이지 못하는 경향이 있다. 물리적인 세계가 그들의 필요에 맞게 돌아간다. 오른손잡이 가족에서 태어난 오른손잡이인 나는 오른손잡이 학생들의 무지를 판단하지 않는다. 그들처럼 나도 왼손잡이의 이야기를 듣기 전까지는 그들이 세상과 전혀 다른 방식으로 상호작용하고 있음을 알지 못했다.

두 명의 주르도는 내 질문에 대답한다. 둘 다 오른손잡이용 책상에 앉아 있다. 이 강의실엔 그것뿐이기 때문이다.

"그냥 맞춰 살기를 배웠죠." 투명 뿔테 안경을 쓴 긴 머리의 2학년 자이다가 대답한다. 자이다는 몸을 옆으로 엉성하게 비틀고 있었다. 의자 오른쪽에 붙어 있는 책상 면 위에 왼손으로 글씨를 쓸 수 있는 유일한 방법이었다. 그는 몇몇 다른 학생이 주목하는 걸 보고 어깨를 으쓱한다.

조지는 강의실 중간에서 고개를 끄덕인다. 그는 말쑥한 차림으로 버튼다운 셔츠에 정장 바지를 입고 있다. 다른 오른손잡이 동료들처럼 앞을 보고 앉아 있지만 글씨를 쓰기 위해 무릎 위에 공책을 반듯이 놓고 있어야만 했다. 책상 오른쪽은 그에게 쓸모없다. 조지는 그의 불편을 알아차린 것이 기쁜 듯 보인다. "항상 이런 식이라 익숙해졌어요." 소수의 왼손잡이가 이런 식의 물리적인 세계를 꾸준히 직면한다는 걸 고려하면 이런 적응은 놀랍지도 않다. 왼손잡이는 매일 가위와 키보드, 병뚜껑, 컴퓨터 마우스 등에 맞춰 자신의 자세와 팔과 손가락을 조정한다.

이런 것들은 사소하지만 세상은 하나이고 그 안에서 왼손잡이는 오른손잡이에게 맞춰야 한다는 사실을 상기시킨다고 왼손잡이 학생들은 말한다.

나는 질문한다. "항상 거꾸로인 게 불편하지 않나요?"

"불편해요." 다른 주르도가 인정한다. 이 지점에서 대부분의 오른손잡이 학생이 책상을 내려다보고 있다. 그들은 책상이 어떻게 자신을 고려하여 설계되었는지 생각한다. 미국 국회의사당의 365개 계단이 걷는 사람들을 고려하여 설계된 것처럼 말이다. 우주복과 충돌 테스트용 인형이 남성을 고려하여 설계된 것처럼.

　　만성 우울증, 임상 우울증, 심지어 경미한 우울증이 있는 사람을 포함하여 '감정적 왼손잡이들'은 빛 은유에 맞게 형성된 세상에 살아간다. 종교의 관점에서 우울은 신을 외면하는 죄(절망)처럼 보인다. 소비주의, 자본주의 또는 긍정적 사고의 관점에서 우울은 연약함, 나태함 또는 일하지 못하는 명백한 실패처럼 보인다. 우울은 아무도 죽지 않았기 때문에 대부분의 애도보다 훨씬 더 복잡한 돌로르다. 『한낮의 우울The Noonday Demon』의 저자인 저널리스트 앤드루 솔로몬Andrew Solomon은 우울에 관한 첫 번째 에피소드를 설명했다. "그 상황에서는 변명할 이유가 없었다."[2] 훗날 큰 성공을 거두게 될 이 책을 다 쓰고 나자 우울은 지루함처럼 다가왔다. 몇 주가 지나자 지루함은 심신을 쇠약하게 하는 큰 우울로 악화되었다.

　　우울증을 가진 사람들은 심각하게 받아들여지지 않았던 혹독한 역사로 고통을 겪었다. 이 때문에 과학의 관점은 이전의 관점들에 좋은 대안이 된다. 과학의 관점에서는 우울을 선택이나 죄, 나태함 또는 울적한 기분으로 보지 않는다. 스스로 '극복'할 수 있는 것으로도 보지 않는다. 대신 실제적이고 잔인하며 심신을 쇠약하게 하는 상태로 본다. 미국 심리학회는 우울증(심각하든 경미하든)은 정신 질환 중 가장 흔한 것이며 남성보다 여성이 더 많이 겪는다고 보고한다. 솔로몬은 우울증이 '적응성 없는 기분'이며 '고장 난 체계'라고 규정한다.

이런 단어들은 이전의 어휘 목록에서는 '죄인' 아니면 '실패자' 중 하나를 선택하라고 요구받던 사람들에게 큰 위로가 될 수 있다. 임상 우울증은 참혹하다. 솔로몬 같은 환자는 때로 전화를 받을 수도, 샤워를 할 수도, 심지어 자기가 먹을 음식을 자를 수도 없다. 그는 우울의 반대말이 행복이 아니라 활력, 슬픔이나 즐거움 또는 어떤 감정이라도 "무감각함 없이" 느끼게 하는 기운이라는 사실을 알았다.³

2022년 우울증은 치료가 가능해졌다. 미국 심리학회의 보고서에 따르면 치료법과 약물로 "확실히 회복하도록 도울 수 있다."⁴ 솔로몬은 오늘날 복용 가능한 약물은 '초기' 단계로 매우 효과적이지는 않고, 비싸며, 심각한 부작용을 초래할 수도 있다고 하지만, 그래도 이런 변변찮은 제물이 수많은 생명을 살렸다. 솔로몬은 사람들이 자신의 우울감을 겪어 내야만 했던 지난날에 비해 약물을 접할 수 있는 오늘을 살아갈 수 있음에 감사하다고 말한다.⁵ 1999년 『철학으로 마음의 병을 치료한다Plato, Not Prozac!』(원서 제목 '프로잭 말고 플라톤'에 나오는 프로잭은 우울증 치료제 이름이다.—옮긴이)가 출간되었을 때 이 책은 약물은 필요 없고 우리에게 필요한 건 어두운 시간을 통과하도록 돕는 철학이라고 제안했다.⁶ 오늘날에는 '플라톤과 프로잭Plato and Prozac'으로 제목을 바꾼다면 더 적절하겠다. 약물이 무감각함 없이 슬픔을 느끼게 도와준다면 사용하는 것이 타당하다.

그러나 이번 장은 약물에 관한 내용이 아니다. 언어에 관한 것이다. 분노나 슬픔 애도에 관한 빛나는 믿음의 심각한 부작용에 관

155

해 말하고 명명하는 게 힘든 것처럼, 현재 우울을 설명할 때 사용하는 용어가 도움이 될지 상처가 될지에 관한 질문은 까다롭다. 일종의 고장 난 상태에 우울증("난 너무 우울하다고!"처럼 멜로 드라마에 나올 법하지만 분명 인생을 위협할 정도는 아닌 한탄에서 음식을 자를 수도 없던 솔로몬의 경험까지 이르는 범위)이라는 표를 붙이는 것이 해가 될까? 우리가 우울에 관해 말하는 지배적인 이야기가 2021년 대학 신입생 중 3분의 1이 우울증으로 진단받은 이유와 관련이 있을 수 있을까?[7] 고장brokenness이라는 언어가 치료제를 팔아 이익을 보는 수십억 달러의 제약 산업에 의해 일부는 창조되고 유지되고 있다는 부정할 수 없는 사실에 우리는 무엇을 해야 할까?[8] 우울이 질병으로 팔릴 때 누가 이익을 볼까?

이런 질문은 위협적이거나 모욕적으로 들릴 수 있다. 어떤 사람들은 정신 질환을 '믿지' 않기 때문이다. 그들은 우울 같은 기분을 나약하다고 보거나 심지어 버릇없는 망가진 세대가 만들어 낸 현대적 발명품으로 생각한다. 모든 사람이 슬픔을 느낀다. 그냥 참고 견뎌야 하지 않겠어? 어둠을 거의 견디지 못하는 문화에 강하게 영향받은 이런 사람들은 의료에 부정적이며, 나는 여기서 그들의 관점을 이야기하지는 않겠다. 약이라는 빛은 수백만 명의 생명을 살린 기적의 발명품인 약물과 치료 요법을 이용하도록 도움을 주었다. 나는 이 빛을 끄자고 제안하지 않겠다.

그렇지만 빛을 줄일 수는 있을까? 우울을 전적으로 정신 질환으로 생각하는 데 어떤 비용을 지불해야 하는지 물어볼 수 있을까? 우울이 질병일 때는 미국의 정신의학자 피터 크레이머Peter Kramer가 『우울증에 반대한다Against Depression』에서 주장하는 것처럼 우울은 우리가 제거해야 하는 대상처럼 보인다. 그는 우울을 근사하게 표현하기를 멈추고 마침내 격파해 나갈 필요가 있다고 주장한다.[9] 하지만 숙주를 제거하지 않는 한 병을 완전히 제거하는 게 불가능하다는 걸 고려하면 우울한 사람들을 2019년에 가수 켈리 클락슨Kelly Clarkson이 불렀던 노래 〈고장 났지만 아름다운Broken and Beautiful〉에 나오는 사람들의 동료로 둘 수밖에 없지 않은가? 우울이 뇌 질환같이 보일 때는 우울증으로 고통받는 사람들은 아프고 어딘가 고장 났으며 고칠 필요가 있는 사람으로 보인다. 언젠가 한 학생이 자신은 우울증 약이 필요하고 그래서 정상적인 10대 같지 않다는 편지를 보냈다. 나는 그에게 당신은 약이 필요한 정상적인 10대라는 조언으로 답했다. 너무 많은 사람이 여전히 진단을 기능 장애와 동일시한다. 하지만 우울증의 경우 자신에게 필요한 도움을 얻기 위해서는 진단이 필요하다.

우울을 다르게 보고 말할 방법이 있을까? 자신을 고장 났다고 생각하지 말라고 하고 사람의 고통을 인지하고 그가 도움받도록 하는 모습을 상상할 수 있을까? 내 수강생 중 감정적 주르도가 자신의 우울에도 불구하고가 아니라, 있는 그대로의 자신을 존엄하다고 생각하려면 무엇이 필요할까? 아마도 존엄은 태양의 빛 아래서 보기가 가장 어려운 것 같다. 달빛 아래서 보기가 더 쉽다.

♦

안살두아는 오늘날이었으면 임상 우울증으로 진단받았을 상태로 고통스러워했던 주르다^{zurda}(주르도의 여성형.―옮긴이)였다. 그는 성소수자가 '바르게 행동하라.$^{act\ straight.}$'(여기서 사용된 영어 단어 'straight'는 이성애자를 의미하기도 한다.―옮긴이)라고 요구받는 것과 마찬가지로 우울한 사람은 '긍정적으로 생각하라.$^{think\ positive.}$'라고 요구받던 세상에 살았다. 왼손잡이 학생들처럼 안살두아는 자신에게 어울리지 않는 세상에서 자랐다. 1950년대 텍사스주 남부 국경 지방에서 자랐던 어린 안살두아는 감정적으로든 신체적으로든 여러 방면에서 복병이었다. 광적인 독서 습관은 전등 먼지를 털고 바닥 타일을 닦는 착한 소녀만 사랑할 줄 알았던 엄마를 화나게 했다. 엄마는 청소 대신 그림과 책을 더 좋아하는 듣도 보도 못한 선머슴 같은 소녀가 당황스러웠다. 안살두아는 어린 소녀였어도 훗날 자신이 남편의 옷을 다림질하거나 꼼지락거리는 딸의 머리를 땋아 주지 못하리란 걸 알았다. 그는 읽고 쓰고 그리는 데 인생을 쓸 계획이었다. 생각을 출산할 것이었다.

    안살두아의 초등학교 가방에는 키르케고르와 프리드리히 W. 니체$^{Friedrich\ W.\ Nietzsche}$의 책이 들어 있었다. 아주 어린 나이에도 자신과 같은 프리에타^{prieta}('진한 갈색' 또는 '흑인종'이라는 뜻의 스페인어.―옮긴이)는 이런 작가들의 책을 읽지 않는다는 것을 알았다.[10] 학생용 책상이 왼손잡이를 위해 설계되지 않았다는 사실을 알았듯이, 소중한 책이 자기와 같은 스페인식 영어를 쓰는 멕시코 노동자 집단을 위해 쓰이지 않았다는 사실을 생각했다. 그래도 여전히 그의 지적인 탐욕은 만족할 줄 몰랐다. "나는 그런 아이였다."라고 그는 회상했다.[11]

안살두아는 21살에 텍사스여자대학교에 등록하여 처음으로 가족을 떠나 자신의 인생이 되어 준 수백 명의 죽은 시인, 작가, 화가 무리에 몰두했다. 그 어떤 예술가도 자신처럼 보이거나 말하거나 쓰지 않았고, 안살두아는 자신이 다르다고, 약간 이상하다고 생각하기 시작했다. 그는 엘 문도 주르도 el mundo zurdo, 즉 자신 같은 '왼손잡이를 위해 만들어진 세상'을 찾기를 희망하며 북쪽으로 가는 버스에 올라탔다. 학비를 낼 수 없게 되자 1년 만에 고향으로 돌아와야 했지만 계속 일하고 돈을 아끼면서 판아메리칸대학교를 졸업할 수 있었다. 그 학교는 내가 지금 가르치는 텍사스 리오그란데밸리대학교의 전신이다. 내가 1967년에 강의했다면 안살두아가 내 수강생이었을지도 모른다(물론 1967년에는 이 대학교에 철학을 가르치는 라틴계 여성은 없었다).

안살두아가 '저 밖에서' 마주했던 세상은 떠나온 곳보다 더 잘 맞지 않았다. 그가 살았던 어떤 도시도 버몬트주에 살면서 첫 책을 계획하며 꿈꾸었던 것처럼 좋은 냄새가 나거나 집에서 만든 납작빵 토르티야처럼 부드럽지 않았다.[12] 향수병을 앓는 퀴어 작가의 삶을 살았던 안살두아는 북부와 남부 텍사스에서는 이성애자 사이의 동성애자였고, 샌프란시스코에선 테하나 tejana('청바지'라는 뜻의 스페인어 여성 명사, 샌프란시스코는 청바지 브랜드 리바이스의 고장으로 청바지는 광부의 작업복이었다.—옮긴이)였고, 버몬트주에서는 백인 대학생들 사이에 있는 피부가 어두운 농장 일꾼이었고, 인디애나주와 브루클린에서는 억양이 이상한 키 작은 멕시코인이었다. 마침내 '여성 동성애자 세상의 수도'라는 캘리포니아주의 산타크루즈를 고향으로 삼았으나, 그곳에서도 그는 자신을 항상 등에 집을 지고 다니는 거북이에 비유했다.[13] 안살두아는 자신의 소중한 책들뿐 아니라 문화와 언어, 상상까지도 이 도시에서 저 도시로 이고 지고 다녔다.

안살두아가 61살의 나이로 생을 마감했을 때 그는 동료 대학원생들에게 스승처럼 여겨지는 유명 작가이자 강연자였다. 『경계 지대/경계선 Border lands/La Frontera』을 포함하여 획기적인 세 가지의 선집 연구서를 공동 편집했고, 세 권의 어린이 책을 썼으며, 인터뷰를 모아 책의 형태로 출간했다. 미국 연구학회의 공로상 수상(2001)과 그의 일흔다섯 번째 생일(2017년 9월 26일)을 기념하는 구글 두들(특별한 날을 기념하기 위해 구글 로고를 알맞게 꾸며 바꾸는 이벤트.—옮긴이)이 증명해 주듯이 안살두아의 유산은 계속해서 영감을 불러일으키고 있다.

모든 영예에도 불구하고 그가 등에 지고 다녔던 건 집뿐만이 아니었다. 우리처럼 안살두아도 돌로르를 짊어지고 있었다. 그는 출생 후 3개월 만에 생리를 시작하는 아주 드문 몸 상태로 태어났다. 어린 안살두아는 24일마다 열흘간 강한 생리통을 동반하는 생리를 했으며, 이를 형제들에게까지 비밀에 부쳐야 했다. 괴상하고 더럽다 여겨졌기 때문이다.[14] 이런 상태로 이른 사춘기가 시작됐다. 6살에 가슴이 나왔고 학교에서 체육 시간에 체모가 반바지 밖으로 보이기도 했다.[15] "다리 오므려, 프리에타." 그는 엄마가 이렇게 말하던 것을 기억한다.[16]

안살두아는 14살에 아버지를 여의었다.[17] 또 사우스 파드레 섬에서 거의 익사할 뻔한 경험을 포함하여 네 번 죽을 뻔했다. 성인이 된 안살두아는 두 번 강도를 당했고, 38살에 자궁 절제술을 받았다. 여기에 더해 당뇨병을 앓게 되어 신경 장애와 어지럼증, 두통, 시각 장애까지 생겼다.[18] 훗날 이 모든 것을 되돌아보며 안살두아는 신체부터 정신까지 "고통은 삶의 방식, 내게는 일반적인 삶의 방식이었다."라고 고백했다.[19]

안살두아는 평생 "다른 행성에서 온 외계인"이 된 느낌을 지니며 살았다.[20] 어린아이였을 때 멕시코 여성의 '전통적인' 역할이라고 주변에서 생각했던 것을 하도록 요구받았지만 태어날 때부터 그럴 수 없다는 게 명백했다. 오빠들의 셔츠를 다려 놓고 오빠들이 먹을 식사 준비를 하고 음식을 나르라는 엄마의 명령에 복종하지 않고 안살두아는 책을 읽고 그림을 그리고 고랑을 파고 뱀을 잡으러 다녔다.[21] 아이라서 좋아했던 요리조차도 책 읽을 시간을 뺏기자 그만두었다.[22] 어린 안살두아는 자기가 좋아하는 것이 무엇인지 알았고 사람들이 못살게 굴 때도 사과하지 않고 그 일을 했다.

그렇지만 엄마가 자신의 친구들에게 아이가 집안일은 도와주지도 않고 침대에 누워 책만 읽는다고 말했을 때 '당황스러운' 느낌을 받지 않았던 것은 아니다.[23] 안살두아는 네 명의 자녀 중 가장 말을 안 들었고 반항아에 말썽꾼이었다고 인정했다. 하지만 자신은 항상 자신의 모습 그대로 산다고 느꼈다.[24] 그는 양가 감정을 느꼈다. 엄마와 언니는 오빠들의 옷을 다림질하지 않고 마음 가는 대로 하고 싶어 하는 제 모습을 '이기적'이라고 부를지 모르지만, 안살두아에게 '이기적'인 것은 사람들이 그녀가 자신들이 원하는 대로 하지 않을 때 하는 말이었다. 이를 알기까지 30년이 걸렸다. 그 시간 동안 안살두아는 엄청난 죄책감을 느꼈다.[25]

성인이 되어서도 안살두아가 느꼈던 죄책감은 글쓰기로 확장되었다. 우울한 사건이 발생하면 설거지를 할 수도, 전화를 받을 수도, 이메일 답신을 보낼 수도 없었다. 그의 이야기는 항상 같았다. 자기 안에 자신을 가두고 열쇠를 삼켜 버렸다. 작은 아이인 안살두아가 키르케고르(다음 장에서 이야기할 것이다)에게서 "자신과 맞먹는 절망"을 찾은 것은 당연했다.[26] 100년도 더 전에 키르케고르는 지나치게 무성한 습지로 둘러싸인 끝없이 깊은 호수를 묘사했다. 호수의 바닥에는 그 안에 열쇠가 담겨 굳게 잠긴 나무 상자가 있었다. 폐쇄성Indeslutteth-ed, 일종의 '절망의 침묵'은 키르케고르가 '자기-감금' 또는 '자기를 봉인하는 것'이라고 불렀던 개념이다.[27] 안살두아는 자기 자신 안에 갇힌 상태에 관한 개념을 이해할 수 있었다.

어두운 시간을 지나면서 안살두아는 자신의 한계라고 이해했던 것들로 되돌아갔다. 그것은 아무래도 타인의 기대로 만들어진 것들이었다. "나는 누구인가." 안살두아는 스스로 물었다. "두메산골 출신의 불쌍한 치카니타chicanita(멕시코계 미국 여성을 뜻하는 '치카나chicana'에 접미사가 붙어 '귀여운 멕시코계 미국 소녀'라는 의미.-옮긴이), 내가 글을 쓸 수 있다고 생각해?" '이기적인' '게으른' '버릇없는' 같은 단어들이 머릿속에서 반복되는 것을 들을 때마다 그는 더욱더 무력해졌다. 안살두아의 우울한 삶의 사건들이 어린아이의 목소리로 점점 더 크게 들렸다. 그는 머리를 들 수 없는 우울한 치카나가 아니라 누군가의 아내이자 엄마가 됐어야 했다.[28] 그가 미국 원주민 연구교수이자 동료 테하나인 이네스 에르난데스아빌라Inés Hernández-Ávila에게 한 인터뷰에서 이렇게 말한 것처럼 말이다. "우리는 글을 쓰면 안 되었어."[29]

오십이 넘은 나이에 진단받은 제1형 당뇨병은 더 나아가 안살두아의 우울증을 촉발했다. 그는 다시 병을 갖게 된 것을 부정하고 거부하며 1년을 보낸 일을 회상한다. "내가 이 일을 당해야 마땅했나? 어디서 내 신세를 망친 거지?" 그러나 이내 그는 시와 치카나 이론, 페미니즘, 철학, 점성술을 부지런히 공부했듯이, 자신의 병도 부지런히 연구했다. 먹었던 것과 먹어야 할 것, 혈당 수치, 기분이 어땠는지까지 개일 기록을 쌓았다. 기록은 제때 혈당을 맞추지 못하면 의식을 잃을 수도 있는 저혈당 상태가 되지 않게 도와주었다. 아주 약간의 저혈당이더라도 안살두아는 앞을 보기 어려워진다는 것을 알게 되었고 그래서 계속 기록했다.[30]

당뇨병과 우울증을 겪으며 안살두아는 언제나 자신이 낼 수 있으리라고 생각한 것보다 또는 내야 한다고 생각한 것보다 더 힘을 내기가 어려웠다. 계획보다 한 작품을 끝내는 데 시간이 오래 걸려서 마감 기한도 맞추기 어려웠다. 안살두아는 마감이 임박한 일보다 다른 일을 하면서 이를 '반항하는 것'이라고 했지만, 그의 친구이자 공동 연구자 애너루이즈 키팅AnaLouise Keating은 "마감보다 자신의 욕망"을 따르는 것이라고 했다.³¹ 한 에세이 선집의 공동 편집자였던 키팅은 안살두아의 에세이가 책 전체 출판 일정을 연기시키리라 정확히 예측했다. 하지만 안살두아의 작품은 언제나 너무 좋아서 버릴 수가 없었다.³²

　　힘이 모자란 상태로 고통스러워하는 수많은 사람처럼 안살두아도 오해받았다. 얼마나 아프고 우울한지 알지 못하는 동료들은 안살두아가 너무 유명해져서 학회에 참석하지 않는다고 험담했다. 우울증과 당뇨병은 안살두아에게 두 배의 부담이었다. 그 두 질병은 "페미니스트 예언가이자 영적 활동가이며 철학자인 동시에 시인이자 소설가"인 그의 커리어를 위협했다.³³ 그는 회상했다. "우울한 기간을 지낼 때 나는 아무것도 할 수 없었다!y no podía hacer nada! 눈이 너무 아파서 일을 붙잡고 있을 수 없었다. 질병을 상대하는 일은 모든 에너지를 앗아 갔다."³⁴ 그는 또 이렇게 기록했다. "처음에 친구들은 내가 그들과 어울리지 않는다고 화가 잔뜩 났다. 나는 그저 매일매일 살아남느라 너무 바빴다."³⁵ 안살두아는 당뇨병을 진단받은 후 처음에는 자신을 돌보는 것 이상으로 "다른 기능을 거의 할 수 없어서" 1년 동안 자

신을 세상 밖으로 빼냈다.[36]

  2002년 안살두아는 키팅에게 자신의 우울증에 관한 시를 이메일로 보냈다. 「상처의 치유 Healing Wounds」란 제목의 시는 '더러운 접시들이 계속 쌓여 간다'라며 안살두아의 마음 상태를 드러낸다.

  나는 헤벌쭉 찢어졌다.
  말에 시선에 몸짓에
  나에게 가족에게 낯선 이에게.
  영혼이 뛰쳐나와
  허둥지둥 숨어들어 가고
  나는 이리저리 절뚝이며
  위안을 찾는다
  집으로 돌아가라고 구슬려 보지만
  그 집이 바로 나인데
  집 없는 이방인이 되었다.
  울부짖으며 머리를 뽑는다
  콧물을 먹고 삼킨다
  양손은 상처 위에
  오랜 시간이 흘러도
  여전히 피가 흐른다.[37]

안살두아는 어둠 속에서 오랜 시간을 보냈다. 그의 시가 말하듯 그는 피 흘렸고 울부짖었고 머리를 뽑았다. 위안을 찾으려 했지만 고통만 보였다.

♦

안살두아는 자신의 우울이 고통스러웠는데도 우울을 장애나 질병, 질환이라고 말하지 않았다. 그 대신 자기만의 용어를 발명했다. 이 치카나 예술가는 임상 우울증처럼 생기 없는 주제를 가지고 다채로운 신화를 만들어 냈다. 미국의 변호사이자 작가 수전 케인Susan Cain이 『콰이어트Quiet』를 출간하여 내향인이 실패한 외향인처럼 느끼지 않아도 될 이론적 공간을 만들어 낸 것처럼, 안살두아도 1987년 『경계지대/경계선』을 출간하여 멕시코계 미국인이 실패한 멕시코인, 실패한 미국인처럼 느끼지 않게 하는 이론적 공간을 만들어 냈다.[38] 그러나 엘 문도 주르도는 그들만을 위한 곳이 아니었다. 모든 종류의 왼손잡이를 위한 곳이었다. "엘 문도 주르도에서는 나, 나와 비슷한 사람들, 내 사람들과 그들의 사람들이 함께 살 수 있으며 세상을 변혁시킬 수 있다."[39]

오늘날 엘 문도 주르도는 동성애 혐오증이 있는 집에서 쫓겨난 LGBTQIA+ 다른 성 소수자에게 집이 되어 줄 것이다. 그곳은 우리 가운데 감정적으로 어둠이 드리운 사람들(다른 사람들이 더 밝아졌으면 하고 바라는 이들)을 환영한다. 엘 문도 주르도는 우울과 불안, 분노, 애도 그리고 돌로르를 지닌 사람을 단순히 참아 주거나 수용하지 않는다. 안살두아가 "알마스 아피네스almas afines"(마음이 같은 사람들)라고 부르는 사람들, "이 세상에서 몹시 고통스럽게 살고 있다."라고 느끼는 사람들과 함께 이 세계는 우리 마음속에 지어질 것이다.[40]

글쓰기를 시작한 초기에 안살두아는 캘리포니아의 태양 아래 무릎에는 타자기를 놓고 벗은 채 앉아 있곤 해서 시간이 지날수록 더 피부색이 어두워지고 약해졌고 "자신의 어두운 피부색을 발달시켰다."[41] 그러나 이후엔 밤에(그는 "내 밤"이라고 불렀다), 달빛 아래서 글을 썼다.[42] 그때는 조용한, 가장 어두운 시간에 코 골며 자는 감정적 오른손잡이들이 아니라 주르도가 차지하는 시간이다. 감정적 왼손잡이들, 우울하고 불안하고 화가 나고 애도하며 돌로르를 지닌 이들은 주로 깨어 있는 채로 바짝 경계하며 밤을 보낸다.

어둠 속에서 안살두아는 어둠에 관해 곱씹곤 했다. 세상의 시초에 관한 아즈텍 이야기에서 안살두아는 어둠이 "모성, 근원, 가능성"으로 숭배되었음을 발견했다. 이런 태초에 어둠은 무섭지 않았다. 그러나 빛이 어둠을 쪼갰을 때 어둠은 "부정적이고 저급하며 악한 힘"과 동일시되어 악역이 되었다.[43] 더는 어둠이 모성으로, 따뜻한 자궁으로 여겨지지 않았다. 그때부터 어둠은 죄이 되었다.

안살두아는 우주의 기원을 숙고하면서 어둠에 대한, 특히 어두운 피부에 대한 현대 사회의 일반적인 편견을 감지하고 분명히 표현했다. 플라톤의 동굴 비유를 언급할 정도였다. 아마도 무의식적으로 염두에 두었는지도 모른다.[44] 어둠이 어떻게 '모성적'인 것에서 '부정적이고 저급하며 악한' 것이 될 수 있었는지를 설명하며 안살두아는 "두 그림자를 드리우는 남성적 질서"를 비판한다.[45] 아즈텍 신화 속 호전적인 태양신 우이칠로포치틀리Huitzilopochtli가 스스로 자기 자신을 폭력적인 이야기의 영웅으로 내세웠을 때 그것이 첫 번째 그림자였다. 그러나 그가 어둠과 여성성을 배신자로 만들었을 때 두 번째 또는 이중의 그림자를 드리운다. 안살두아의 기원 설화를 일종의 그리스-멕시코식 혼합 은유로 생각한다면 태양은 위험한 인형 조종사가 된다. 그가 우리를 구원하지 않지만 밤은 악하고 낮은 선하다고, 여자는 부정적이고 남자는 긍정적이라고, 우울은 검고 건강은 희다고 생각하도록 벽에 그림자를 드리울 것이다.

    안살두아가 묘사하는 어둠에 대한 편견은, 어둠이 아닌 대낮에 들이닥친다는, 4세기 우울의 사촌인 '권태'를 생각하면 특히 이상하다. 권태는 본래 이집트에 살았던 기독교 세계의 황야의 교부들을 괴롭힌 '여덟 가지 악한 생각' 중 하나였다. 이 수도자들에게 권태는 '정오의 악마'로, 그들은 이를 수도의 방에서 도망가고 싶은 느낌이라고 묘사했다. 지루함이기도 하고 무관심함이기도 하며 막연한 불안이기도 한 권태는 하루하루가 끝없이 계속된다고 느끼게 한다. 권태가 닥치면 삶은 내 것이 아니라는 확신이 들어 방 청소를 멈추고 잠을 잔다. 기도를 멈추고 도망칠 계획을 궁리한다. 우울과 마찬가지로

이 정오의 악마도 수개월 동안 계속 우리를 사로잡을 수 있다. 그 기간에 우리는 자기 자신 안에 갇혀 온화한 햇볕에 따스함을 느끼는 게 아니라 혼자 무방비 상태로 햇볕에 그을리게 된다.

권태는 여덟 가지 '악한 생각'이 6세기 후 일곱 가지 '악'이 되었을 때 목록에서 삭제되었다. 600년 동안 사람들은 권태에 관해 잊었거나 단순히 수도자 개인의 문제라고 여겼다. 결국 12세기 중세 철학자 생 빅토르의 위그Hugh of St. Victor가 죽은 자들에게서 권태를 가져와 중대한 죄로 만들었다. 중세 신학자 토마스 아퀴나스Thomas Aquinas는 이를 '나태'로 다시 이름 짓고, 우리를 곧장 지옥으로 보낼 수 있는 것이라 했다.[46]

이제 더 이상 그 누구도 권태(또는 나태까지도)에 관해 잘 말하지 않는다. 무기력이 악가가 가져다준 죄라는 생각을 현대 과학이 받아들이지 않기 때문이다. 종교는 더 이상 정신 문제의 결정권자로 여겨지지 않는다. 그래서 이전에는 악마가 불러일으키는 죄였던 권태는 뇌 기능 장애나 운 없는 DNA 가닥으로 발생하는 질병인 임상 우울증으로 바뀌게 되었다.

권태(우울증과 공유하는 특성인 '게으름'으로 잘못 읽히는 것과 더불어)의 역사에서 찾을 수 있는 지혜의 조각은 해를 의심해 보는 것이다. 두려움과 달리 권태의 지독한 점은 해가 떠올라도 없어지지 않는다는 것이다. 우울도 마찬가지다. 우울한 사람은 강압적인 햇빛을 들어오게 한다고 안도감을 얻지 않기에 블라인드를 닫고 싶어 한다. 그렇다면 왜 항상 우울을 어둡다고 말했을까?

빛이 우리를 구원한다는 빛 은유에서 벗어날 수 있다면 우울은 '영혼의 어두운 밤'보다 텍사스 남부의 끝없이 계속되는 긴긴 여름날 같다고 결론지을 수 있겠다. 어두운 피부색의 사람들을 내려다보는 밝은 피부색 사람들이 역사적으로 흰색을 자기 것으로 주장하지 않았다면 우울의 색으로 흰색, 다른 모든 색을 몰아내는 고압적인 순백색이 가장 적당할 것이다.

어둠에 대한 인종차별주의적 편견에도 불구하고 안살두아는 밤을 충실히 지켰다. 그는 자신의 어두운 기분을 햇빛이 아닌 라 루나la Inua(달빛이라는 뜻의 스페인어.-옮긴이)를 통해 이해했다. 안살두아는 달에서 가스 덩어리나 치즈 조각이 아니라 대지의 여신 코아틀리쿠에Coatlicue의 딸이자 달의 여신 코욜사우키Coyolxauhqui의 머리를 보았다. 코욜사우키는 태양의 신 우이칠로포치틀리의 누이였다. 우이칠로포치틀리는 코욜사우키가 그들의 어머니를 죽이려 하자 밤하늘로 코욜사우키의 머리를 던져 버렸다(그러나 이건 우이칠로포치틀리의 이야기일 뿐이다). 그때부터 지금까지 우이칠로포치틀리는 태양으로 낮을 다스리고 코욜사우키는 안살두아 같은 사람들이 어둠 속에서 보도록 돕는 달이 되어 밤을 다스린다.[47]

코욜사우키의 빛은 햇빛보다 훨씬 부드럽다. 어둠을 겁주어 몰아내지도 않고 어둠을 위험하게 여기지도 않는다. 안살두아는 달빛을 자신의 "약"이라고 부른다.[48] 안살두아가 세상을 떠나기 전까지 계속 집필하던 논문의 제목 「어둠 속의 빛Light in the Dark/Luz en lo Oscuro」 은 해가 아니라 달을 가리킨다. 태양, 남성, 우이칠로포치틀리는 안 살두아에게 눈이 부시고 폭력적이지만 달, 여성, 코욜사우키는 엄마 같고 선하다. 안살두아는 어둠 속에서 더 잘 볼 수 있도록 해 준 건 달 의 도움 덕분이라고 말한다.[49]

안살두아가 보기에 우울은 달빛에 비추면 우리를 집어삼켜서 어둠에 내리꽂지만 새로운 세계를 보게 하는 아즈텍 여신 같았다. 우 리는 얼마나 자주 달이, 또는 어둠 그 자체가 통찰을 준다고 믿는가?

아즈텍 도상학에서 코아틀리쿠에의 머리는 서로 마주 보고 있는 방울뱀 두 마리로 이루어져 있다. 이는 생명을 주고 앗아 가는 것을 상징한다. 코아틀리쿠에가 둘 다 관장하기 때문이다. 그는 자궁 이자 "강렬한 내면의 회오리 바람, 정신의 보이지 않는 측면의 상징" 이다.[50] 코아틀리쿠에는 친절하지 않다. 그는 혹독하지만 안살두아는 혹독함에 익숙했다. 안살두아의 언니는 『경계 지대/경계선』을 찢어 쓰레기통에 던져 버렸고 3년 동안 동생과 대화를 거부했다.[51] 엄마는 안살두아가 자신은 게으르고 별나다고 느끼게 했다. 그러나 둘 다 안 살두아를 사랑하기도 했다. 그래서 자신의 양적 어미인 코아틀리쿠 에가 살아가는 동안 여러 번 그를 우울에 내던졌다는 사실이 안살두 아에겐 놀랄 일이 아니었다.

안살두아는 "아픔과 고통, 죽음의 도래가 견딜 수 없어질 때 코아틀리쿠에가 구멍을 열고 우리를 내리꽂아 집어삼킬 것이다."라고 기록했다. 안살두아의 여신-어머니goddess-mother는 그를 꽉 붙잡아 도망가지 못하게 했다. 안살두아는 코아틀리쿠에의 배 속에서 자기의 모습을 발견했을 때 그곳이 가만히 머물러 있기에 가장 좋은 곳임을 깨달았다. 깊은 사유 또는 그가 "발아 작업"이라고 부른 것은 "깊고 어두운 무의식의 땅에서 일어난다." 숨겨진 생각이 코아틀리쿠에의 품에서 표면 위로 드러난다. 무의식에 있던 마음이 스스로 드러나기 시작한다.[52]

'코아틀리쿠에 상태'는 예쁘지 않다. 안살두아는 당뇨병과 우울증 사이의 상호 영향에 관해 저혈당이 어떻게 자신을 "맥빠지게 만들었는지" 이야기했다. 한 이메일에서 그는 "나는 너무 지친 상태의 나를 그냥 놔두고 있어. 영적으로 감정적으로 진이 빠져서 기도하는 중이야. 내 삶과 일을 더 잘 관리할 수 있는 법을 배우면 좋겠다."라고 설명했다.[53] 코아틀리쿠에는 안살두아에게 단순한 친구가 아니었다. 안살두아를 안아 주는 엄마였다. 그러나 그가 엄마 품에 들어가는 건 끌려갈 때뿐이었다.

안살두아는 자신의 우울한 상황에서 무슨 일이 일어나는지, 왜 자기가 거기에 있는지, 무엇을 알 수 있는지 필사적으로 배워야 했다. 무엇보다 안살두아는 생각하는 사람이었다. 그러나 그는 "모든 것을 '이해'하려 하는" 자신의 강박을 혐오하기도 했다.[54] 마침내 그는 우울한 상황에서 빠져나오는 단 한 가지 방법을 알게 되었다. 싸우기를 멈추는 것이었다. 마음속으로 안살두아는 며칠, 몇 주, 몇 달 동안

이고 자신이 생산적인 삶을 살지 못하게 하는 코아틀리쿠에를 가만히 둔다면 언젠가 풀려나리라 믿었다. 하지만 여전히 "길을 건너고 울타리에 구멍을 내어 걸어 들어가고 강을 건너서 어둠 속으로 뛰어들기가" 망설여졌다.[5]

안살두아의 스승이 코아틀리쿠에였지만, 안살두아는 어둠 속에서 보는 것을 아주 좋아하지는 않았다. 코아틀리쿠에가 안살두아에게 겉으로 생산성을 유지하게 하지도 않았다. 안살두아가 매일 아침 침대에서 나오게 하지도 않았다. 코아틀리쿠에는 안살두아가 자신의 영적 고통을 무시하는 것을 불가능하게 만들었다. 안살두아는 "코아틀리쿠에의 품에 안겨서 상상력이 풍부한 여신의 동굴"로 강제로 뛰어들게 되었다고 말한다. 이기적이고 게으른 느낌을 인정하고 싶지 않았고, 더욱 직면하고 싶지도 않았지만 그것은 안살두아의 몸을 압도해서 설거지 같은 정상적인 일상생활이나 사교 행위를 불가능하게 했다. 안살두아는 코아틀리쿠에와의 경험을 자신이 돌로 변하여 "옛날의 한계에 구멍을 내기" 전까지는 사람으로 돌아올 수 없는 상태에 비유했다. 이곳이 어두운 진실을 알게 되거나 새로운 것을 보게 할 수 있는 자궁이라는 사실을 깨닫기 전까지는 뼈를 으스러뜨리는 석상 여신의 품에서 벗어날 수 없었다.

◆

『경계 지대/경계선』에서 안살두아는 우울증의 어둠 속에서 얻은 주요한 통찰을 설명한다. 이 책은 어린 안살두아가 자기 자신에 관해 받아들였던 인식, 즉 자신은 이기적이고 버릇없으며 게으르다는^{consentida} 생각에 초점을 맞춘다. 코아틀리쿠에와 함께한 안살두아의 고통스러운 시간은 자기 인식이 어디서 잘못됐는지를 보여 주었다. 사실 그는 게으르지 않았다. 이주민 농장 일꾼으로 밭을 갈고 잡초를 뽑는 데 인생을 바치지는 않았지만 자신의 영혼에 지혜의 씨앗을 뿌리고 물과 비료를 주는 데 열중했다. 그 노동에서 수백만 명, 특히 내 수강생들의 삶을 바꾼 에세이와 책들이 자라났다. 안살두아는 밭에서 일하지 않는 멕시코인은 게으른 자라는 식민주의적 이야기를 거부하고 식민지 이전의 신화에 몰두해야 한다는 것을 마음 깊은 곳에서부터 알고 있었다.

    코아틀리쿠에는 안살두아에게 자기 인식이 적확했던 곳이 어디였는지를 보여 주었다. 근면한 미국인이 안살두아가 작가로 일하는(산책하고 명상하고 독서하는) 모습과 일하지 않는(8~10시간 내리 글을 쓴다거나 하는) 모습을 보았다면 그가 게으르다고 생각할지도 모른다. 안살두아가 마감을 어기면 편집자나 출판인은 불쾌했을 테고 그가 시간을 잘못 쓰고 있다고 쉽게 결론지었을지도 모른다. 하지만 안살두아는 더 깊이 파고들었다. 게으름에 관한 이야기는 안살두아에게 색 다르지 않았다. 1848년 멕시코-미국 전쟁이 끝나기 오래전부터, 멕시코 북서부가 미국 남서부가 되기 오래전부터 백인은 멕시코인을 게으르다고 했다.

안살두아가 코아틀리쿠에의 품에 안겨 있을 때, "열등한 피정복 계급의 한 사람"으로서 자신과 닮은 사람들은 "원주민의 피가 흐르기에, 미신을 믿기에, 불완전한 언어를 쓰기에 내내 열등하다고 믿도록 가르침을 받았다."라는 생각이 들었다. 안살두아는 깨달았다.

> 사람으로서 나, 한 종족으로서 우리 치카나들은 자신을 탓하고 자신을 미워하고 자신을 위협한다. 이런 일은 대개 무의식적으로 일어난다. 우리는 그저 상처 입었다는 사실을 알 뿐이다. 우리에게 무언가 '잘못된' 것이, 근본적으로 '잘못된' 것이 있다고 짐작할 뿐이다.[56]

안살두아는 이 이야기를 너무도 오랫동안 믿었고, 그 믿음이 죄책감과 수치심으로 더 깊이 빠져들게 했다. 그러나 감정의 밑바닥에서 실패같이 느껴지는 개인의 경험을(오늘날 우리는 이를 '기만'이라고 부른다) 수 세기 동안 자기 민족을 실패처럼 느끼도록 만들어진 역사적 사실과 연결할 수 있었다. 스페인 정복 시기까지 거슬러 올라가면 인디언을 향한 오래된 편견으로 인해 예술가나 작가, 학자가 되고 싶은 치카나와 다른 유색인은 '너희의 우울증은 세상이 아니라 자신에게 문제가 있다는 것을 보여 준다.'라고 말하는 거짓 대본을 투여받은 것이다. 만일 그들이 제멋대로 굴지 않았다면 진짜 예술가들과 작가들을 위해 오렌지나 사과, 상추나 따고 있을 것이다. 코아틀리쿠에는 안살두아에게 수치심은 마감을 지키지 못하는 개인의 무능력에서 오는 게 아니라고 가르쳐 주었다. 생산성에 사로잡힌 인종차별주의적이고 성차별주의적인 사회가 가져다준 게으른 멕시코인 미신에서 온 것이었다.

우울한 예술가는 모두 게으르다는 말에 상처를 입기 쉽다. 안살두아는 자신이 게으르다고 분류되는 우울한 멕시코 예술가라는 가중 부담으로 고통받았다. "살아가는 내내 멕시코인은 게으르다는 소리를 들었다." 그래서 "안살두아는 일부분 자신의 기준이 되었던 지배 계층의 문화 기준을 맞추려고 다른 사람보다 두 배는 더 열심히 일해야 했다."⁵⁷ 안살두아는 식민지 백인 개척자들과 그들의 후손이 자신의 종족에게 부과한 기준을 내면화했다. 그런데 코아틀리쿠에는 안살두아를 어둠으로 내리꽂음으로써 그를 자유롭게 했다. 식민주의 기준의 '빛'에서 멀어진 어둠의 공간에서 자신의 기준을 비로소 잉태할 수 있었다.

코아틀리쿠에 상태에서 얻은 지식으로 안살두아는 게으름이라는 고정 관념으로 '자기 머리 때리기'를 멈추기를 바랐다. 코아틀리쿠에는 정지 상태inactivity를 개인의 약점으로 받아들인 게 실수임을 알도록 도왔다. 성숙해지면서 안살두아는 정지 상태가 학자이자 예술가가 되려면 '숨 쉬기 위해 꼭 필요한 단계'라는 것을 깨달았다.

자신은 게으르다는 안살두아의 인식은 스스로에게서 비롯된 게 아니다. '내겐 문제가 있다.'라고 읊던 그 대본도 자기가 쓰지 않았다. 더 넓은 미국의 사회적 맥락에서는 상시 고용 상태와 보험이 부족하고, 읽고 쓰는 데 시간을 쏟으면서도 잠을 자고 해변에서 산책하는, 설거짓거리를 쌓아 두는 멕시코인 호타(퀴어 여성)를 게으르다고 여긴다. 엄마가 그 고정 관념을 믿었고, 다른 멕시코계 미국인 엄마도 그렇게 믿었고, 미국의 많은 백인도 그렇게 믿었다는 안살두아의 생각은 틀리지 않았다. 그러나 철학자로서 안살두아는 자기가 들어 온 이야기에 질문을 던지며 대체할 수 있는 신화를 찾아 나섰으며 새로운 시야를 만들어 냈다.

코아틀리쿠에를 똑바로 본 이후로 안살두아는 자신의 우울에 관해 깨달은 것이 있다. 자기 자신에게 숨기는 것은 결국 드러나게 된다. 자신을 때려눕히는 코아틀리쿠에를 떠나서도 안살두아는 움직임을 멈추지 않았다. 코아틀리쿠에가 안살두아에게 준 고통은 괴로웠으나 안살두아는 글쓰기로 응답했다. 안살두아는 "만일 우리가 코아틀리쿠에 상태에서 의미를 만들 수 있다면(그럴 가능성은 희박하지만) …… 가장 큰 실망감과 고통스러운 경험은 점점 더 내가 나다워지도록 이끌어 줄 수 있으리라."라고 기록했다.[58] 코아틀리쿠에는 우리에게 자기 인식을 넌지시 알려 주면서 동시에 어둠의 길로 인도한다.

♦

재판정에서 소크라테스는 성찰하지 않는 삶은 살 가치가 없다고 말했다. 그는 철학이 자기 자신과 삶을 더 잘 알 수 있게 도와준다고 믿었다. 안살두아에게는 우울이 비슷한 기능을 했다. 우울에 고유한 긍정적인 의미가 있다고 믿지 않더라도 코아틀리쿠에가 어둠 속에서 무언가 보도록 도와주었다고 안살두아가 말한 이유를 이해할 수 있다. 그 뱀의 여신은 낙담한 우리를 바닥에 눕혀 놓을지는 모르지만 적어도 두려워하는 것을 마주하도록 돕는다.

  소크라테스 역시 인간은 생각을 태중에 품는다고 했다. 그의 어머니는 임부의 출산을 돕는 산파였다. 소크라테스의 예술, 곧 그가 철학이라 부르던 것은 "젊은 남성 사고의 소산이 거짓 환상인지 아니면 삶과 진리에 따른 본능인지 시험마다 증명하는 것"이었다.[59] 그는 사상을 질문함으로써 사람들을 시험했고(교사들은 이를 '소크라테스식 질문'이라 부른다) 그들이 탄생시킨 자식인 생각이 튼튼하고 건강한지 알아낼 수 있었다. 그렇지 않으면 저절로 드러나야 한다고 믿었다.

  소크라테스는 (그의 말을 빌리면) 불임이었는지 모르지만 안살두아는 아니었다. 코아틀리쿠에의 도움으로 안살두아는 거듭 자기 자신을 출산했다(그리고 에세이를 출간함으로써 다른 사람들도 자기 자신을 출산하도록 도왔다). 안살두아는 자신을 엄마이자 아기로 묘사했다. 그는 코아틀리쿠에와의 경험을 "메마른 분만" "둔위 분만"(태아가 엉덩이나 다리부터 나오는 분만) "절규의 분만" 그리고 결국 "분만길을 지나는 내내 분투하는 산고"라고 불렀다.[60] 코아틀리쿠에가 와서 자신을 부를 때마다 안살두아는 새로 태어나며 새로운 사람이 되는 능력을 얻었고, 새로운 시각에서 사물을 보는 능력을 갖췄다. "코아틀리쿠에 상태에 들어와 있을 때는 자기 자신을 잉태하고 출산하는 중이다. 자궁 속 상태인 것이다."[61]

    안살두아가 스스로에게 독을 주입하던 게으른 멕시코인에 관한 해로운 서사를 만들어 낸 것은 아니다. 하지만 코아틀리쿠에의 품에 들어가서야 무슨 일이 일어나고 있는지 볼 수 있었다. 설거지를 멈추고 이전에 믿었던 이야기가 유해하다는 사실을 알아야 했다. 안살두아가 코아틀리쿠에에게 저항했던 것만큼 코아틀리쿠에는 안살두아에게 새로운 시야를 가져다주었다. 그리고 결국 치카나 예술가들과 지식인들의 삶이 게으르거나 이기적이지 않다는 것을 깨달았다.

    안살두아가 자신의 어둠을 부정하고 빛으로 도망했다면, 예를 들어 계속 긍정적인 상태를 유지하려 애쓰거나 자기 자신에 관한 나쁜 생각을 파헤치지 않고 쫓아 버리려 했다면, 그는 자신의 서사가 외부에서 왔다는 것을 절대 깨닫지 못했을 것이다. 코아틀리쿠에가 없었으면 아마 안살두아는 비슷하게 수치를 당한 수많은 퀴어와 왼손잡이 예술가, 치료사에게 가해진 위해를 의심하지 못했을 것이다. 지식과 자기 이해는 빛에서만이 아니라 어둠에서도, "어두운 동굴에서도 en esa cueva oscura" 발견된다.[62] 코아틀리쿠에는 안살두아를 바위 팔

로 껴안아서 다치게 했지만 "내면의 앎"을 안겨 주기도 했다.[63]

『경계 지대/경계선』을 출간한 지 15년 후 안살두아는 우울했던 자신의 삶의 사건들을 앎conocimiento, 즉 새로운 지식과 행동으로 끝맺는 일곱 단계 과정에 삽입했다. 그는 이 책에서 코아틀리쿠에 상태를 세 번째 단계에 두었다(그 과정이 항상 순차적인 것은 아니다). 50살에 받은 당뇨병 진단으로 감정적인 지진을 겪은 후 안살두아는 이전에 자신에 관해 이야기했던 서사(자신은 "고통에 대한 값을 지급"했고 이제 "일을 잘할" 준비가 되었다는)와 아직 잘 알려지지 않은 새로운 서사 사이에서 찢기는 느낌을 기술했다. 이 중간 상태가 안살두아를 코아틀리쿠에의 자비에 머물게 했고, 코아틀리쿠에는 그의 몸과 마음을 체포해 "몇 주간의 기능 장애" 상태가 되게 했다.[64]

마침내 안살두아는 무언가에 의해, 그는 무엇인지 명확히 말하지는 않았지만, 네 번째 단계로 나아갔다. 그리고 침대에서 일어났다. 다섯 번째 단계(몸이 갈가리 찢겨 온 세상에 흩뿌려지는 코욜사우키의 이름을 따서 단계 이름이 지어졌다)에서 안살두아는 자기 자신을 재구성했다. 코욜사우키처럼 안살두아는 분할된 조각들을 다시 모아야 했지만 그 조각들이 원래 있던 자리로 돌아가지 않았다는 것을 발견했다. 임상 우울증으로 고통받든 아니든 모두 살면서 적어도 한 번은 해체되고 재구성될 필요가 있다.

여섯 번째 단계에서 안살두아는 코아틀리쿠에 상태에서 자기를 고립시킨 사람 모두와 다시 연결되었다. 일곱 번째 단계에서 그는

"글쓰기, 예술품 만들기, 춤추기, 치유하기, 가르치기, 명상 그리고 정신적 행동주의" 같은 "창조적 행동"에 참여했다.[65] 이러한 행동은 안살두아가 우울에서 의미를 찾도록 도와주었다. 이는 예술가가 자신의 예술에 연료를 공급하기 위해 우울이 필요해서가 아니라, 우울이 표현을 갈망하기 때문이다.

많은 사람(특히 인종적, 종족적 소수자들)이 우울을 숨기는 시대에 안살두아는 숨기지 않고 '정신적 행동주의'의 형태로 우울을 글로 표현했다. 그는 인종적, 젠더적 수치심의 근원("나는 게을러.")을 창조적 행동인 책 쓰기와 강연, 강의 등으로 성공적으로 번역해 냈다. 안살두아가 겪었던 돌로르는 개인적이었을지 모르지만, 자기만의 특이한 결점(개인적인 부족함의 증표)이라 여겼던 게으름은 정신적인 삶에 전념하는 억압받는 이들이 피할 수 없는 문제였다는 게 드러났다. "나는 모든 인종차별주의와 억압을 글쓰기를 통해 정리함으로써 살아남았다. 글쓰기는 치유의 방법이다. 긍정적이고 부정적인 모든 느낌과 감정, 경험을 글쓰기에 쏟아붓고 이를 이해하기 위해 노력한다."[66]

아즈텍 철학과 신화는 지나치게 단순한 고장설 대신 "복잡한 전체론"으로 우울에 접근하게 했다.[67] 새로운 시각을 통해 자신이 여신의 손길을 받았다는 것을 보았다. 우울은 병이라고 말하는 고장설은 여신을 위한 자리를 남겨 놓지 않는다. 해보다 달을 더 좋아해서 약물의 빛에서 멀리 떨어질 수 있었다. 안살두아는 자유롭게 자신의 우울에 관한 비非약물(反약물과 혼동하지 말라) 서사를 만들었다.

◆

코로나 팬데믹이 한창일 때 나는 뉴욕의 92번가 YMCA가 주최하고 친구이자 동료인 존 캐그John Kaag가 진행한 온라인 강연 〈코로나 시기의 철학〉에 게스트 철학자로 초청받았다. 참가자들은 주변에서 일어나는 죽음을 어떻게 다루고 있는지 이야기를 나누었다. 한 참가자가 자신은 작년에 아내를 잃었을 때 이미 '모든 것을 잃었기에' 코로나19는 아무것도 아니라고 말했다. 그는 인생은 원망을 품기엔 너무 짧다고 했다. 그때 나는 '보상적 고통'(분명 의미 없는 것에서 의미를 만들려고 노력하는 것)이라는 미묘한 주제를 논하고, '교훈을 얻었다.'라는 식의 표현을 좋아하지 않는 이유에 관해 말했다.

그러자 아내를 잃은 예민한 남자가 대답했다. "글쎄요, 저는 교훈을 얻었다는 말을 정말 좋아하는데요." 애도나 우울처럼 극도로 비난받을 수 있는 어두운 기분과 관련해 배워야 할 교훈이 있다면 그게 무엇이든 오직 1인칭의 경험으로만 배울 수 있다. 나는 배우자를 잃는 것이 어떤 것인지, 어떻게 대답해야 할지 알지 못했다. 그런 상실을 경험하지 못했기 때문이다.

안살두아에 관해 수강생들과 이야기를 나눌 때 나는 어떻게 생각할지 또는 무엇을 믿어야 할지 미리 알려주지 않는다. 안살두아의 철학에서 공감대와 의미와 도움을 발견하게 되기를 바라며 그가 겪은 고통의 이야기와 자신의 몸부림에 다시 색칠하며 사용한 용어들을 들려줄 뿐이다. 수강생 다수는, 특히 '세상에서 고통스럽게 살아가는' 이들은 우울을 대하는 안살두아의 반문화적 태도에서 오히려 위로를 얻었다.[68] 그장 났다고 말하는 대신 자기 자신에게 기꺼이 머무르려는 그의 자세는 "고장 났지만 아름다운"이라는 말에 대안을 보여 주었다. 우울한 사람은 고장 난 게 아니다. 화난 사람은 고장 난 게 아니다. 애도하는 사람은 고장 난 게 아니다. 불안한 사람은 고장 난 게 아니다. 돌로르를 품고 있는 괴로운 사람은 고장 난 게 아니다.

내 수강생들은 안살두아에게서 배움을 얻는다고 내게 전해 준다. 이런 가르침은 우울을 거의 낭만적으로 묘사할 가능성이 있어서 미묘할 수도 있다. 그러나 우울증을 겪는 사람을 그대로 둔 상태로는 우울을 근절할 수 없다는 전제를 받아들인다면, 그들이 함께 살기의 언어, 즉 자기 자신을 미워하지 않고 우울과 함께 살아가는 방법을 찾으려고 시도한다고 생각할 수 있다.

먼저 우울을 갈빛으로 보는 것은 우울증이 있는 사람이 자신의 이야기를 할 필요는 없지만 만약 하게 되면 도움이 된다는 사실을 드러낸다. 고통에 우리가 피아노 연주나 종이에 무언가를 적거나, 오래 산책하며 풀어낼 수 있는 보상이나 가치가 있다고 믿을 필요는 없다. 이러한 행위는 우울한 사건이 극심한 단계에 있을 때 기분이 나아지도록 도와줄 수도, 그렇지 않을 수도 있지만(거의 그렇지 않다), 최악의 순간이 지나고 나면 자기 표현은 도움이 된다. 안살두아는 "치유 요법이나 행동주의를 통해 다양한 사람과 관계를 맺으며 스트레스와 기술을 공유하는 것"을 옹호했다.⁶⁹ 마찬가지로 솔로몬이 『한낮의 우울』에서 기술했듯이, "내 우울증에 관해 이야기하는 행위는 그 병을 더 견디기 쉽게 하며 증상이 다시 돌아오는 것을 미연에 방지하게 했다. 나는 우울증 커밍아웃을 추천한다."⁷⁰

안살두아는 창조적 표현을 '정신적 행동주의'라고 불렀다. 우나무노처럼 안살두아도 자신의 고통을 다른 고통받는 영혼들에 닿게 하는 "전달자"라고 생각했다.⁷¹ 마찬가지로 솔로몬의 권위 있는 우울증 연구가 단순한 질병 조사였다면 결코 설득력이 있지 않았을 것이다. 그의 언어는 개인의 고뇌에서 태어났다. 언어는 숨기지 않았고 그도 숨기지 않았다. 베스트셀러라는 책의 위치를 놓고 판단해 보면 그 책은 전 세계의 고통받는 개인들에게 중요한 전달자가 되었다. 이 책은 글의 형태로 쓰인 정신적 행동주의였다. 다양한 긍정주의의 변형 중 하나가 아니었다. 솔로몬은 자신의 우울을 신에게 감사하지는 않지만 그것을 활용해 모든 곳에 존재하는 감정적 왼손잡이들에게 손을 뻗으며 오른손잡이들에게 우울을 지니고 사는 삶이 어떠한지를 보여 준다.

안살두아와 솔로몬이 자신의 우울증 경험을 어떤 목적을 위해 사용했다고 해서 우리도 반드시 그래야 하는 건 아니다. 우울은 개인의 이야기로 탄생할 수 있기 때문에 자신을 절망의 구렁텅이에서 허우적대도록 내버려둬야 한다는 말도 아니다. 달빛 속에서 우울을 본다고 약물이나 치료, 요가와 침술 같은 다른 개입을 끊을 필요도 없다. 안살두아의 서사는 서양 의학 대 아즈텍 신화 이야기가 아니다. 플라톤과 프로잭의 이야기다. 우울증 완화를 간절히 바랐을 때 안살두아는 "자기계발 프로그램, 익명의 알코올 중독자 모임, 자기계발서, 테이프, 치료사 그리고 정신적/영적/정서적 치유 기술을 개발하는 학습기관"[72] 등 당시 할 수 있는 다양한 치료 기술을 모두 고려했다. 그가 간헐적으로만 가입했던 건강보험이 침술이나 약물 비용을 대 주었다면 다 해 봤을지도 모른다.[73]

솔로몬도 무엇이든 기꺼이 시도해 봤던 마음을 설명했다. "우울증은 자기가 어떻게 느끼느냐에 관한 질병이다. 그래서 자신이 나아졌다고 느낀다면, 더 이상은 우울하지 않은 상태다." 서양 의학이 '무감각' 상태를 없앨 수 있다면 효과가 있다고 솔로몬은 말한다. 춤추기가 그러면 그것도 효과가 있는 것이다. 오늘날에는 그 누구도 우울증을 '참아 내야' 할 필요가 없지만, 완전히 없앨 수 없다고 경감의 노력을 안 할 이유는 없다.

이와 비슷하게 어떤 사람이 예술을 만들어 내기 위해 고통을 겪을 '필요'가 있는지를 묻는 것은 잘못된 질문이다. 빛 은유는 편의상 우리에게 수많은 고통의 문제에 선택권이 없다고 말하지 않는다. 머잖아 우리는 삶의 대가를 치른다. 돌로르 경험을 피할 수 없으며 고통을 없애기로 선택할 수도 없다. 그렇게 강력한 약은 존재하지 않는다. 유일한 선택은 자신의 고통을 이용할 것인지, 어떻게 이용할 것인지, 그리고 우리 삶의 이야기로 어떻게 세워 나갈지의 문제뿐이다.

더 나은 질문들은 다음과 같다. 고통의 경험으로 나는 무엇을 할 것인가? 이전에는 볼 수 없었으나 이제 내가 볼 수 있는 것은 무엇인가?

내 수강생들은 안살두아로부터 우울을 달빛에 비추어 보는 방식에서 주르도 역시 자신의 우울을 사랑할 필요가 없음을 배웠다. 안살두아도 자신의 당뇨병을 사랑하지 않았던 것처럼 말이다. 그는 자신의 우울을 인정했으며 동시에 미워했다. 그의 시 「상처의 치유」는 이렇게 끝난다.

> 치유가 있는 곳에는
> 반드시 상처가 있음을 알지 못했다
> 복구가 있는 곳에 반드시 손상이 있음을
> 빛이 있는 곳에 반드시 어둠이 있음을.[74]

안살두아는 자신에게서 등을 돌리지 않았다. '피 흘리며 머리를 쥐어뜯는' 것을 단순히 정신이나 육체가 고장 난 표시로 해석하지 않고 강력하고 유익하다고 생각했다. 그는 자신의 우울을 "깊은 밤의 의식에 사는 것"이라고 불렀으며, 때때로 빛을 갈망하기도 했지만(자연스러운 일이다), 빛을 위해 어둠을 완전히 버리고 싶어 하지 않았다.[75] 한 이메일에서 그는 이런 말을 했다. "나는 내 정신을 일으킬 수 없을 것 같다." 그다음 이렇게 덧붙인다. "지금은 여기가 내가 있어야 할 곳처럼 느껴진다."[76] 안살두아의 도움으로 내 수강생들은 우울의 상황을 미워하면서도 우울의 사실을 제 삶의 이야기로 완성할 수 있게 되었다.

안살두아는 내 수강생 대부분처럼 이중 언어를 사용했다. 그는 빛과 어둠의 언어를, 영어와 스페인어를 사용했다. 심지어 달빛으로 세상의 내부와 외부를 탐험하는 새로운 텍사스-멕시코 혼합 은유를 만들어 냈다. 만일 양자택일적 사고(안살두아의 우울은 끔찍하든지 아니면 통찰을 주든지 둘 중 하나다)를 모두 선택적 사고(안살두아의 우울은 끔찍하면서도 통찰을 준다)로 바꿀 수 있다면, 수많은 언어와 말씨를 꽃피울 수 있다.

♦

마지막으로 달빛이 우울을 사회적 고통이 아닌 개인의 문제로 생각하게 한다면 절반은 틀린 것이다. 둘 다가 맞다.

빛이 비칠 때 당황스러운 듯한 우울의 경우, 즉 책을 성공적으로 출간하고 우울해진 솔로몬이나 명망 높은 상을 수상한 후 우울해진 동료 작가 윌리엄 스타이런 William Styron처럼, 이런 상황은 심리학자들에 의해 어떤 우울증은 "원인이 없다."라는 증거로 사용되었다.[77] 성공 같은 '좋은 것들'을 행복으로 연결하는 빛 은유에서, 우울은 가장 혼란스러운 감정이다. '모든 일이 잘 풀린다면 우울해질 이유가 무엇인가? 당신에게 분명 문제가 있다.'

안살두아에게 영감을 받은 답변을 내놓으면, 끊임없이 빛나는 존재가 되어야 한다는 압박감이 거세지는 때가 있다면 바로 책을 출판하고 상을 받는 때라고 할 것이다. 다른 말로 하면 행복해야 할 때 나타나는 우울에 절대로 원인이 없지는 않다. 감사의 태도가 의무인 세상에서 기뻐할 이유가 있을 때마다 기쁘지 않은 것은 그 자체로 우울의 요인이 될 수 있다. 삶에 다년간 의미나 안정성을 가져다준 프로젝트를 마쳤을 때도 그렇다. 비대해진 가면 증후군(놀랍게도 소수자들 사이에 일반적인 경향이 있는)도 그럴 수 있다.[78] 이런 성공 이후 인생은 내리막길 외엔 갈 곳이 없다는 두려움도 그럴 수 있다. 어둠 속에서 또는 달빛을 통해 볼 때 당황스러운 우울의 경우는 더욱 그렇다.

책을 출간하고 상을 받을 때 저자가 매우 행복해할 것을 기대하는 대신 그가 곧 우울해질지도 모른다고 생각하면 어떨까? 우울증이 성공의 부작용이 될 수 있다고 생각한다면 어떨까? 무엇이 어떤 이의 우울을 일으키거나 일으키지 않는지 다 안다고 생각하지 않는다면 어떨까? 안살두아의 소외된 어린 시절과 질병, 그리고 우리의 인종차별-성차별-동성애 혐오 문화를 고려해 보면 안살두아의 우울증이 원인이 없다고 말하고 싶지 않을 것이다. 얼마나 많은 '원인 없는' 우울증이 안살두아 같은 깊은 뿌리를, 표면적으로 또는 빛을 받아도 드러나지 않는 뿌리를 지니고 있는지 누가 알겠는가?

우리 사회에서 정신 건강에 관한 이야기가 행복한 문학처럼 들리는 한(예를 들면 건강과 낙관주의를 동일시하는 것처럼) 세상의 불행에 더 엄격하게 주의를 기울이는 우리 같은 사람들은 정신적으로 건강하다고 여겨지지 않을 것이다. 코로나19로 인한 변화와 정치적 극단

주의, 전 세계 아동 빈곤에 관한 보고 사이에서 우리는 실제로 불만이 많다. '~해야 한다'라는 주장이 유효하다면, 우리는 대부분의 시간에 불행'해야 한다', 어른의 삶은 상당히 우울'해야 한다'라고 주장하는 것이 더 온당할 정도다. 이 어두운 시각에서 행복은 고장 난 세상에 공감하기를 뻔뻔하게 거절하는 것처럼 보이고, 우울은 사회 질병의 증상을 개인이 드러내는 것처럼 보이므로.

죽을 때까지 일하면서 휘파람을 부는 것을 왜곡된 문화의 강요가 아니라 우울을 설명할 수 없는 개인의 잘못된 뇌 탓으로 잘못 돌릴 때, 우리는 여성과 유색인, 그리고 모든 종류의 억압받는 사람의 작업 환경과 생활 환경을 비판할 수 있는 도구를 무시하는 것이다. 획일적으로 행복하고 바쁘고 매일 아침 침대에서 튀어 올라야 한다는 사회의 밝은 기대를 끊어 낼수록, 세상이 우리가 행복'해야 한다'라고 말할 때 매일의 고군분투를 더 많이 이야기할수록, 감정적 왼손잡이들을 위한 집이 있다는 사실이 더 잘 보인다. 생각보다 더 많은 이가 존재한다.

우울이 더 많은 이름으로 불린다면 우리 사회가 어떻게 변할까? 예를 들어 수스토susto, 즉 '정신적 공포'라는 멕시코적 문화 현상을 믿는다면 어떻게 될까? 안살두아는 이를 『경계 지대/경계선』에서 누구나 겪을 수 있는 고통이며 개선책이 있는 것으로 묘사한다. 우울과 가장 관련이 깊은 수스토를 이해하면 우울증으로 고통스러워하는 사람이 '휴식을 취하고 회복할 수 있으며, 비난받지 않고 어둠 속으로 들어갈 수 있다."[79] 만일 우리 사회가 아무 판단 없이 고통받는 개인이 1주일간 꼬박 침대에만 붙어 있는 것을 허용해 주는 걸로 시작한다면 어떨까? 이런 개인적 관점뿐 아니라 사회적 관점의 변화가 우리 사회의 감정적 풍경을 변화시킬 수 있을까? 우리 사회에서 우울한 사람들의 상태가 일상이나 여신의 방문으로 묘사된다면 그들이 조금은 덜 고장 난 것처럼 느끼게 될까?

안살두아의 사상은 여성과 아내, 멕시코인과 엄마를 위해 쓰인 익숙한 대본에서 우리를 떼어 내 해방시켜 준다. 하지만 그의 철학만이 우울을 다시 생각하는 유일한 방법은 아니다. 똑같이 고통스러운 경험에 관해 이야기하는 다채로운 방법이 존재하며, 우리 사회가 그런 방법들로 넘쳐나는 일 자체로 가치가 있다.

♦

어렸을 때 나는 농구를 했다. 오른손이 훨씬 강했고 고등학교 1, 2학년 때는 이런 강점으로 활동했다. 그러고 나서 그만두었다. 대표 팀에 들 만큼 잘하지 못하는 게 두려웠다. 사실 나는 왼팔을 강화하는 데 시간을 들이지 않았다. 최고의 운동선수, 무용수, 음악가는 무대 양쪽에서, 양방향으로, 양손으로 활동하는 방법을 아는 이들이다. 오른손은 너무 오랫동안 자기가 유일한 손인 양 대우받았다. 왼손은 그저 도우미다. 한편 왼손잡이들은 그들이 주로 사용하는 손이 쓸모없다고 여겨졌기 때문에 역사적으로 모자란 취급을 받아 왔다. 5살 왼손잡이 어린이가 학교에 입학하면서 오른손으로 글씨를 쓰도록 강요받는 것(막대자로 꾸준히 위협받으며)은 옛날 일이 아니다. 사람들은 주르도를 고장 났지만 고쳐질 수 있는 존재로 본다. 그들은 다양한 방면에서 아직도 그렇게 여겨진다. 차라리 모두가 양손을 쓰는 법을 배우는 게 더 낫지 않을까?

    솔로몬은 청각 장애인과 비장애인 모두가 수어를 사용하는 한 발리 섬 시골 마을을 방문한 이야기를 한다. 그는 이렇게 기록한다. "내가 그 마을로 들어갔을 때 발견했던 건 모두가 수어를 사용하는 세계에서 살면 청각 장애가 그렇게 큰 장애가 아니라는 점이다."[80] 우리의 감정적 마을이 이런 방향으로 재설계된다면 정신 질환이 장애로 보이지 않을 수 있다. 우리의 우울한 이야기를 다양화하기 시작한다면 감정적 왼손잡이가 고쳐져야 하는 존재가 아닌, 그저 평범한 인간으로 느껴지는 사회를 만들 수 있다. 자기 자신을 낙관주의자, 밝은 사람, 티거라고 부르는 감정적 오른손잡이는 왼손을 사용하는 법을 배우면서 자신의 어두운 기분을 두려워하지 않으며 느끼고 경험하는 유익을 누리게 된다. 심지어 자신이 양손잡이임을 알게 될지도 모른다.

    이번 장의 목표는 우울의 보이지 않는 축복을 극찬하려는 것이 아니다. 무엇보다도 우울은 또 다른 시각을 제공하여 감사를 요구하지 않으면서도 우리의 세계를 다시 채색하고, 개인과 사회 양쪽에서 다양한 돌로르의 이야기를 정교하게 구성한다는 점을 제시하는 것이다. 안살두아처럼 우리도 다중언어를 사용하도록 노력하며, 서양 의학과 코아틀리쿠에와 수스토의 언어를 다채롭게 구사할 수 있다. 우리 모두 엘 문도 주르도를 창조하는 데 손을 보태고 그곳에서 살아갈 수 있다.

5장

불안의 방법 배우기

♦
♦
♦

2009년 대학생들 사이에 불안은 우울을 넘어 첫 번째 걱정이 되었다. 대학에서 10년 넘게 학생들을 가르치면서 이 젊은 성인들 사이에 불안이 점점 더 심해지는 현상을 목격하고 있다.[1] 예전에는 학생 40명 중 한두 명이 강의 시간에 사라졌다가 내 연구실로 찾아와 불안으로 고통스럽다고 몇 시간 동안 이야기하곤 했다. 그러나 지난 5년간 코로나 팬데믹의 스트레스 이전 시기였는데도 몇 배나 많은 학생이 75분 수업 시간 중에 강의실을 나간다. 처음에는 자신감 없는 마음에 내 강의를 들어줄 수가 없어서 학생들이 떠난다고 짐작했고, 그 뒤로는 자존심 때문에 디지털 화면으로 인해 손상된 집중력 주기라는 뻔한 이야기로 반박했다. 그러다가 서서히 내가 불안이 많은 학생들이 도망치도록 몰아가고 있다는 것을 깨달았다.

나는 여느 때보다 사회적, 개인적 불안을 토로하는 이메일을 많이 받고 있으며, 대면 대화도 많이 나눈다. 누군가는 치료를 받고 있거나 약물 복용을 하고 있다고, 누군가는 학생 지원 센터를 통해 공식적인 편의를 제공받고 있다고, 또 누군가는 6살부터 느꼈던 것이 무엇인지 이제 막 이름을 붙이기 시작했다고 말했다.[2] "저는 다른 사람들이 저를 보는 게 느껴지면 그 사람들을 못 쳐다보겠어요." "불안감이 속에서 타오르지 않은 상태로 강의실에 앉아 있던 적이 없어요." "내가 안 보였으면 좋겠어요." 어떤 학생들은 대학 상담 선터에 약속을 잡아 도움을 요청하고 나서도 결국 너무 불안해져서 그 약속을 지키지 못하는 상태에 이르렀다. 이런 반복적인 상호작용의 결과에 나는 질문해야만 했다. 왜 학생들의 불안은 점점 더 심해지는가? 그리고 철학은 도움이 될 수 있을까?

항상 멋진 아이디어가 떠오르기 직전 같은 미소를 살짝 띤 철학 전공자 에바 같은 학생에겐 불안한 이유가 있다. 1956년 리오그란데 밸리 캠퍼스에서 북쪽으로 5시간 거리인 오스틴에서 텍사스대학교 시계탑 총기 난사 사건이 일어난 이래, 학교 총기 사건은 현실이 되었다. 에바가 태어나기도 전인 그 당시로는 대학 캠퍼스 내 첫 대학살이었다. 그 후 50년 넘는 세월 동안 미국에서 대학 총기 사건이 8번 이상 일어났다. 에바가 10살 때, 우리는 하루아침에 주택 시장 파동과 증권 시장 붕괴 등 모두를 뒤집어 놓았던 금융 위기 뉴스를 마주했다. 도널드 트럼프Donald Trump가 처음 미국 대통령이 되었을 때 에바는 17살이었다. 어떤 정치 성향을 가졌든, 성인이 되던서 젊은이들은 대통령으로부터 또는 대통령에 관한 혐오스러운 메시지를 흡수하고 있었다. 2020년 에바를 불안하게 한 것은 코로나19였다. 엄마나 아빠, 할머니, 삼촌이 집을 떠날 때마다 병원에서 전화가 걸려오지 않기를 기도하며 죽음을 각오해야 했다. 에바의 부모님은 필수 인력으로 분류되었다. 그래서 어느 날 에바는 아침에 일어나 코로나 격리로 예측할 수 없는 상황 때문에 원격 수업에 참여하는 어린 두 동생의 1차 양육자가 되어 있었다. 그러나 에바는 자신의 경험이 수천 명의 다른 대학생과 똑같은 실존적 상황이라는 것을 깨닫지 못했다.

한 수업을 듣는 10명의 학생이 불안을 겪는다고 말하기 위해 내 사무실로 찾아올 때, 그들은 자신의 불안이 특이한 거라고 생각한다는 사실이 떠오른다. 그들은 바로 옆에 앉은 학생이 어제 내게 똑같은 이야기를 했다는 사실을 모른다. 비밀을 깨뜨리는 건 절대로 선택의 문제가 아니기에, 나는 불안이 얼마나 흔한 상황인지 학생들이 알 때까지 강의 시간에 불안에 관해 더욱 개괄적으로 다뤄야겠다고 다짐했다. 감사하게도 실존주의 철학 과정에는 어두운 기분이나 우울에 관해 토론할 기회가 부족하지 않다. 학생들이 서로에 관해 알게 되면 조금은 덜 외로울 거라고 생각했다. 자신이 조금은 덜 고장 났다고 느낄지 모른다.

어느 날 수업 시간에 덴마크 철학자 키르케고르의 불안에 관한 사상(바로 이 장의 주제다)을 토론할 때 에바가 마음을 터놓았다. 에바는 전에도 내 수업을 들었지만, 여전히 수업 시간에 발표하는 활동을 힘들어했다. 그는 시선을 아래쪽에 두다가 가끔씩 나를 보며 사회적 불안과 싸우고 있는 자신의 상황을 말했다. 이미 내게 개인적으로 한 이야기를 수업에서 이야기한 것이다. 자신은 수업 참여가 힘들다는 것도 토로했다. 줄무늬 티셔츠를 좋아하고 자신을 '괴짜'라고 부르는 2학년 철학 부전공자 새뮤얼이 동의하며 고개를 끄덕였다. 그도 최근 수업이 들어오려고 캠퍼스로 차를 몰고 왔다가 차에서 내릴 수 없었다고 털어놓았다. 더 많은 학생이 고개를 끄덕인다. 이야기가 통했다. 적어도 그날 캠퍼스에 차를 몰고 와서 책상으로 향한 학생들에게는. 나는 학생들이 자신의 취약한 상태를 기꺼이 내보이는 태도에 감사했고, 얼마나 많은 사람이 비슷한 방식으로 고통받는지 알고 있는 유일한 사람이 아니어서 기뻤다.

이 모든 대화에서 학생들에게 또 다른 공통점이 있다는 것은 나도 예상하지 못했다. 바로 불안에 시달리는 학생들이 수치심까지 느낀다는 점이었다. 기분이 좋지 않아서 기분이 좋지 않고, 평범한 기분을 느낀다면 더 바랄 것이 없었다. 그렇다면 캠퍼스 주변에 보이는 그 모든 정신 질환 바로 알기 포스터는 무엇이란 말인가? 나는 내게 물었다. 불안이 이토록 흔하다면 우리 학생들이 왜 여전히 그렇게나 수치스러워해야 하는가? 불안에 관해 사회가 말하는 이야기는 대학생들, 그리고 우리의 기분이 더 나아지게 하는 게 아니라, 더 나빠지게 한다는 사실이 생각났다.

불안에 관한 상충적인 이야기가 난무하기 때문에 내 수강생들 같은 이들이 기분 나쁜 상태도 괜찮다고 느끼는 것은 사실상 거의 불가능하다. 학생들은 내게 장애와 질병, 이상, 화학적 불균형이 있다고 말한다. 그들은 약물 요법과 명상, 감사 일기, 산림욕 등을 하며 애쓰고 있다. 불안을 고치기 위해 노력하며 기꺼이 도움을 찾으려 하지만 불안한 생각을 다잡지 못할 때는 기분이 더 나빠질 뿐이다. 최선을 다해 노력하지만, 불안에 관해 들리는 이야기는 학생들이 수치심을 느끼게 한다. 불안을 느끼는 것 자체에서 나쁜 기분을 느낀다. 여기서 고장설이 작용한다. 불안은 부끄러워해야 하는 감정이라는 메시지를 흡수하는 이들이 단순히 대학생들만은 아닐 거라고 예상한다.

오늘날에도 여전히 떠도는 불안에 관한 가장 오래된 이야기는 종교적인 이야기다. 기독교 목사이자 저자인 맥스 루케이도$^{\text{Max Lucado}}$는 『아무것도 염려하지 말라$^{\text{Anxious for Nothing}}$』라는 책에서 불안을 믿음의 부족과 동일시한다. 루케이도와 다른 무수한 기독교인에 따르면 불안은 신의 계획을 충분히 믿지 못하는 증거다. 이는 신의 시각에서 죄악이지만 구원받을 수 있다. 신이 모든 일을 돌보리라 믿으면 불안이 줄어든다. 그들이 말하길 모든 것을 통제하는 신과 함께라면 불안할 일이 없다.

불안에 관한 두 번째 이야기는 죽은 철학자들에 의한 것이지만 현대의 치료사들을 통해 계속 회자된다. 고대 스토아 철학자들은 불안이 추론상 오류와 같다고 믿었다. 불안하다면 그건 죄인이라서가 아니라고 단정했다. 불안한 이유는 잘못된 믿음으로 고통받고 있기 때문이다. 기분이 나아지려면 굴절된 생각을 곧게 펴야 할 필요가 있다. 이전 장에서 살펴보았듯이 고대 그리스 로마 스토아 철학자들은 생각을 제어함으로써 기분도 제어할 힘을 얻는다고 믿었다. 노예에서 철학자가 된 에픽테토스는 우리가 제어할 수 없는 명성과 부와 달리 생각과 느낌은 "우리에게 달려 있다."라고 말했다. 기분이 자신을 고통스럽게 하는 원인이 된다면 기분을 바꿔서 마음의 평화를 얻을 수 있다.[3] 편지나 일기 쓰기, 정신에 해로운 이야기 다시 쓰기, 명상하기, 친구와 대화하기 그리고 가상의 노출 치료(현대 세계에서 부활한) 같은 평생에 걸친 연습으로 스토아 철학자들은 잘못된 감정이 이성을 따르도록 다시 훈련할 수 있었다.

 스토아 철학의 세계관은 인지 행동 치료cognitive behavioral therapy, CBT에서 부활해 과학적 신뢰도를 얻었다. CBT는 불안에 관해 스토아 철학과 놀라울 정도로 유사한 설명을 제시하고, 고통을 완화하는 유사한 실행법을 처방한다. '당신에게 가장 중요한 정신 건강 주제에 관해 신뢰할 수 있고 특별하며 최신 정보에 기반한 화려한 수상 경력의 자료 제공'이라고 선전하는 웹사이트 베리웰마인드VeryWellMind에 따르면 다음과 같다.

> CBT의 전제는 현재 처한 상황이 아니라, 생각이 감정을 느끼는 방식과 그에 따른 행동 방식에 영향을 미친다는 것이다. 그러므로 CBT의 목표는 부정적인 사고와 아무 효과 없는 행동 양식을 식별하고 이해하여 그것들을 조금 더 현실적인 생각과 효과적인 활동, 대처 기제로 바꾸는 것이다.[4]

스토아 철학처럼 인지 행동 치료는 상황이 아니라 우리 자신의 '부정적인 사고'와 '아무 효과 없는 행동 양식'에 책임이 있다고 말한다. 불안하다면 인지 행동 치료사는 생각은 자멸적이라는 것을 확신시켜서 불안에서 자신을 분리하도록 도움을 줄 수 있다. 수많은 사람이 이 논리가 영향력이 있다는 걸 발견해서 CBT는 현재 불안을 치료하는 기준으로 여겨진다.[5] 인지 행동 치료사는 한때 고대 철학자가 그러했듯이 셀 수 없이 많은 사람이 불안을 다스리도록 도왔다.

내 수강생들도 CBT를 시도해 보았다. 그들은 자신의 불안을 추론상 오류로 해석하는 법을 배웠다. 하지만 압도적인 다수가 자신의 고통에 관한 다른 이야기에 휘말려 든다. 그들이 가장 자주 하는 이야기는 자신에게 뭔가 화학적인 문제가 있다는 것이다. 자기 뇌가 고장 났다고 말이다.

오늘날 불안에 관한 세 번째 이야기는 정신과 의사들에게서 나온다. 그들은 불안을 화학적 불균형이라 칭한다. 불안은 특히 세로토닌 결핍 때문이라는 1990년대 이론은 틀렸다고 증명된 지 오래되었지만, 여전히 널리 알려져 있다. 세 가지 이야기 중 화학적 불균형은 내 수강생들이 불안의 이유로 가장 흔히 말하는 것이다. 종교적 고백도 치료에 도움이 된다는 말 또한 그들은 믿지 않는다. 화학물질, 즉 약만이 그들을 고칠 수 있다.

불안은 질병이라는 생각은 새로운 것이 아니다. 고대 철학자들이 불안을 정신의 문제라고 했는데도 우리 현대인이 뇌 스캐닝 기계로 그것을 망쳐 놓았다는 것도 아니다.[6] BCE 5세기 고대 그리스 의사 히포크라테스Hippocrates는 누군가 밤에 플루트를 연주하는 소리를 듣고 겁에 질렸던 한 남자의 사례를 이야기했다. 이 남자는 낮에는 괜찮은데 밤에 플루트로 연주하는 음악을 들으면 '엄청난 공포'를 경험했다.[7] 히포크라테스는 이 문제를 질병으로 진단했다. 마찬가지로 고대 로마 의원 키케로(애도에 관한 장에서 만났던 어딘가 황당한 스토아 철학자)도 불안은 한 차례 발생하는 '정신적 문제' 그 이상이라고 생각했고, 신체 징후를 동반하는 질병으로 여겼다.[8]

고대와 현대의 차이점은 우리가 불안을 병으로 받아들이는지에 있지 않다. 차이는 이 상태를 치료할 수 있다고 여기는 의사들이 줄고 있다는 점이다. 키케로가 정신을 치료하는 의사들에 관해 말할 때, 그는 다른 종류의 약을 처방하는 철학자들을 의미했다. 그들은 우리를 혼란스럽게 하는 것을 생각하고 말하는 데 더 나은 방식을 제시해 주었다. 달리 말하자면 철학자들이 최초의 치료사였다. 프로작 훨씬 이전에 플라톤이 있었다.

키케로와 다른 고대인들은 동시에 의사의 가치를 믿었다. 가장 중요한 차이, 즉 고대와 현대의 사고방식을 구분하는 차이는 철학자들도 육체의 질병에 도움을 줄 수 있다는 믿음이었다. 설명해 보자면 이렇다. 한 친구가 철학 박사 과정을 수료했을 때 그가 자랑스러웠던 어머니는 돌아다니며 아들을 '닥터'라고 소개했다. 그러고 나서 친구와 지인의 혼란을 막기 위해 얼른 이렇게 덧붙였다. "사람들을 돕는 그런 종류 말고요."

키케로가 지혜를 사랑하는 사람들('철학자'의 언어적 의미)에게 불안을 치료하라고 요구했을 때 그는 의사와 철학자 모두를 화나게 했다. 히포크라테스 같은 의사들은 철학자들이 의료 문제에 서툴게 손대기를 원하지 않았다(심지어 2세기 의사이자 철학자 갈렌Galen은 철학적 돌로르를 묘사하기 위해 '질병'과 '약' 같은 의학 용어를 은유로 사용하는 경향도 달가워하지 않았다).[9] 그리고 철학자들은 불안은 엄밀히 의사가 다룰 문제가 아니라고 생각했기에 화가 났다. 물론 불안에도 신체적 증상이 있지만 그건 마음 그리고/또는 정신의 장애이기도 하다. 스토아 철학자들이 '불안은 잘못된 사고'라는 이야기(오늘날 CBT에서 사용되는 말)를 제안했을 때, 그들은 의사들이 독점적으로 불안을 의학적 쟁점이라고 선언하기 전에 그들에게서 빼앗아 오려는 용감한 시도를 했던 것이다. 스토아 철학자들은 불안한 사람들을 아프다고 부르고 싶지 않았지만, 그들이 아타락시아를 얻도록 돕고 싶었다. 20세기 철학자들은 '사람들을 도와주는' 의사들에게 마지못해 불안을 양도했다. 정신이 뇌가 되었을 때 철학자들은 정신과 의사들에게 직업을 빼앗겼다. 히포크라테스의 바람대로 이제 불안은 오늘날 시각에서 진짜 질병으로 보인다. 그러나 이 변화는 하룻밤 사이에 이루어지지 않았다. 프로이트와 크레펠린 사이의 의견 불일치 덕분에 철학자들은 20세기까지 공식적으로 의사 놀이하는 것을 멈추라는 압박을 받지 않았다.

    스토아 철학 조상들처럼 프로이트 역시 불안을 다루어야 하는 최후의 사람은 정신과 의사여야 한다고 믿었다. 프로이트는 신경

학자로 훈련 과정을 거쳤지만, 전공을 심리학으로 바꾸었다. "의사들은 정신분석을 준비하는 데 필요한 것과 다소 반대되는 훈련을 의대에서 받기" 때문이었다. 의사보다는 철학자에 가까웠던 프로이트는 불안 같은 심리 상태에 너무 많은 치료가 들어가며 그가 보기에 의사들은 '거짓되고 해로운 태도'를 취하도록 훈련받는 듯했다.[10]

1920년 프로이트는 불안에 현대식 이름을 붙여 주었다. 이전에는 우울증, 공포증, 신경쇠약증으로 불렸다. 프로이트는 다른 용어들보다 불안 신경증이란 명칭을 붙이며, 이 상태를 좌절된 성욕 탓으로 보았다. 훗날 그는 태도를 누그러뜨리며 불안을 체벌과 유기에 관한 두려움과 연관 지었다. 우리는 삶에서 가장 중요한 사람들의 사랑을 잃을까 봐 불안해한다. 프로이트의 사상은 치료 요법과 약물 요법이라는 두 개의 문을 영구적으로 열어 두었다. 후자는 영원히 닫아 두는 것이 낫겠다고 그는 생각했지만 말이다.

프로이트와 같은 해에 태어난 크레펠린은 정신 질환은 과학적으로 이해할 수 있다고 믿었던 정신과 의사였다. 히포크라테스처럼 크레펠린은 불안을 신학적, 철학적, 심지어는 심리학적 문제가 아니라 의학적 문제로 다루기를 원했다. 이후 크레펠린의 영향으로 성직자와 철학자는 과학적으로 뒤처졌다는 취급을 받고 지지를 잃었다. 매년 기존의 대화 치료사는 신경학자와 약리학자에게 설 자리를 빼앗기고 있다. 1955년 시장에 진출했던 제약회사들은 아타락시아를 제대로 발음하는 법도 배우지 않았으면서 불안한 사람들에게 약이 기분을 나아지게 할 수 있다고 약속했다. 영혼의 의사들은 더 이상 불안한 마음의 작은 동요에 대해 상담하지 않을 것이다. 정신과 의사와 제약회사가 이 문제를 다룰 것이다.

1952년 미국 정신의학 협회가 『정신 질환 진단 및 통계 편람』을 처음 발간했을 때 정신 질환은 크레펠린이 상상했던 것보다 더 과학적 방법으로 다루어졌다. 1980년 제3차 개정판에 불안이 처음 등장했고, 2005년에는 불안이 '가장 흔한 심리적 동요의 형태'로 여겨졌다.11 크레펠린 이후로 불안의 과학화는 매년 수천 편의 과학 연구 주제가 되었다. 모두 직관적 측면보다는 화학적 주제에, 사례 이야기보다는 통계적 측면에 초점을 두었다.

불안이 여전히 죄악이라면 성직자가 더 많은 일자리를 얻었을 것이다. 여전히 '인지 왜곡'의 문제로 여겨진다면 처방전이 덜 발급되었을 것이다. 불안은 단지 정신 질환이라는 이야기가 나오면, 불안을 겪는 사람은 의료적 개입이 필요한 환자가 된다. 불안에 관한 정신의학적 이야기가 현재 우위를 차지하는 반면, 인지 행동 치료사들은 느릿느릿 뒤를 따라가고 있다. 우리는 CBT 치료를 받으면서 약도 먹으며 둘을 조합하기도 한다. 우울과 마찬가지로 불안을 『정신 질환 진단 및 통계 편람』 같은 의학 실용서의 정당한 주제로 보는 큰 혜택은 불안에 처방전이 쓰여 잠재적으로 생명을 구하는 개입이 의료 보험으로 처리될 수 있다는 점이다.

그러나 불안이 단독 또는 전적으로 정신 질환으로 그려질 경우의 위험은, 에바처럼 불안한 사람들이 자신의 불안을 모든 사람에게 영향을 미치는 인간 조건의 일부가 아니라 겨우 1퍼센트도 안 되는 인구에게 영향을 미치는 조현병에 가깝게 해석하고 싶어질 수 있다는 점이다. 불안을 치료하는 것은 불안한 사람을 더 외롭게 만들지도 모른다. 치료의 빛이 불안이 가진 인간적인 면모를 보기 어렵게 만들며, 과잉 진단을 더 쉽게 만들지도 모른다. 특히 의료 산업 복합체를 끌고 가는 금융 혜택의 맥락에서 말이다.

예민한 사람들은 『정신 질환 진단 및 통계 편람』이 사회 부적응과 불안 같은 정당한 인생의 어려움을 질병으로 만든다는 느낌을 받기도 한다. 우리는 사람들을 돕는 데 사용한 비용 청구를 위해 보험회사를 설득하려고 의료적 진단이 필요한 상황을 마주할 때 눈썹을 치켜올리고 때로는 목소리를 높인다. 제약회사들이 환자가 정확하게 진단받았는지 아닌지, 그들의 약이 도움이 될지 해가 될지도 모르면서 수많은 화학 약품을 팔아 이익을 보는 일은 잘 받아들여지지 않는다. 어떤 사람들은 불안으로 진단받은 미국 거주인 3분의 1이 고장 난 뇌를 지니고 있다는 사실이 말이 안 된다고 생각한다.

불안에 관한 지배적인 이야기가 이런 높은 통계의 원인이 아닌지 궁금해진다. 우리 사회가 불안을 의학적인 이야기나 스토아 철학 이야기가 아닌 실제적인 이야기로 다뤄 왔다면 그 숫자는 더 낮을 것이다. 수많은 불안은 단순히 인간으로 존재하기에 비롯되며 불안은 잘 살아가는 데 필수적이라고 인정한다면, 에바나 다른 불안한 사람들을 '과도'하다고 판단하는 상황은 변했을 것이다. 만일 우리가 '살고 사랑하고 웃어라Live Love Laugh'라고 쓰여진 포스터에 늘 둘러싸여 지내지 않는다면 불안을 그리 극심하게 느끼지 않을지도 모른다. 그래야 한다고 지시받지 않으면 우리는 더 잘 살고 더 잘 웃고 더 잘 사랑할지도 모른다. 극히 일부의 사람만 심신을 쇠약하게 하는 심한 불안 장애를 겪고, 나머지의 불안은 경미하거나 적절한 정도일 수도 있다. 그러나 불안에 관한 사회적 기대가 제로로 설정되어 있을 때 ('침착하게 하던 일을 계속하라Keep Calm and Carry on'라는 식) 불안의 정도는 심하게 느껴진다.

내 수강생들 같은 학생이 수치심을 덜 느끼도록 도울 수 있는 불안에 관한 대안적인 이야기가 있을까?

'불안과 수치심'을 구글에서 검색하면 인기 있는 심리학 블로그나 10대가 보는 잡지 기사, 불안한 사람들이 극심한 수치심을 경험하는 이유에 관한 학술 기사가 혼합된 결과가 나온다. 수치심이란 감정이 좋지 못한 것 때문에 감정이 좋지 못한 것이며, 불안한 사람의 경우 불안한 감정 때문에 감정이 좋지 못한 것이다. 많은 사람이 불안에 더해진 수치심은 불필요하며, 이미 괴로운 상황에 비극적인 수준의 고통을 더하는 것이라는 점에 동의한다. 하나의 사회로서 우리는 불안이나 수치심을 제대로 설명할 방법을 찾지 못했다. 불안 장애가 얼마나 흔한지 제대로 인식하지 못한 탓이라 생각할 수도 있다. 만일 불안으로 고통받는 사람이 자신의 불안이 얼마나 흔한지 알 수 있다면 그들은 자신이 고장 났다는 느낌을 덜 받을 것이라는 추론이 가능하다.

'괜찮아요 MakeItOK.org' 캠페인은 정신 질환을 둘러싼 오명을 줄이거나 없애기 위한 거대한 인식 운동 중 하나다. 자신의 정신 질환에 관해 이야기하도록 하는 실천인데, 유명 인사가 자신의 불안이나 우울에 관해서 입장을 드러낼 때 특히 지지를 얻는다. 정신 질환을 공개하는 것이 아픈 정신으로 하여금 혼자라고 느끼지 않고 치료책을 구하도록 이끌어 주리라는 게 중심 생각이다.

화학적 불균형 이야기도 명예 회복 전략의 일부다. '당신이 아니라 당신 뇌가 그런 거다.'라는 메시지는 개개인에게서 책임을 덜어 내는 필사적인 시도다. 이 이야기를 하는 사람들은 우리가 무언가 잘못하고 있기 때문이 아니라 우리 뇌가 화학적으로 불균형해진 상태라고 믿는다(그들의 이야기에서 우리는 죄인도 아니고, 잘못 생각하는 사람도 아니다). 의학적 이야기는 불안을 질병으로 약물과 알코올 남용 옆에 두고 이전에는 죄인이었으나 지금은 질병으로 고통받는다는 이야기를 듣게 한다. 불안이 질병이 될 때 나타나는 논리는 더 이상 불안 때문에 수치스러움을 느낄 필요가 없어지는 쪽으로 흐른다. 마치 뼈가 부러진 것처럼 의사를 찾으면 된다.

도움이 되는 것처럼 들리지만 화학적 불균형 이야기는 결함이 있는 명예 회복 전략이다. 먼저, 불안 같은 정신 질환의 명예 회복에서 원치 않는 부작용은 양극성 장애와 조현병 같은 심각한 정신 질환의 오명을 비극적으로 심화한다는 점이다. 불안하거나 우울한 사람을 '정신 질환'이라는 우산 아래 두는 일은 그들이 자기는 저 사람들처럼 '미치지' 않았다고 쉽게 선을 긋는 예기치 못한 결과를 가져온다.[12]

두 번째로, 아마 더 막대한 영향을 미칠 점은 단순히 불안의 명예를 회복하는 일은 불안한 사람들이 존엄성을 느끼게 할 수 없다는 점이다. 수치심을 걷어 내는 것이 자신은 존엄하다고 생각하게 하는 것과 같지 않다. 비록 불안이 미국 전체 인구를 괴롭히는 흔한 질병으로 완벽하게 받아들여진다고 하더라도 불안한 사람들은 여전히 아프다는 이야기를 듣게 될 것이다. 불안한 사람들은 당신은 고장 났다고 이야기하는 고장설 때문에도 불안을 수치스러워한다. 불안에 관한 '뇌 질환' 이야기는 에바와 우리를 덜 외롭게 느끼게 할지도 모르겠다. 그러나 그렇다고 우리가 온전하거나 존엄하거나 인간답다고 느끼게 할 수는 없다.

내 수강생들이 불안과 수치심에 관해 말하는 방식은 그들을 괴롭히는 게 서로에 관해 몰라서가 아니라(비록 모른다고 하더라도) 자신의 불안에서 존엄성을 찾을 수 없기 때문이라는 것을 보여 준다. 불안은 골절 그 이상이다. 미국 정신의학 협회가 이를 어떻게 표현하는지 살펴보자.

불안은 스트레스에 대한 보통의 반응이며 어떤 상황에서는 유익할 수 있다. 불안은 우리가 위험을 의식하게 하고 준비와 집중을 도울 수 있다. 불안 장애는 일반적인 긴장감이나 걱정과는 다르며 과도한 공포나 불안을 수반한다. 불안 장애는 정신 장애 중 가장 흔하며 거의 30퍼센트의 성인이 삶의 어느 순간에 영향을 받는다. 하지만 불안 장애는 치료 가능하며 다수의 효과적인 치료법도 도움이 된다. 치료법은 대부분의 사람이 보통의 생산적인 삶을 살도록 도움을 준다.[13]

불안에 관한 이 설명에서 중요한 요지는 불안은 일반적이거나 유익하다는 점이 아니라 치료법이 존재한다는 점이다. 미국 정신의학 협회는 보통의 생산적인 삶을 영위할 가능성이 있다고 안심시키려 노력하지만, 숨겨진 메시지는 그들이 지금 그렇게 하고 있지 않다는 것이다. 루이스가 자신의 애도에 수치심을 느꼈고 조디가 자신의 돌로르에 수치심을 느꼈듯이, 에바는 자신의 불안에 수치심을 느꼈다. 미국 정신의학 협회는 불안은 '보통'일이며 '유익'할 수 있다고 주장하지만 치료법에 관한 이야기를 더 빨리 할수록 그 논의는 빨리 끝난다. 우리 중 30퍼센트가 불안 장애를 앓고 있다는 말이 나오면 '보통'의 불안과 '장애'인 불안 사이의 차이는 무너진다. 3분의 1은 다수를 구성하지는 않겠지만 보통에 가까워 보인다.

불안 위로 쌓이는 수치심은 스토아 철학과 인지 행동 치료 이야기가 겹친 의학적 이야기를 들을 때 더욱 복잡해진다. 의학적 이야기는 뇌와 화학물질에 초점을 맞추지만, 스토아 철학과 인지 행동 치료 이야기는 불안한 사람의 '부정적인 사고'와 '무익한(아무 효과 없는)

행동 양식'에서 문제를 발견한다. 기억하라, 인지 행동 치료의 목표는 부정적인 생각과 행동을 떨쳐 버리고 '더 현실적인 생각과 효과적인 활동, 대처 기제로 바꾸는 것'이다.¹⁴ 그러니 불안한 사람들은 고장 난 것인가, 비이성적인 것인가? 아니면 둘 다인가?

스토아 철학과 인지 행동 치료 이야기는 불안을 포함하여 해로운 생각을 붙들고 있는 책임이 우리에게 있다고 말한다. 행복은 개인 선택의 문제라고 믿도록 유혹한다. 이 믿음은 1950년대 이후로 수천 권의 자기계발서를 뒷받침한다. 좋은 점은 이게 가끔 먹힌다는 것이다. 수없이 많은 불안한 사람이 인지 행동 치료로 도움을 받고 있다. 자신의 파괴적인 생각의 양식을 바꾸고 결과적으로 불안을 덜 느낀다. 불안을 조금도 참아 주지 않는 세상에 더 잘 적응하게 된 성공은 중요하며, 나도 그걸 부정하고 싶지는 않다.

하지만 인지 행동 치료가 통하지 않을 때 조심하라. 그 비난이 곧바로 고통받는 사람에게 떨어진다. 인지 행동 치료가 자신의 '부정적인 생각의 양식'을 '걷어차는 데' 도움을 주리라 믿었던 헤이든 셸비Hayden Shelby가 그랬다. 셸비는 온라인 매거진《슬레이트Slate》에 자신의 인지 행동 치료 경험을 연재했다. "인지 행동 치료에 관해 계속 받았던 메시지는 이러하다." 셸비는 기록한다. "본 치료는 효과적이라서 좋은 결과가 있어야 하며 좋은 결과가 없다면 당신이 충분히 노력하지 않은 것이다."¹⁵ 선의의 자기계발서들처럼 인지 행동 치료가 많은 사람에게 도움이 되는 만큼 비극에서 자기 자신을 꺼내라고 끔찍하게 무거운 압력을 가하는 결점도 있다. 인지 행동 치료를 추진하게 한 고대 스토아 철학(생각을 제어함으로 감정을 제어한다)은 우리에게 권한을 부여하며 자신의 부정적인 기분에 책임을 지게 한다. 반대로 인지 행동 치료는 분노를 다루는 치료 전략과 마찬가지로 세상의 불안을 일으키는 요인들은 문제되지 않는다고 본다. 현재의 통념은 우리 존재의 복도를 좁게 만드는 구조물이 고정되어 있다는 것이다. 우리가 할 수 있는 일은 불안을 참아 주지 않을 세상에 자기 자신을 맞출 수 있도록 스스로에게 감정적인 압박을 가하는 것이다.

심지어 우리는 수치심에서 혼자 빠져나와야 할 책임까지 있다. 과학자와 자기계발서는 수치심은 건강에 좋지 않다고 입을 모은다. 좋은 소식은 부정적인 자기 대화를 멈추면 더 나아질 수 있다는 점을 알려 준다는 것이다. "자기 자신에게 조금 더 친절하게 다 하라." "자기 자신에게도 친구에게 이야기하듯 말하라." "수치스러울 필요가 없다." 이러한 관점에서는 불안의 표면 위로 느끼는 수치심마저 우리가 자기 자신에게 가하는 무언가, 멈춰야 할 무언가가 된다. 수치심을 느끼고 싶지 않다면 치료를 받거나 『자신과 대화할 때 말해야 할 것What to Say When You Talk to Yourself』을 읽으면 된다.

폭식증 환자에게 매력적인 몸매와 매력적이지 않은 몸매에 관한 유해한 이야기를 스스로에게 주입하는 걸 멈출 수 있다고 충고하는 장면을 상상해 보라. 그가 생각을 바꾸기로 동의한다면 토하고 싶은 욕구를 느끼지 않을 것이다. 이 말은 매력적인 몸매와 매력적이지 않은 몸매에 관한 유해한 이야기를 자신에게 주입하는 수백만의 소녀와 여성(그리고 걱정스러울 정도로 점점 더 늘어나는 소년)에게 가장 좋은 해결책은 한 사람씩 찾아가서 치료를 받으라고 말하는 것이라는 의미다. 이러한 접근은 수백만 폭식증 환자가 스스로 그 이야기를 주입하는 것인지, 아니면 동굴 벽에 쓰인 글을 읽는 것인지에 관한 질문을 무시한다.

적어도 우리는 신체와 관련한 수치심은 섭식 장애의 문제를 보더라도 단순히 개인적 현상이 아니라 사회적 현상이라는 사실을 안다. '몸매 조롱body shaming'이라는 용어는 수치심에 관한 유익한 토론의 장을 열어 주었고, 이는 불안과 여타 정신 질환 논의에도 긍정적인 가능성을 보여 준다. 몸매 조롱이라는 말은 폭식증 환자의 문제를 개인적으로 치료해야 한다는 권고와 수치심의 원인이 자신에게 있다는 생각을 전부 거부한다. 대신에 그 용어는 매력적인 몸매에 관한 유해한 메시지를 젊은이들에게 쏟아 내는 사회를 비판한다.

우리가 불안-수치심에 관해 비슷하게라도 말할 수 있을까? 불안은 장애라는 생각은 불안한 사람들이 만들어 내지 않았다. 그들이 아무 이유 없이 불안을 느끼게 된 것이 아니듯이, 갑자기 아무 이유 없이 불안에서 수치심을 느끼기로 한 것도 아니다. 스토아 철학과 인지 행동 치료 이야기도 수치심의 원인이 본인에게 있다는 취급에 더해 수치심을 개인의 문제로 설명한다. 불안한 사람은 불안은 치료받을 수 있으며, 도움을 구하는 건 자신의 몫이고 일이라는 메시지를 흡수한다. 그렇다면 그들이 병들었으면서도 그 책임이 자신에게 있다고 느끼는 것을 어떻게 비난할 수 있겠는가? 자기 자신을 수치스럽게 하는 것을 멈출 수 있고 멈추어야 한다는 생각, 불안한 느낌을 멈출 수 있고 멈추어야 한다는 생각은 그림자다. 자기계발서가 우리는 스스로 행복을 만든다고 말할 때 드리우는 그 그림자다.

그렇다, 인지 행동 치료는 (가끔) 효과가 있다. 인간은 자기 생각을 바꿀 수 있는 놀라운 능력을 지니고 있으며, 불안한 사람이 개인적으로 각자 치료받으며 해나갈 수 있다. 그러나 벽에 그림자를 드리우는 인형 조종사 두리를 찾기보다는 그 그림자를 충실하게 읽는 죄수들을 탓할 때는 어떤 대가를 치러야 할까? 사람들에게 치료받으러 오라고 부추기는 대신, 예를 들어 우리 사회의 지도자들이 불안-수치심이 존재하는 이유가 불안이 지능의 표지로 공개적으로 묘사된 적이 (거의) 없기 때문이라는 생각을 탐구할 기회로 삼을 수도 있겠다.[16]

불안은 고통스럽고 불쾌하며 때때로 심신을 약화한다. 그러나 불안한 사람에게 정말 불필요한 것은 불안에 더해 수치심까지 느끼는 것이다. 불안으로 고장 난 것과 같은 상태는 불안-수치심을 동반한다. 에바는 자기 자신이 수치스럽지 않았다. 그는 불안을 기능 장애로 묘사하는 그림자를 응시했다. 언제든 눈감아 버릴 수 있다는 말은(그게 사실이라 해더라도!) 에바에게 모욕이었다.

오늘날 불안에 관한 이야기를 하는 사람들은 무심코 빛 은유를 장려한다. 그들은 진리라고 오해한 그림자에 사로잡혀 있다. 불안이 심신을 약화할 수 있다는 말은 거짓말이 아니고, 불안이 공개 담론의 주제가 되었다는 게 도움이 되지 않는 건 아니다. 팬데믹 이후로 내 수강생들은 자신의 정신 건강 진단에 관해 더 자유롭게 이야기한다. 하지만 어느 정도의 불안이든 기능 장애로 간주하는 세상에서 불안과 수치심을 동시에 느끼는 수많은 에바가 있으리라는 사실은 여전히 존재한다.

고장설은 우리를 아프게 하고 그 과정에서 불안을 부추긴다. 불안을 질병 말고 다르게 볼 방법이 없을까? 명예 회복 캠페인을 뛰어넘어 우리에게 필요한 것은 불안에 관한 더 완전한 이야기, 정신을 무너뜨리는 이야기가 아니라 고양시키는 이야기, 우리가 자기 자신에게 등 돌리지 않게 하는 이야기다. 우리는 '당신은 혼자가 아니다 you are not alone' 정신 건강 캠페인보다 더 나은 행동을 할 수 있다.

불안에 관한 키르케고르의 분석은 더욱 도움을 준다. 불안이 일으키는 고통을 축소하지 않고 불안을 존엄하게 대할 수 있다. 기독교적 관점에서 키르케고르는 궁극적으로 믿음이 불안으로부터 깨달음을 얻게 돕는다고 믿었다. 비기독교인과 기독교인 모두가 불안에서 도망치는 대신 불안으로 향해야 한다는 강력한 메시지를 그에게서 얻을 수 있다.

◆

키르케고르는 27살에 당시 14살 소녀 레기네 올센^{Regine Olsen}과 사랑에 빠져 죽음이 그를 데려갈 때까지 사랑했다 청혼한 지 3년이 지나고 레기네가 이를 받아들였지만, 1년 후 키르케고르는 약혼과 레기네의 마음을 깨버렸다. 레기네는 다시 생각해 보라고 애원했다. 그의 아버지도 빌었다. 그러나 키르케고르는 뜻을 굽히지 않았다.

거의 200년 동안 전 세계 키르케고르의 열성 신도들은, 왜 키르케고르가 일곱 개의 소원이 이루어진다면 같은 소원을 일곱 번 빌겠다던 연애 편지를 보냈던 레기네와 결혼하지 않았는지 자문했다.

> 죽음도, 삶도, 천사들도, 공국도, 권세자들도, 권력자들도, 현재도, 미래도, 높음도, 깊음도, 그밖에 어떤 피조물도 나를 당신에게서, 당신을 나에게서 끊을 수 없습니다.[17]

그는 왜 레기네에게서 자기 자신을 끊어 냈을까? 키르케고르는 자신의 결정을 '선천적인' 불안의 탓으로 돌렸다. 그 불안을 어머니의 자궁에 있을 때부터 느꼈다고 했다. 키르케고르는 불안 이전의 시간을 기억할 수 없었고, 일기장에 왜 자신은 "다른 아이들처럼 잘 자라는 데" 실패했는지 자기 자신에게 비참하게 질문했다. "나는 왜 기쁨에 둘러싸이지 못하는가, 나는 왜 그리도 어린 나이에 한숨의 영역을 들여다보게 되었는가?"¹⁸ 키르케고르는 근심 걱정 없는 아이, 또는 앞에 등장한 로드 같은 거친 아이조차도 절대 될 수 없었다. 정상의 범주에서 벗어난 듯 느끼는 어떤 사람들처럼 키르케고르도 이렇게 물었다. 왜 나인가? 왜 나는 다른 모든 사람과 이렇게나 다른가?

수천 쪽 넘는 16권의 책과 12권의 일기를 통틀어 태아 때부터 키르케고르가 불안해했던 이야기는 그의 어머니에 관한 글을 쓸 때 가장 많이 등장했다. 그의 어머니 아네 룬Ane Lund은 미카엘 페데르센 키르케고르Michael Pedersen Kierkegaard의 아내가 되기 전 키르케고르 집의 식모였다. 아버지의 첫 부인은 아이를 낳지 못하고 비극적으로 유명을 달리했지만, 아네는 7명의 아이를 낳았고 쇠렌(키르케고르의 이름)은 그중 막내였다. 그들의 집은 행복한 곳은 아니었다. 어머니와 다섯 형제는 쇠렌이 21살 되던 해부터 모두 세상을 떠났고 그의 아버지는 자신을 탓하다가 슬픔으로 인해 물에 빠져 죽었다.¹⁹ 아버지는 신이 지난 세월 동안 자신에게 주먹을 겨누었던 작고 굶주린 유틀란트 소년에게 복수하고 있다고 추론했다. 아버지는 극빈층이었으며 자포자기로 행동하면서 신을 저주했다. 하지만 신은 그 자리에서 즉시 벌주는 대신 그를 코펜하겐으로 보내 덴마크에서 가장 부유한 자로 만들었다. 아버지는 자신의 저주를 단 한 번도 잊은 적이 없었고, 자신이 부에 익숙해졌을 때 어린 시절에 제가 한 짓에 앙갚음하려고 복수심에 불타는 신이 일에 착수하여 아내와 아이들을 하나씩 하나씩 빼앗아 가리라 확신했다.

남은 두 형제는 잔해 속에서 괴로워하면서도 여전히 종교적인 아버지와 함께 살았다.[20] 쇠렌이 25살 되었을 때 아버지가 세상을 떠나며 그는 막대한 유산을 상속받았다. 그의 계획은 자비 출판 작가로 살다가 서른넷에 형제들이나 그리스도처럼 죽는 것이었다. 쇠렌은 자신이 마흔둘까지 살게 될 줄은 전혀 알지 못했고, 그때 병원비를 지불할 돈이 충분한지 불안해하리라는 것도 예상하지 못했다.

키르케고르의 불안은 매우 종교적이었다. 필명으로 쓴 저서들 중 하나에서 그는 아이에게 일련의 그림을 보여 주는 아버지 이야기를 한다. 한 그림은 위풍당당해 보이는 나폴레옹 보나파르트Napoléon Bonaparte이고, 또 다른 그림은 소중한 아들의 머리에 올려 둔 사과를 쏘아 떨어뜨리는 윌리엄 텔William Tell, 세 번째는 '의도적으로 다른 그림들 사이에 배치된' 십자가상의 예수 그리스도다.

> 아이는 이 그림을 보는 즉시 이해하지도 못하고 쉽게 이해하지도 못한다. 아이는 이게 무슨 의미인지, 이 사람이 왜 이런 나무에 매달려 있는지 물을 것이다. 그러면 당신은 이건 십자가고, 여기 매달리는 것은 십자가에 못 박히는 벌이며, 그 나라에서 십자가 형벌은 가장 고통스러운 사형이었다고 설명할 것이다.[21]

쇠렌의 아버지가 믿었던 기독교는 기쁨보다는 그리스도의 고난을 강조한다. 이 일화가 어린 쇠렌에게 일어났을 가능성이 다분하다. 그것이 아이를 불안하게 만들었으며, "부모와 세상과 자기 자신을 두려워하게 했다."라고 키르케고르는 기록했다.[22] 아버지 미카엘 페데르센의 삶은 언제나 '어두운 배경'으로 그늘져 있었고, 쇠렌은 부와 함께 그 배경을 물려받았다. 키르케고르는 "내가 써 내려가지도 못할 만큼 아주 큰, 아버지의 두려움 가득한 우울, …… 아버지가 내 정신에 채운 불안은 아버지에서 아들로 대물림되었다."라고 일기장에 적었다.[23]

아버지의 우울에 대한 반응으로 키르케고르는 "기독교에 대한 불안을 얻었으나 강력한 이끌림을 느꼈다."[24] 많은 사람에게 그러했듯이 기독교는 키르케고르의 불안을 건드렸다(그리고 기독교는 아버지의 우울감 유발에도 지분이 있을 테다). 사랑 또한 키르케고르를 불안하게 했다.

약혼을 깨기로 결심한 직후 키르케고르는 레기네가 불안에 전염된 사람을 사랑하느니 다른 사람과 결혼하는 것이 낫겠다고 마음을 정했다. 그는 코펜하겐의 모든 사람이 자신이 레기네를 꾀어 낸 후 버린 비열한 인간이라고 생각하게 만들기로 작정했다. 그런 키르케고르의 대가 지불 덕에 레기네와 가족은 존엄을 지킬 수 있었다. 그러나 이는 레기네도 그렇게 믿을 수 있다는 걸 의미했다. 키르케고르는 일기에 이렇게 썼다. "나는 여전히 불안에 전염되어 있다." 그는 걱정했다. "레기네가 나를 정말 사기꾼이라고 믿게 되는 상황을 상상해 보자."[25] 키르케고르는 레기네가 자신이 가짜였다고 믿으며 자기를 미워하게 되리란 생각이 싫었다. 동시에 자신의 속임수가 사랑이 원인이었음을 레기네가 알게 될 가능성도 참을 수 없어 했다. 만일 레기네가 그가 자신의 슬픔을 다른 인간과 공유할 수 없다고 생각해 파혼했다는 것을 알게 되면 그를 바람둥이가 아니라 돈키호테 같은 영웅으로 보고 절대 포기하지 않을 거라고 생각했다.

　　우리는 레기네가 어떻게 믿었는지 절대 알 수 없다. 여인은 다른 사람과 결혼했고 덴마크를 떠났다. 하지만 우리는 키르케고르가 미혼으로 남아 모든 생을 불안과 절망, 그리고 텅 빈 벽장과 함께 지냈음을 안다. 레기네는 거실에 있는 벽장에라도 살게 해 달라고, 그렇게 당신의 일을 방해하지 않고 가까이 있을 수 있게만 해 달라고 쇠렌에게 빌었다. 파혼이 확실해지자 키르케고르는 약혼녀를 기리기 위해 레기네 크기의 벽장을 주문 제작했다. 그 벽장은 그의 비극적인 소유물 중 하나로 코펜하겐 키르케고르 박물관에 전시되어 있다.

　　키르케고르는 레기네와의 로맨스에 관련된 책을 여러 권 익명으로 썼다. 어떤 책에선 레기네를 속인 것에 대한 죄책감을 묘사했고, 또 어떤 책에선 자신을 충실히 레기네를 사랑했던 불안한 우울증 환자로 주장한다. 그는 레기네에게 이런 책 몇 권과 편지를 보냈지만 남편이 꾸러미를 뜯지 않은 채로 즉시 반송했다. 『불안의 개념The Concept of Anxiety』은 그중 한 권이었다.

　　선천적으로 불안했던 어린 쇠렌은 『불안의 개념』의 필명인 비르질리우스 하우프니엔시스Virgilius Haufniensis('항구의 감시자')가 되었

219

다.[26] 하우프니엔시스는 아이들이 편히 쉴 수 있도록 계속 깨어 있는 불안한 엄마처럼 코펜하겐을 위해 밤새워 기도했다. 키르케고르가 약혼을 깨고 3년이 지난 1844년에 출간한 이 책은 불안에 관한 획기적이고 설득력 있는 분석을 제공한다. 루이스처럼 키르케고르가 불안에 관한 자신의 긍정적인 분석을 믿지 않았을 수도 있지만 우리는 믿는다. 가르치는 사람으로서 나는 그의 어둡고 비극적인 이야기가 심리학이나 정신의학의 관점보다 내 불안한 학생들을 돕는 더 나은 기회라고 생각했다. 먼저, 불안에 관한 '우울한 덴마크인melancholy Dane's'의 분석은 빛에서 나오지 않았다. 그리고 정상으로 돌아가는 것과 관련한 어떤 약속도 하지 않는다.

◆

나는 실존주의 철학 수업 첫날에 불안에 관해 말하지 않는다. 대신 학생들에게 고통 없는 삶을 보장해 주는 보라색 작은 알약이 있다면 받을 것인가 질문을 던진다. 소수의 학생은 아니라고 답한다. 그들은 삶의 못난 부분(고통과 공포)을 그저 좋기만 한 조각들과 거래하고 싶어 하지 않는다. 좋을 땐 좋고 나쁠 땐 나쁘길 원하고, 인공적인 행복에 관심이 없다. 그러나 적어도 몇몇은 받겠다고 대답한다. 조금 더 모험적이고 위험을 감수하고 인생을 즐기고 싶다는 이유에서다. 이들은 고통과 공포가 살아가는 일을 방해한다고 말한다. 그것이 없으면 살기가 훨씬 더 수월해질 것이라고 말이다.

긍정의 답변을 하는 학생들은 고통을 느끼지 않는 것과 두려움을 느끼지 않는 것이 인간이 느낄 수 있는 가장 위험한 고통이라는 점을 미처 알지 못한다. 고통을 느끼지 못하는 선천적인 통각 상실증은 상처의 자리와 뇌 사이의 적절한 연결을 형성하지 못하는 불능이다. 이 증상이 있으면 뜨거운 버너에서 손을 떼야 한다는 걸 알지 못한다. 우르바흐-비테Urbach-Wiethe 증후군은 두려움을 느끼는 뇌 편도체에 손상을 보인다. 1980년대 과학자들은 공포감의 부족으로 평생에 걸쳐 모르는 사람이나 사랑하는 사람에게 당하는 둘리적 학대나 공격에 취약했던 SM-046(희귀 유전병인 우르바흐-비테 증후군으로 편도체가 파괴되어 공포나 두려움의 감정을 느끼지 못한 한 백인 여성 환자의 연구 호칭.—옮긴이) 환자에 관해 연구하고 기록했다.[27]

비교하자면 두 가지 의학적 상태 모두 고통과 공포를 느끼는 능력을 초능력처럼 보이게 한다. 불안을 느끼는 능력도 마찬가지다. 소크라테스는 자신이 어디를 가든 작은 목소리가 동행한다고 했다. 그는 이를 자신의 '다이몬daimon'이라 불렀으며, 다이몬은 그가 하려는 일이 위험한지 또는 비윤리적인지를 경고해 주었다. 아마도 불안은 우리의 다이몬일 것이다.

키르케고르는 불안은 불완전함이라는 사상을 거부했고, 심지어 불안을 거부하는 것을 '예의 바른 비겁함'이라고 불렀다. 그의 기록이다. "불안의 위대함은 완벽이라는 기적의 예언자라는 점이다."[28]

완벽함이 우리가 추구하지만 절대 닿을 수 없는 기적이라면 불안은 그 완벽함에 가까이 가는 법을 알려 주는 것이다. 그것은 현실이지만 불확실한 위험을 경고하는 목소리다. "잘못된 길이야!" 불안은 말한다. "그 방으로 들어가지 마!" 불안을 느끼지 못하는 것은 두려움이나 고통을 느끼지 못하는 것만큼이나 위험하다. 동물이나 천사만이 불안해지지 않는다고 키르케고르는 말했다(그러나 오늘날 우리는 그가 어떻게 그렇게 확신했는지 질문해 볼 수 있겠다).[29]

키르케고르의 요점은 불안으로 고통을 겪는 것이 불안을 아예 경험하지 않는 것보다 더 낫다는 것이다. 키르케고르는 불안이 질병은커녕 유일하게 인간만 가진 강점이라고 믿었다. 가끔 잘못 인도하기도 하지만 불안은 항상 어떤 것에 관해 옳은 길을 제시하는 일종의 지능이다(불안의 오도誤導는 최악의 특징일 듯하다). 키르케고르의 모델에 따르면 미국인 중 3분의 1, 즉 30퍼센트만 불안을 느끼는 게 아니다. 인간이라면 100퍼센트다. 불쌍한 키르케고르(자기가 말한 대로 실천할 수 없었던)를 따라 살고 싶지는 않지만 불안은 철저히 인간적이라는 생각과 함께 출발할 수는 있다.

키르케고르는 불안을 '할 수 있다는 무한한 가능성'이라고 이름 붙였다.[30] 이는 우리가 선택을 마주할 때 느끼는 감정이다. 어떤 주어진 선택이 우리를 어디로 이끌지 알 수 없을 때 신경이 곤두선다. 전율이 넘친다고 키르케고르는 덧붙였다.

아이들은 전율 넘치는 불안을 보여 주는 좋은 예시다. 《뉴욕

타임스》는 최근 "아이들은 불안에 면역이 없다."라고 보고했으나 키르케고르는 이 신문코드 거의 200년 전에 이 결론에 닿았다.[3] 덴마크어 '앙게스트angest'는 '불안'과 '두려움'으로 번역된다. 이 단어는 오늘날 완전히 부정적으로 왜곡된 영어 단어 '불안anxiety'와 비교하면 활력의 요소를 포함하지만 '열심'이나 '흥분'을 의미하는 스페인어 '안시오소ansioso'보다는 덜하다. 스페인어처럼 덴마크어는 불안의 공포는 물론 얼마간의 전율드 놓치지 않는다.

내 아들은 5살 두렵 무언가 잘못하면 낄낄 웃곤 했다. 그 당시 나는 아이가 건방지다그 생각했지만, 그 낄낄거림은 아이의 불안이 말한 것이었음을 이제 이해하게 되었다. 8살이 되었을 때 아이는 내게 자기는 '서두르는 것'을 좋아한다고 말했다. 무슨 일에 늦을 것 같아서 아이의 가슴이 뛰었을 것이다. 나는 아이에게 그 느낌을 불안이라 부른다고, 그리그 그건 재미있을 수도 있다고 말했다. 그 느낌은 스트레스일 수도 있다. 어떨 땐 재미있으면서 동시에 스트레스이기도 하다. 하지만 불안을 단지 고통스럽거나 어렵거나 달갑지 않은 것으로 그릴 때 그것을 브완하기는 어렵다.[32] 불안에서 생기를 주는 어떤 것을 발견하지 못하는 한 그림자와 절반의 진실만 브는 것이다.

키르케고르는 우리가 가능성 앞에서 불안해진다고, 가능성이 죄를 포함할 때 불안은 더 심해진다고 믿었다.[33] 키르케고르의 이야기에 따르면 시험에서 부정 행위를 하는 학생들이나 중요한 사람을 속이고 바람을 피우는 사람들이 그렇지 않은 사람들브다 안 그래 보여도 더 불안하다. "금지는 [그들] 안에서 자유의 가능성을 깨운다."[34] 내 수강생들은 불안할 권리가 있으며 우리 모두 그렇다. 어린아이든, 사기꾼이든, 그저 화요일을 살아가는 평범한 사람이든 자신이 무언가 망칠 수도 있다는 걸 아는 일은 불안 지수를 조금씩 증가시킨다.[35]

　　이러한 인간의 조건(자기 자신의 삶을 망칠 수 있음을 알고 사는 것)은 자유라고 불리며, 내 수강생들은 키르케고르 같은 실존주의자들의 책을 읽기 전에는 이를 좋은 것이라 여겼다. 그들은 불안이 끔찍한 만큼 자유는 멋지다고 생각하며 자랐다. 내 목표는 그러한 가정의 세트를 끊어 내고 뒤집어서 자유 역시 끔찍할 수 있고, 불안도 생기에 찰 수 있음을 모두가 동의할 수 있도록 만드는 것이다.

♦

길 가는 사람을 붙잡고 자유와 비非자유 중 고르라고 한다면 분명 자유를 고를 것이다. 내 수강생들도 그렇다. 자유로운 것은 휴가를 내거나 직장을 그만두거나 결혼을 무를 수 있는 선택이다. 하지만 같은 사람에게 휴가를 내거나 직장을 그만두거나 결혼을 무른 후 삶이 어떻게 변하든지 책임지기를 원하는가 묻는다면 망설일지도 모른다. 자유는 언제나 다 망쳐 버릴 자유까지 포함한다.

　　철학적으로 말하자면, 사람들이 던지는 아주 불안한 조언 중 하나는 "당신은 마음먹은 대로 무엇이든 할 수 있다."라는 말이다. 인생을 살아가며 무슨 일을 하고 싶은지 알지 못하는 대학생들에게 그 말을 해 주고 무슨 일이 일어나는지 지켜보라. 얼마 전 남편을 떠나 어지러운 자유를 경험하고 있는 여자에게 그 말을 해 보라. '무엇이든'이라는 말은 처음엔 좋게 들릴지 모르지만 우리는 거기서 불안을 느낀다. 불안한 사람은 기분 좋은 유형어의 부정적 형태를 바로 알아챌 수 있다. '무엇이든 가능하다.'라는 말은 내 가족이 헤어질 수도 있고, 어떤 학생이 강의실에 총을 가져와 나를 죽일 수도 있고, 지하철에서 폭탄이 터질 수도 있다는 말이다. 세상이 무슨 일이든 일어날 수 있는 곳일 때 세상에서 무엇이든 할 수 있다는 말 속의 '무엇이든'은 우리를 불안으로 꼼짝 못하게 한다. 한밤중 사랑하는 사람이 집에 오기를 불안해하며 기다린 적 있다면 '무엇이든 가능함'의 불면증을 경험한 것이다.

키르케고르는 불안을 "자유의 현기증"이라고 말했다.[36] 그는 두 주먹을 움켜쥔 채로 심연을 바라보는 외로운 사람의 형상을 우리에게 보여 주었다. 우리는 자기 자신을 일으켜 세우고 스스로 선택하며 '어른처럼 행동하기'를 배우지만 구석구석 살펴보아도 고개를 숙일 수밖에 없는 불안정한 피조물에 지나지 않는다. 현대 심리학자들은 무언가 마지못해 결정하는 것을 '표류drift'라고 부른다. 대학에 가거나 결혼하거나 아이를 낳는 것, 이 모든 것은 외부에서 보면 선택 같지만 우리는 종종 대안을 충분히 고려하지 않고 그 선택지들에 올라탄다. 우리는 자주 자신에게 기대되는 행동을 선택한다. 그렇게 하지 않으면 기대를 충족하기 더 어려워지기 때문이다. 표류는 자기 자신도 모르게 한 선택이다. 피를 보는 걸 힘들어하지만 부모님을 실망시키고 싶지 않았던 내가 간호학을 전공한 것처럼, 우리는 진짜로 선택하지 않으면서 선택하기도 한다.

프랑스 실존주의자 장 폴 사르트르Jean Paul Sartre는 불안은 자유의 현기증이라는 키르케고르의 설명을 읽고 심연을 내려다보는 것은 사람을 메스껍게 하고 어지럽게 할 수 있다고 덧붙였다. 심연을 바라보는 것은 자신에게 근본적으로 내 삶을 망칠 자유가 있음을 깨달을 때 드는 기분 나쁜 느낌이다. 우리는 우리가 하는 대부분의 일, 자발적으로 한 선택과 휩쓸려서 한 선택 모두에 책임이 있음을 마음 깊은 곳에서부터 알고 있다. 놀랍게도 완전히 우리 손을 떠난 것은 거의 없다고 사르트르는 말했다.

키르케고르와 사르트르, 그리고 다른 실존주의자들이 보기에 선택 앞에서 현기증을 느끼지 않은 채 우리가 정직하게 살 수는 없다. 왜냐하면 의도한 대로 살 수 없기 때문이다. 심연은 우리를 유혹하여 내려다보게 하고, 철저한 실패의 가능성을 마주하게 한다. 시간을 때우며 가만히 인스타그램 사진을 넘겨볼 때 후회는 미래에서 우리를 기다린다. 내 선택을 못 본 척하려고 눈감는 것도 곧 따라올 "왜 그렇게 하지 않았을까?"라는 질문에서 우리를 구할 수 없다.[37] 자유는 어지럽다. 아름답고 비참하며 대개 비용이 많이 든다. 자유의 값은 불안이다.

흔들리지 않으려는 노력에서 인간은 가끔 과도하게 자신의 역할을 발견할 거라고 사르트르는 말했다. 우리는 '엄마' 'CEO' '학생' 같은 고정된 역할이 절망의 구덩이에 빠지지 않게 해 줄 것처럼 그것에 기댄다. 하지만 사르트르의 논리에 따르면 엄마도, CEO도, 학생도 없다. 내향인도, 조현병 환자도, 아스퍼거 증후군도 없다. 우리는 무언가 고정된 것에 필사적으로 자신을 묶어 고정시키고 싶은 현기증을 느끼는 인간일 뿐이다. 그 반대 선택은 자유 낙하다. 자유 낙하는 자신의 손목과 발목에(즉 서로에게, 좋아하지 않는 직업에, 아이들에게) 스스로 사슬을 채우는 우리의 선택을 꽤 좋아 보이게 한다.

그러나 그럴 때 우리는 사슬에 묶인 채 깨어난다. 사르트르는 인간은 모두 걸어 다니는, 거부한 결정의 집합체라고 생각한다. 불안에서 가장 중요한 하이라이트는 '중년의 위기', 즉 자기 자신에게 어떻게 여기까지 온 것인지, 왜 더 나은 삶을 택하지 못했는지, 남은 생에 무슨 일을 할 것인지 질문하는 지점이다.

중년의 위기를 두고 결혼 생활을 망치고 스포츠카를 중고로 파는 악명 높은 시기라고 놀리지만, 사실 중년의 위기는 두 번째 기회를 주는 불안이다. 우리가 로봇이나 식물이 아니라는 사실을 깨닫게 한다(우리는 단순히 육체뿐만이 아니라 정신이라고 키르케고르는 말한다). 인간은 잘살고 싶고 품위를 유지하고 싶으며 행복해지고 싶어 한다. 그러나 불안 없이는 기상 경보를 듣지 못하고 자유를 박탈당했다는 자각도 느낄 수 없다. 불안은 물리적인 몸을 넘어 떠다니는 자신의 일부에 닿을 수 있게 해 준다. 사르트르는 이를 우리의 '초월성'이라고 불렀고, 초월성은 우리가 깨어날 수 있도록 응원한다. 우리는 불안 없이 절대 깨어날 수 없다. 의도적으로 사랑하거나 살아갈 수 없다.

내가 아는 이 누구라도 메스꺼운 느낌을 좋아하지 않지만 메스꺼움은 우리가 고장 났음을 의미하지는 않는다. 살아 있음을 의미한다. 흔들리지만 온전한 인간이다. 임신한 여성은 임신 초기 생명체가 자궁에 깃발을 꽂고 있기에 메스꺼워질 수 있다. 마찬가지로 우리의 다이몬인 불안은 우리 속에 깃발을 꽂고 우리를 연약하게 만든다. 키르케고르의 이야기에서 우리를 영광스럽게도 하고 불안정한 인간이게 하는 것은 자유와 선택, 그리고 그 결과에 대한 자각이다. 키르케고르의 말을 전하는 실존주의 치료사 롤로 메이Rollo May는 불안이 "심지어 현실보다 더 나은 스승"이라고 말했다.[38]

실존주의 철학 과정을 마칠 때쯤 고통이나 두려움, 불안을 느끼지 않는 사람이 그것을 느끼는 사람보다 더 낫다고 믿는 학생은 아무도 없다. 불안한 사람은 가루약과 알약으로 제거되어야 하는 유독한 화학물질의 혼합 그 이상이라는 키르케고르의 제안을 진지하게 받아들인다.[39] 불안을 제거하려 한다면 가능성과 자유, 민감성, 통찰력, 공감 능력, 좋은 삶에 관한 감각도 제거되리라는 사실을 깨닫는다. '세상에서 고통스럽게 살아가는' 우리의 일부도 무뎌질 것이다.[40]

불안을 뿌리 뽑고자 하는 목표 대신 키르케고르는 대안을 제시한다. 불안의 이야기를 듣고 불안을 협력자로, 자유를 알려 주는 신호로 접근해 볼 수 있다. 낮아지지 않는 불안 지수는 고통스러운 인간 조건이지만 내면 생활을 위한 전제 조건이기도 하다. 그런데 이 수준까지 이르렀다고 해도 내 수강생들은 여전히 불안을 일종의 공포라고 생각한다.

♦

만일 비행 공포증이 있다면 치료사는 비행기보다 자동차를 탈 때 더 무서워해야 한다는 사실을 알려 주는 통계를 보여 줄 것이다. 난기류 동안 진정하는 호흡법을 가르쳐 줄 수도 있다. 짧은 비행에 동행해서 기분이 어떤지 이야기를 나눌 수도 있다. 그러나 비행 공포증이 전부 공포는 아니라면? 난기류에 대한 불안이라견? 난기류가 일어날 것인지, 그게 언제인지, 얼마나 오래일지 알지 못해서 생기는 불안이라면? 난기류 자체가 통제 불능 상황의 은유라면? 통제 불능의 상황이 언제 또는 어떻게 죽을지 모르는 것과 관련이 있다면? 이런 상황은 어떻게 극복할 것인가?

    키르케고르는 불안은 길들여질 수 없다고 생각했다. 어느 순간에라도 우리는 암이나 코로나19에 걸릴 수 있다. 아이들이 길을 건너다 유괴되거나 죽을 수도 있다. 더 불행하게 이런 일들이 같은 해에 한 번에 일어날 수도 있다. 불안은 형태가 없어서 우리는 종종 공포와 혼동한다. 공포와 달리 불안은 비특이성의 질병에 이름을 붙인다. 전반적으로 괜찮지 않다고 말해 주는 목소리다. 불안은 위험이 도사리고 있다고 의심하지만 그게 무엇인지, 어디에 있는지, 심지어 언제 수면 위로 떠오를지 설명할 수는 없다.

공포 영화의 긴장감은 불안을 유발한다. 가장 불안감을 주는 영화는 몇 시간이나 기다리게 한 뒤 살인자의 얼굴을 보여 주거나 아예 보여 주지 않을 때도 있다. 불안은 악당의 얼굴을 보기 전까지는 대처하기 훨씬 더 쉬운 다른 공포로 잘 바뀌지 않는다. 공포에는 얼굴이 있다. 불안은 없다. 무정형의 악당은 영화가 끝나고도 우리를 오랫동안 불안하게 할 수 있다. 만일 영화 속의 특정 연쇄 살인마를 두려워할 뿐이라면 공포는 영화의 크레디트가 올라간 뒤 곧 사라질 것이다. 공포가 모든 연쇄 살인마로 확장된다면 연쇄 살인마를 계속 두려워하게 되지만 매년 그들에 의해 살해되는 사람이 얼마나 적은지 통계를 보며 안심할 수 있다. 하지만 영화가 '누구나 살인자가 될 수 있고 무슨 일이든 일어날 수 있으며 나도 죽을 수도 있다!'라는 생각을 유발한다면 공포를 통제할 수 없게 된다. 우리가 경험하는 건 더 이상 공포가 아니기 때문이다. 그건 불안이다.

코로나19 같은 팬데믹은 불안의 온상이다. 먼저, 바이러스는 눈에 보이지 않는다. 볼 수 없다는 것만으로도 충분히 무서운데 수개월 동안 그 바이러스가 어디에서 왔는지도 전혀 알 수 없었다. 우리는 편지와 식료품까지도 소독했다. 하루에도 몇 번씩 가구나 물건의 표면을 닦았다. 얼굴을 만지지 않았고 1시간에 한 번씩 미시시피강이 호를 만큼 20초간 손을 씻었다. 집에 돌아오면 옷을 벗고 샤워했다. 커피 필터를 장착한 마스크를 쓰면서 다수가 N95 마스크를 사용할 수 있게 되기를 기도했다. 간밤에 세상은 지뢰밭이 되어서 가볍게 발을 딛고 경계하는 법을 배웠다. 코로나19를 한 사람만 사용해도 같이 있던 모든 사람에게 옮겨붙는 가루 반짝이에 비유하는 동영상이 돌았으나 도움이 되지 않았다.

키르케고르에게 묻는다면 그는 코로나 불안이 "아무것도 아닌 것", 즉 만질 수 없는 것이라고 말할 것이다. 바이러스가 어떻게 전파되는지 알지 못하며 인간의 눈에 보이지 않기에, 코로나 불안은 죽음이거나 통제 상실을 의미하거나 또는 둘 다라는 생각이나 느낌이 점점 퍼져 나가는 것과 비슷했다. 파멸이라는 작은 방울들이 우리가 들이마시길 기다리며 주위를 떠다니는 것 같았다. 불안의 실체를 '코로나바이러스'라고 명명했으나 '죽음'이라고 할 수도 있겠다.

불안의 실체에 이름을 붙이는 것은 불안을 공포로 바꾸려는 시도다. 얼굴을 주는 것은 조금 더 효과적이다. 예전에 수백 명의 인파와 함께 야외 대형 축제 공간에 갇혔던 악몽이 기억난다. 도망칠 수 없었으나 한 남자가 돌아다니며 사람들을 하나씩 죽이리란 걸 깨달았다. 그때 나는 숨어서 그를 지켜보며 내 차례를 기다렸다. 이제 잠자는 동안 내 정신은 자비롭게도 코로나19에 인간의 얼굴을 부여했고, 공포를 부추김으로써 불안은 잠재웠다.

코로나19 초기에 사람들이 수천 명씩 죽어 나가는 걸 보았다.

어떤 사람이 비행을 두려워한다고 말하듯이 우리는 코로나19가 두렵다고 말했을지도 모른다. 키르케고르는 그 느낌은 '공포'보다는 '불안'이라고 부르는 것이 더 적합하다고 받아쳤을 것이다.

수많은 실존주의자가 불안은 비밀스럽게, 또는 말 그대로, 또는 은유적으로 언제나 죽음에 관한 것이라고 믿는다. 내가 벌이나 연쇄 살인마, 높은 곳을 무서워한다고 생각할지 모르나 실제로는 죽음을 불안해하는 거라고 키르케고르와 사르트르는 말할 것이다. 죽음은 완전히 통제를 상실하는 상태다.[41] 죽음에 관한 실체 없는 불안을 거미나 비행기, 심지어는 바이러스 같은 병원체와 묶으려 한다는 말은 타당하다. 그럼으로써 우리는 거미나 비행기, 바이러스를 피하려고 주의를 집중한다. 불안은 죽음에 대한 것이라는 의미는 통제에 관한 것이라는 뜻이다. 우리는 일을 망칠까 불안해하는 것만큼 선택하지 못하는 것을 불안해한다. 끊임없이 손 씻는 행동은 죽음으로부터 자신을 지키기 위해 무엇이든 할 수 있음을 말해 준다. 하지만 불안은 항상 그것이 진실이 아님을 상기시킨다. 장기적으로 보면 말이다.

코로나 팬데믹, 그리고 그로 인한 불안은 언젠가는 죽어야 한다는 인간의 운명을 자각하게 했다. 우리의 삶은 몇 주 또는 며칠 만이라는 의미로 가득 채워졌다. 사람들은 일을 그만두거나 이사를 했다. 아이들과 놀거나 나쁜 뉴스를 강박적으로 확인했다. 산책하거나 벙커로 변한 집에 머물렀다. 모두 살아 있기를 원했으나 모두 다른 방식으로 시작했다. 어떤 이들은 삶을 새롭게 시작했고 어떤 이들은 통제에 관한 마음가짐을 새롭게 했다.

팬데믹 기간에 불안이 치솟는 것을 보며 실존주의 철학자로서 내가 가장 흥미로웠던 점은 지극히 건강한 사람들이 어느 정도까지 길을 이탈하는지였다. 자녀도 없고 부양할 노부모도 없으며 기저 질환도 없는 동료들이 1년 넘게 오직 자동차 픽업에만 의존하며 식료품점에 들어가지 않았다. 젊고 건강한 사람들, 죽음을 한 번도 경험해 보지 않은 사람들이 가장 불안해했고 가장 철저하게 격리했다. 이전에 건강보험의 부족으로 당뇨병과 심장병, 비만 악화 같은 일상 살인마의 영향을 다 보고 느꼈던 저소득층 수강생들과 달리, 잘사는 내 동료들에게는 젊고 건강한 사람도 다른 모든 사람처럼 조만간 죽거나 쇠약해지리라는 생각이 아직 완전히 스며들지 않았다. 코로나19는 이 새로운 부류의 사람들에게 그들이 부정하고 있던 현실을 직면하게 했다.

그러나 예측 가능하게도 백신을 맞고 위험에서 벗어났다고 인식하자 그들은 다시 식료품점에 출입했다. 여전히 조심하고 외부에서도 마스크를 쓰는 소수의 사람을 제외하고 잘사는 친구들은 여행도 가고 식당에서 먹기 시작했다. 중산층이라는 특권과 재택이 가능한 직업으로 무장한 이들은 『정신 질환 진단 및 통계 편람』이 누구나 불안을 다스리는 법을 배울 때 할 수 있다고 조언하는 대로 생산적인 삶을 재개했다. 사회적으로 '일상으로의 회복'은 좋다.

실존주의자에게는 그렇지 않다. 키르케고르에게 영향받았고 사르트르에게 영향을 준 『존재와 시간Being and Time』의 저자 마르틴 하이데거Martin Heidegger는 일상으로의 회복을 "죽음으로부터의 도피"라고 불렀다. 하이데거는 팬데믹 초기의 불안한 나날이 내 동료들이 삶을 진심으로 살게 되었던 때라고 말했을 것이다. 그때 대부분 마음속으로 죽음에 대한 결정을 내렸을 테니까. 오늘날 우리는 우리가 완전히 통제할 수는 없다는 사실에서 벗어나기 어렵다. '일상으로 회복하기back to normal'는 실존주의자에게 죽음에 면역이 생겼다고, 손을 씻어서 질병을 피할 수 있다고 자꾸 가장하는 것을 의미한다.

좋든 나쁘든 불안은 브라운이 '원형경기장'이라고 부르는 곳(1910년 루스벨트 대통령이 프랑스 파리에서 한 연설의 일부인 '원형경기장의 투사 The Man in the Arena'를 의미한다. 실패하거나 패배하더라도 직접 부딪히고 끝까지 싸우는 자세가 중요하다는 것이다.—옮긴이)으로, 위험과 싸움과 죽음이 일어나는 장소로 우리를 초대한다. 불안은 우리가 자유로우며, 온갖 종류의 일이 우리의 동의 없이 일어날 수 있음을 상기시킨다. 그러나 불안을 잠재운다면 무엇이 우리를 이끌어 원형경기장에 오르고 위험을 감수하고 싸우고 죽게 할 수 있을까?

동시에 불안은 우리에게 심각한 손해를 입히고 매일의 일상을 마비시킨다. 불안같이 자극적인 스승과 조화로운 관계를 이룰 수 있는 방법이 있을까?

✦

내 부모님은 이사할 때마다 새집 곳곳의 화재 경보기를 꺼 놓았다. 생명을 살리기 위해 설치된 경보기를 말이다. 2년에 한 번씩 배터리가 다 되면 새벽 4시에 왱왱 울려 대는 소리를 견딜 수 없었기 때문이었다. 때때로 잘못 울리는 경향이 있지만 화재 경보기를 영영 꺼두는 건 아무리 솔깃해도 좋지 못한 생각이다. 경보기의 플러그를 뽑는 대신 냄새 맡지 못했던 불이나 옆집에 난 불을 감지한 게 아니란 사실을 확실히 아는 게 더 낫다.

불안은 무언가 옳지 못한 상황일 때 울리는 화재 경보다. 때때로 잘못 울리기도 해서 항상 신뢰할 수는 없다. 이 비유의 긍정적인 면은 불안한 사람은 자기는 안전하다고 믿으며 꺼진 경보기 아래서 쿨쿨 자는 사람들과 비교하여 세상의 여러 위험을 제대로 감지하는 것처럼 보인다는 점이다.

사람들은 묻는다. "요즘 아이들은 왜 이렇게 더 불안해하나요?" 답은 분명하다. "일어나서 주위를 둘러보세요! 아이들이 더 불안하지 않을 이유가 있나요?" 불안한 사람은 불안할 권리가 있다. 인터넷과 여러 복잡한 문제로 걱정할 이유가 넘쳐 난다. 우리가 매일 겪어야 하는 팬데믹과 테러 사건, (경찰을 향한, 그리고 경찰에 의한) 폭력, 전쟁, 학교 총기 사건, 빈곤, 환경 악화를 고려해 보면 불안은 온당한 반응이다. 불안은 저 모퉁이 뒤에 숨은 것이 무엇인지, 그것이 좋은

지 나쁜지를 알지 못하는 것을 (대개 나쁘다고 추정하며) 인식한다. 불안한 사람은 모두의 앞에 놓인 일련의 섬뜩한 가능성을 익숙하게 인식하고, 후들거리는 무릎과 꼬인 위장으로 적절하게 반응한다.

불안은 그럼에도 안전하고 행복하고 번영하기를 기대하는 사람들이 섬뜩한 시대를 대하는 타당한 반응이다. '침착하게 하던 일을 계속하라.'라고 지시하는 포스터가 사회 곳곳의 벽에 박혀 있다. 그 문구는 이렇게 읽힌다. '주의: 실제 상황.' 잘못된 것이 없다면 왜 '수상한 것을 보면 신고하라.'라는 광고가 필요하겠는가? 삶의 비극적인 요소를 덮으려는 우리 사회의 부지런한 노력('여긴 아무것도 없어요!')은 사실상 불안을 더 일으킨다. "긍정적인 생각이 긍정적인 세상을 만든다." 같은 비논리적인 목소리는 우리의 주의를 딴 데로 돌린다. 그러나 불안은 이런 소음을 넘어 '우리의 태도에 따라 아픔과 고통, 죽음이 우리에게 닥친다.'라는 말이 얼마나 의심스러운지 외치고 있다. 병적으로 불안한 사람은 70퍼센트의 사람이 로맨틱 코미디의 세계 안에서 돌아다닐 때 스릴러의 세계에서 살아가는 것과 같다. 누가 맞는가? 누가 아픈가?

키르케고르의 시각에서 보면 불안하지 않은 사람들을 걱정해야 한다. 이런 세상에서 누가 그렇게 쿨쿨 잠을 자는가? 그들에게 무슨 문제가 있는가? 나는 안다. 그들은 분명 고장 났다! 그러나 빚은 유는 절대로 이런 결론에 이르지 못하게 한다. 불안하지 않은 사람이 고장 났다고 선언하는 것은 어둡다. 게다가 불안한 사람이 고장 난 사람들이라고 이미 확신하고 있다.

불안 없이는 가능성과 민감성, 통찰력, 인간성, 자유를 잃는다는 키르케고르의 말이 옳다면 불안을 어떻게 생각해야 하는가? 불안을 어떻게 다루어야 하는가? 내 수강생들은 불안은 불온전이 아니라 지능의 표지라는 키르케고르의 생각을 좋아하지만, 어느 지점에서 치료와 약물을 허용하는지 알지 못한다. 불안이 고유 감각이더라도 단순히 불안이 보여 주려는 것을 견딜 수 없다는 이유로 치료받아야 할까? 정말 깊은 잠을 자는 사람이 되고 싶은가?

불안을 잠재우기 위해 선택하는 치료의 종류에 따라 어디로 가야 할지 길이 정해진다. 불안을 질병으로 접근하는 치료법과 불안을 스승으로 보는 치료는 완전히 다른 목표를 설정한다.

인지 행동 치료사들은 (은연중에) 고대 스토아 철학의 관점에 영향을 받았기에 그들은 불안 장애를 치료 가능한 상태로 정의한다. 불안을 메신저보다는 장애물로 본다. "내가 사랑하는 사람은 모두 나를 혼자 남겨 놓고 죽을 거야."라고 스스로 되뇐다면 인지 행동 치료 전문가는 이렇게 질문할지도 모른다. "이렇기 해로운 사고 방식을 어떻게 바꿀 수 있을까요?"[42] 내가 사랑하는 모두가 죽는다는 것은 기본 사실인데도, 치료사는 불안한 생각을 줄이려는 노력의 하나로 이렇게 해로운 생각은 삶을 더 어렵게 만들기 때문에 당연히 바람직하지 않다고 여긴다.

반대로 실존주의 심리 요법은 화재 경보기를 끄는 일에 집중

237

하지 않는다. 정신분석학자 프로이트와 카를 융Karl Jung, 철학자 사르트르, 니체 그리고 다른 실존주의자들을 보자. 우리는 불안을 스승이나 지능의 표지로 다루어야 한다는 키르케고르의 말에 동의하는 모든 학자의 사상에 기초를 둔다. 최근의 실존주의 심리 요법은 불안을 타당하다고 여기며 그렇지 않다고 증명되기 전까지는 그 관점에서 본다. 그들의 목표는 불안을 축소하는 것이 아니라, 우리가 더 계획적이고 의미 있는 삶의 변화를 만들어 가는 과정을 보기 위해 불안을 사용한다.

실존주의 치료사는 이런 질문으로 시작할 것이다. "어떻게 살고 싶은가요?" 인생에서 가장 힘든 질문을 하지 않으며 시간을 보내는 것 같다면, 죽음이 우리 동네에는 내려오지도 않고 여기저기 시체를 흩어 놓지도 않는 척한다면, 그들은 우리를 격려하여 그 문제를 직면하게 한다.

실존주의 치료사는 인간의 불안은 부적응적 사고방식이나 화학적 불균형 그 이상이라는 키르케고르의 말에 동의한다. 우리는 실존주의 심리치료사 어빈 얄롬Irvin Yalom이 "네 가지 주요 주제"라고 부르는 죽음, 소외, 무의미, 자유와 깊이 관련된 정신적인 존재다.[43] 불안을 이러한 주제로 파헤치는 것은 (이 주제들이 공포로 변장하고 있을 때라도) 삶을 바꾸는 데 무엇이 필요한지를 찾도록 돕는다.

얄롬이 한 말처럼 "죽음에 대한 불안에 시달리는 성인은 외래성 질병에 접촉된 이상한 사람이 아니다."라는 문장을 믿을 수 있는가? 우리 스스로 "가족과 문화는 죽음의 오한을 견디게 해 줄 격절한 방호복을 만들어 주지 못했다."라고 생각할 수 있을까?[44] 우리는 모두 방호복이 필요하다. 단지 문제는 그것을 어디서 얻을 수 있느냐다. 누군가는 불법 약물에서, 누군가는 가족에게서, 누군가는 음식이나 술에서, 그리고 누군가는 선전과 광고 문구에서 얻으려 한다. 죽음이 이미 정해진 것이며 언제나 냉랭하다는 점을 생각하면 죽음의 냉기를 견딜 가장 좋은 방법은 무엇일까?

♦

베스트셀러 작가 도일은 불안으로 겪는 고통이 너무 심해서 이런 파괴적인 세상에 떠다니기 위해 음식과 알코올 남용에 의지했다. 어딜 가도 보이는 병폐에 선천적으로 예민해 자신은 고장 났다고 생각하며 모든 화재 경보기를 꺼 버리는 방법을 발견했다. 절대 맨정신으로 있지 않는 것이었다. 비통한 세상에서 불안을 지우기 위해 생각해 낼 수 있었던 최선의 방법은 술에 취하는 것이었다.

우리가 그 길로 가야 하는 건 아니다. 특히 '고통스럽게 세상을 살아가는' 우리가 자기 자신을 표현할 수 있도록 모두가 자리를 비켜 주고 너무 예민하다는 말을 하지 않는다면.[45] 우리는 건강하고 안전하고 중독적이지 않은 방식으로 죽음의 냉기에서 자신을 보호할 수 있다. 모자와 목도리를 뜨는 법을 배울 수 있다. 점차 현실이 더 냉랭해지리라는 사실을 인정하지 않았으면 뜨개질을 시작하지 않았을 것이다. 다른 사람들이 모두 벽의 그림자를 응시하고 있더라도 우리는 불행과 죽음의 현실을 느긋하게 바라볼 필요가 있다.

회복 단계에서 도일은 중독 치료를 받던 한 동료가 알코올의 보호 없이 미래를 볼 수 있는 렌즈를 선물해 주었다고 기록한다. 이 현명한 여성은 이렇게 말했다. 인간이란 존재는 "행복을 느끼는 게 아니라 모든 것을 느끼는 것이다."[46] 그때부터 도일은 독자들에게 모든 것을 느끼는 것이 어떤 것인지를 말해 왔다. "슬픔, 상실, 공포, 분노, 불안. 독주로 마비되어 무감각했던 모든 것을 처음으로 느낄 수 있다."[47] 도일에 따르면 이것은 "끔찍"하지만 세상에 진짜로 나올 수 있는 유일한 방법이다. 불안은 불완전함이라는 생각을 멈추기까지 수년이 걸렸다. 도일은 자신의 최신 베스트셀러 『언테임드 Untamed』에서 이렇게 기록한다.

> 제정신을 차리면서 나는 절대 단 한 순간도 다시 괜찮지 않았다. 지쳤고 두려웠고 화났다. 압도당하면서도 전혀 감동하지 못했고 병적으로 우울하고 불안해졌다. 놀라웠고 경이로웠으며 즐거웠고 폭발할 정도로 기뻤다. 나는 끊임없이 에이크^Ache(『언테임드』에서 저자가 사용한 고유한 개념으로 삶과 내면의 총체적인 아픔과 고통, 갈망을 의미한다.—옮긴이)의 목소리를 듣는다. 이건 지나갈 것이니 나와 붙어 있어라. 나는 살아 있다.[48]

제정신을 차리기 시작하면서 도일은 자신의 고택대로 단 한순간도 '괜찮지' 않았다. 마찬가지로 키르케고르의 불안도 절대 없어지지 않았다. 그는 남아 있는 짧은 생을 사는 동안 '불안한 생각을 발설하지 않음'으로써 이를 '봉인'했다.[49] 죽기 3년 전 여전히 그는 불안에 '억눌려' 있었다.[50] 그렇지만 키르케고르는 불안을 느끼는 더 나은 방법과 더 나쁜 방법이 있다고 믿었다. 우리 눈에 키르케고르가 불안을 다루는 방법의 좋은 모형으로 보이지 않을 수 있지만 그의 이야기를 듣기 위해서 꼭 그 기준으로 그를 바라볼 필요는 없다.

그의 삶이 저물어 갈 무렵 키르케고르는 이렇게 기록했다. "누구든 불안을 올바르게 대하는 방법을 배운 사람은 인생의 극치를 배운 것이다."[51] 사회는 우리에게 불안을 대하는 잘못된 방법을 알려 주었다. 불안은 '정상적으로' 살아가는 데 장애물이라고 말해 왔다. 그러니 끔찍한 목소리를 잠재울 대처 기제를 찾아야 한다고 제안했다. 우리가 폭풍을 견디기에는 형편없도록 준비시켰기에.

키르케고르가 올바른 방식으로 불안을 대하는 법을 배우지 못했더라도 도일은 달랐다. 제정신을 차리면서 불안을 다룰 더 나은 방법을 찾아냈고, 도움이 필요한 사람들에게 돈과 물자를 나누는 비영리 단체를 설립했다. 이제 그는 올바른 방법으로 불안해하면서 전 세계 곳곳의 화재 경보를 듣고 꺼야 할 불을 찾아낸다. 도일의 이야기는 키르케고르적이다. 불안한 사람은 고장 난 것이 아니다. 우리는 불안하며 동시에 온전하다. 이 생각을 붙드는 것이 '올바른 방법으로'

불안해하는 것의 시작이다. 얄롬이 덧붙이듯이 "우리의 유한함, 빛 가운데 살아가는 짧은 시간이라는 인간 조건을 이해한다."라는 방식으로 "자기 자신과 다른 모든 인간을 향한 연민을 끌어올릴 수 있다."[52]

극심한 경우의 불안한 사람도 고장 난 것이 아니다.[53] 세상은 유해하며, 매일 우리는 "도전할 때 놀라운 일이 일어난다."라는 식의, 겉보기에는 무해한 메시지 속 독소를 삼킨다. 매일매일 도전하는 사람들에게 물어보라. 그들에게 놀라운 일이 일어나는가, 아니면 결국 나쁜 일이 일어나고야 마는 수치심 가득한 세상에 갇힌 자신을 발견하는가? 자신의 꿈을 보여 주고 당신은 틀렸다고 말하는 것으로 돈을 지불하게 만드는 자기계발서 저자들에게는 묻지 말아야 한다.

이 모든 키르케고르적 조언이 불안은 우리 대부분에게 불쾌한 정도지만 소수의 사람은 불안 때문에 심신이 쇠약해진다는 사실을 충분히 다루지는 못한다. 영원한 공허와 계속되는 변덕, 죽음이라는 최후의 진실을 곱씹는 것은 아프다. 머릿속에 재앙의 목소리만 들리는 삶은 고문일 수 있다. 명상이 그 목소리의 음량을 줄일 수 있다면 받아들이라. 하지만 당신과 당신이 사랑하는 사람들이 조만간 죽을 운명이라는 건 절대로 잊지 말라. 우리는 불안에 등을 돌릴지 아니면 대면할지(작동 불량의 불편을 피하려고 화재 경보기를 끄지 아니면 작동하도록 둘지) 선택할 수 있다. 우울과 마찬가지로 플라톤과 프로잭은 불안을 잘 다루도록 도움을 준다.

불안 경험은 키르케고르가 어둠 속에서 볼 수 있도록 도왔다.

그는 불안은 지능의 표지라고 결론 내릴 만큼 충분히 오랜 시간 동굴 속을 더듬으며 나아갔다. 키르케고르의 이야기는 불안은 우리로 하여금 심연을 내려다보도록 끊임없이 강요한다고 묘사한다. 불안은 우리가 혼자이며 언젠가는 죽을 운명이라고 되새기게 하는 다이몬이다. 참을 수 없지만 동시에 긴장감 넘치는 화재 경보기다. 아이들이 죽는다는 사실을 차마 인정하지 못하는 #긍정적으로살기 해시태그 메시지에 대한 비판이다. 더할 나위 없이 잔인한 불안은 우리로 하여금 호기롭지만 무서운, 피투성이지만 살아 있는 100퍼센트의 온전한 인간이게끔 한다. 이 설명은 불안을 가주 매력적으로 보이게 하지 않겠지만 우리가 우리 자신의 편에 있게 한다.

불안이 전부 나쁘지는 않을 거라는 생각에 처음에는 저항했던 에바는 키르케고르의 철학으로 자신을 인정받은 기분이라고 말했다. 에바의 말이다. "내 불안이 더 좋아진 건 아니에요. 하지만 지금은 내가 더 정상이라고 느껴져요. 더 똑똑해진 것도 같아요." 에바는 이 강의 이전에는 불안에 관해 단 한 번도 터놓고 이야기하지 않았던 학생이었다. 키르케고르는 어떻게 불안을 대하고 어떻게 존엄을 유지하는지를 알려 주었다. 에바는 불안이 자신을 고장 냈다고 믿으며 수업에 들어왔다. 이제 강의실을 나가면서는 자신이 이 세계에서 온전하게, 그리고 동시에 고통스럽게 살아가고 있음을 느끼고 있었다.

맺는 글

밤에 보는 법
연습하기

◆
◆
◆

대학 시절 나는 플라톤의 동굴 속 죄수들이 빛으로 교화되지 못하고 무지하다고 생각했다. 그때는 인형 조종사들을 고려하지 못했다.

그림자를 드리우고 보이는 것을 믿으라고 하는 사람은 누구나 인형 조종사다. 플라톤이 말하지 않았던 한 가지 유난히 흥미로운 세부 사항은, 인형 조종사들이 자기가 무슨 일을 하고 있는지 알았을까에 관한 질문이다. "그들도 죄수들인가요?" 학생들이 묻는다. "고의로 사람들을 속이는 건가요?" 나도 모른다고 답한다. 몇몇은 그럴지도, 몇몇은 아닐지도 모르겠다. 전부 죄수들일 수도 있겠다.

이 책에서 인형 조종사는 우리에게 빛을 판매하고 어둠을 못난 것, 아픈 것, 무지한 것 또는 고장 난 것으로 종용하는 사람이다. 어쩌면 우리가 인형 조종사일 수도 있다. 실망한 아이에게 이렇게 말했을 수도 있다. "주어진 걸 받아들이고 짜증 내지 마."(삶이 우리에게 건네는 것을 우리가 바꿀 수 없다는 게 사실이더라도 왜 짜증 내는 것을 금지할까?) 사랑하는 사람들에게 기운 내라고 강요했을지도 모른다. 스스로에게 그랬을 수도 있다. 그럼에도 방심하지 말고 주변에서 접하거나 스스로 전파하는 어둠을 부정하는 메시지를 알아차려야 한다.

플라톤의 동굴에서 한 가지 경고를 얻을 수도 있다. 즉, 누구나 잠재적인 인형 조종사다. 모든 이야기꾼, 즉 작가, 배우, 치료사, 과학자, 소셜 미디어 인플루언서, 뉴스 앵커, 의사, 성직자, 정치가에게는 그늘을 드리울 힘이 있다. 그들 모두 우리가 자신의 단어를 찾도록 돕기보다는 자기가 하는 말을 믿으라고 요구한다. 학기마다 나는 수강생들에게 나를 믿지 말라고 말한다. 우리가 공부하는 철학자들의 원서를 사라고 하고, 학생들이 철학자들의 말을 스스로 해석하게 하고, 내 말을 곧이곧대로 받아들이지 말라고 한다. 나는 이야기꾼이며 이야기는 수많은 방식으로 만들어질 수 있다는 것을 그들에게 상기시킨다.

일반적으로 체로키족이나 델라웨어족에게서 전해졌다는 인기 있는 미국 원주민 우화에서는 한 현자가 손자에게 마음에 두 마리 늑대가 싸우고 있는 이야기를 들려준다. 좋은 놈과 나쁜 놈, 평화로운 놈과 화내는 놈, 밝은 놈과 어두운 놈. 무서워진 손자는 묻는다. "어떤 늑대가 이기나요?" "네가 먹이를 누구에게 주느냐에 달려 있단다." 현자가 말한다. 빛 은유는 이 이야기를 애도와 분노 같은 기분에 굴복하면 안 된다고 해석하게 했다. 어떤 불교인들은 이를 '파괴적인 감정'이라고도 했다. 부정성은 우리를 아프게 하고, 어두운 기분으로 빠져드는 것을 멈추면 그 기분이 사그라질 거라는 말을 너무 많이 들어왔다. 밝은 늑대가 이길 거라고. 우리 모두 밝아질 거라고.

하지만 마음속 깊은 곳에서 우리는 모두가 밝아지는 게 선택사항이 아님을 알고 있다.

소크라테스가 배움에 관한 이야기를 한 적이 있다. 배우고 있다고, 새로운 지식을 얻고 있다고 생각할 때마다 사실 가장 깊은 자아의 지혜를 소환하는 거라고 그는 말했다. 이를 이미 알지만 수면 위로 끄집어내려면 도움이 필요한 생각, '기억'이라고 불렀다. 사실은 이것이다. 우리가 얼마나 오래 스스로를 굶겼든 절대로 모두가 다 밝아질 수는 없다. 이 사실은 새롭지 않다. 우리는 계속 잊어버리고 다시 기억해 내는 데 도움이 필요하다. #나쁜날은없다, 이렇게 쓰인 티셔츠를 입고 있는 아이들의 축구 코치도 분명 어딘가 마음 깊은 곳에선 이게 말도 안 된다는 것을 알고 있다. 항상 좋은 날들 같은 건 없다. 밝은 늑대가 어두운 늑대를 죽인 사람은 지구상에 없다. 밝기만 한 늑대도, 밝기만 한 사람도 없다. 아이들의 축구 코치가 매일 아침 옷장 서랍을 뒤지며 잊어버리는 건, 자신의 티셔츠 문구가 공항에 붙은 긍정주의 선전 문구(내일은 더 밝아질 것입니다!)나 '행복은 선택'이라는 슬로건을 외치는 자기계발서처럼, 하루만 좋지 않아도 우리는 실패하는 것이기에 결국은 도달할 수 없는 기준을 세운다는 점이다.

우리에겐 나쁜 날들도 있다. 기분 나쁘거나, 애도하거나, 슬퍼하거나, 불안해하거나, 분노하거나, 우울해할 이유가 넘친다. 한편 기쁨은 찾기 힘들지만, 아마도 더 열심히 노력하라고 말하는 동기 부여 포스터보다는 있는 그대로 우리의 모습이 받아들여진다는 느낌에서 기쁨은 올 것이다. 빛 은유는 우리더러 더 높이 날라고, 더 밝게 살라고 끊임없이 말하지만, 그리스 신화의 이카로스처럼 우리에겐 그저 밀랍으로 만든 날개가 있을 뿐이다. 그 날개는 태양에 너무 가까이 가면 녹아내려서 우리는 그늘을 제공해 줄 나무들이 있는 시원한 지구로 물러난다. 이카로스의 날개가 그의 모습에서 흠이 아니었듯이, 어두운 기분도 우리에게 흠이 아니다. 이 책에서 탐구한 불안과 우울, 다른 어두운 기분들은 우리를 약하게 만들거나 고장 나게 하지 않는다. 너무 과도한 햇볕은 인간에게 적합하지 않다고 계속 알려 주며 과다 노출에 취약하게 만든다. 우리에게는 그 아래서 쉴 수 있는 그늘진 나무와 매일 밤의 숙면이 필요하다.

  우리 안의 어두운 늑대를 죽이기는커녕 늑대를 먹이지 않으면 극도로 화나게 만들 것이다. 긍정의 말을 주식으로 먹으며 어두운 늑대를 굶겨 보기도 했으나 죽지 않으면 더욱 수치스러워질 뿐이다. 두 늑대가 잘 지내기를 원한다면 한 마리도 굶기지 않는 것이 현명한 행동이다.

  그런데 만일 어두운 늑대에게 먹이를 주었다면? 이를테면 사랑과 이해, 공감과 연대처럼 그 늑대가 원하는 것을 주었다면? 그러면 늑대는 난로 곁 융단 위에 편히 누울 것이다. 잘 먹이면 어두운 늑대의 새롭고 두껍고 빛나는 털이 자라나는 것을 보게 될지도 모른다. 마침내 싸워 이기려는 게 아니라 놀자고 밝은 늑대를 찾을지도 모른다. 아마도 밝은 늑대와 어두운 늑대가 한밤중 우리 발밑에 함께 몸을 웅크리게 될 것이다.

어둠 속에서 보기 위해서는 여전히 동굴 안에 앉아 있는 법을 배워야 한다. 우리의 새로운 접근을 시험해 볼 돌로르가 필요하기도 하지만 찾아 나설 필요는 없다. 마치 뉴욕 거리에서 자유의 여신상 보트 투어 전단지를 우리 손에 밀어 넣는 남자처럼 삶이 공짜로 우리에게 건네주니까. 마찬가지로 고통스러운 기분을 '선물'이라고 부를 필요가 없으며 감사하지 않아도 된다. 그저 존엄을 상실하지 않는 방법으로 자기의 기분을 생각해 보고 말할 필요만 있을 뿐이다. 우리 사회가 빛을 조금 줄이고 일부 선전물을 치운다면 자신에게서 등을 돌리지 않는 일에도 도움이 되리라.

우리의 동굴 탐험 인도자로 이 책에 등장하는 철학자들은 어둠의 역기능보다는 어둠의 존엄성을 강조하는 이야기를 들려주었다. 어두운 기분이 연결과 공감, 사랑, 창조성, 정의, 동기부여 그리고 자기 인식으로 갈 수 있게 해 준다는 증거를 보여 주었다. 상황이 어려워졌을 때 이 철학자들의 지혜를 기억하는 일은 우리가 자신과 척지지 않고 스스로의 편에 머물 수 있게 돕는다.

키르케고르가 했던 것처럼 불안에 이름을 붙이는 대신 불안을 존중할 수 있다. 키르케고르는 불안이 우리의 인간성을 부정하는 일에 맞서는 입장을 취하게 한다고 알려 준다. 그가 전하는 아주 오래된 이야기에서 불안은 삶과 죽음에 관한 인간 고유의 걱정이다. 우리는 분명 죽게 될 연약한 존재라는 것, 세상 모두가 졸고 있다 해도 우리는 죽게 될 운명과 관련해 무언가 해야 할 필요가 있다고 되새기는 목소리다. 불안이 세상의 혼돈과 가능성을 감지하는 방식은 당황스러울 수 있지만 틀린 것은 아니다. 삶은 혼란스럽고 우리는 언젠간 죽게 되며, 우리가 가진 좋은 것은 전부 사라질 수 있다. 불안은 감정 지능의 표지다.

불안에 관한 더 나은 이야기가 어두운 늑대를 죽이지는 않겠지만 그것도 목적이 아니다. 어느 정도의 불안은 우리가 언젠가 죽더라도 현재를 살아가고, 깊고 강렬히 사랑하며, 고통과 상실을 성실히 다루어 가는 데 필요하다. 올바른 방식으로 불안을 대하는 법을 배우는 것에는 불안의 목소리가 적당한 크기로 우리에게 말할 때까지 좋은 치료사를 찾고 약을 먹는 것도 포함될 수 있다. 그렇게 불안의 목소리를 듣고 사랑하는 사람들이 세상을 떠나기 전에 그들과 관계 맺는 데 불안을 사용할 수 있다.

안살두아처럼 오래된 기분을 묘사할 새로운 비유를 만들어 낼 수도 있다. 그는 자신의 우울과 친해질 수 없었지만 새로운 이름을 붙여 주었다. 안살두아는 자신의 지적 생산 활동에 아즈텍 신화에 기초한 새로운 단어로 우울을 참여시켰다. 코아틀리쿠에는 안살두아가 우울은 성차별주의와 인종차별주의, 동성애 혐오증의 부산물이라는 생각을 인식하게 해, '게으름'의 서사에 맞서게 했다. 어둠 속에 앉아 있기는 안살두아가 이론가(또는 의사, 관리자, 간호사, 변호사, 승무원)라면 응당 어떠해야 하는지 생각하는 사회에서 자신이 사기꾼처럼 느껴지는 유색인 여성이 혼자만이 아니라는 걸 보여 주었다. 안살두아의 신화는 그의 우울을 죽이지 않았지만, 고장설에서 빠져나오게 해 주었다. 또한 사회의 고장 난 부분을 찾아낼 수단도 제공했다. 새로운 용어는 우리가 자기 존중을 얻어 낼 수 있게 하며, 괴로움을 느끼게 하는 외부 요인을 식별할 수 있도록 도와준다.

루이스가 그러했듯이 가짜 조의를 거절하고 우리에게 일어난 비극의 진실 안에서 살아가기로 선택할 수도 있다. 그는 자신의 애도가 친구와 가족을 화나게 만든다는 사실을 알았지만 자신의 편에 머물렀다. 처음 보면 놀라겠지만 우리를 진심으로 사랑하고 존중하는 사람들은 주목받고 싶어 다가오는 어두운 늑대를 위한 공간을 마련해 줄 것이다. 애도의 늑대가 우리의 무릎이 아니라 발밑에 앉아 쉬고 싶어 할 때, 사랑하는 사람들은 그때를 '극복해야 하는 것'이라고 부르지 않을 것이다. 우리는 그들에게 애도는 평생 지고 가야 할 것이라고 알려 줄 수 있다. 어쨌든 대부분은 애도의 동굴을 지날 때 그 안으로 들어가 어둠 속에 앉아 돌로르를 위한 공간을 지켜 내기보다는 도망가는 법만 배워 왔기 때문이다.

존엄성과 더불어 어두운 기분은 선천적인 통각 상실증이 우리가 지향해야 할 바가 아님을 일깨운다. 우나무노의 삶은 고통으로 가득했지만, 그는 고통을 성격 결함이나 질병과 혼동하지 않는 법을 배웠다. 스스로에게서 등 돌리지 않고 자신의 곁에 머물렀다. 고통을 느낄 때마다 고통은 '너무 예민함'의 표시가 아니라는 사실을 스스로 되새길 수 있다면, 돌로르를 육감으로 인정하는 상상을 할 수 있다면, 고통받는 동료를 찾을 때까지 고개를 높이 들어 주위를 둘러보고 싶어질지도 모른다. 비극이 연대를 사랑한다면, 서로를 찾는 데 비극을 사용하자.

마지막으로 어둠 속에서 보는 법을 배우는 건 우리가 분노를 다시 상상할 수 있게 한다. 루고네스는 분노는 하나가 아니라 다양하다는 진주 같은 지혜를 남겼다. 그 많은 분노는 루고네스가 '무기고'(부당함과 맞서 싸우기 위해 필요한 무기 저장고)라고 부르는 것을 형성했다.¹ 10까지 세거나 분노를 억누르는 대신 우리는 훅스처럼 될 수도 있고, 다양한 영역에서 전문성으로 비이성적이고 정상이 아니며 추하다는 분노의 누명을 비판할 수 있다. 루고네스는 분노에 관한 자신의 양가 감정에도 불구하고 추한 분노와 추하지 않은 분노, 1차 분노와 2차 분노를 구분하며 분노에 관해 이야기하는 새로운 길을 열어 주었다. 그는 분노한 사람이 존엄을 느끼도록 돕는 유의미한 통찰을 남겼다. 마침내 우리가 분노는 확산되는 게 아니라 사용되어야 하는 운명임을 기억한다면 분노를 조절하려는 노력 대신 분노를 사용하고 훈련하는 법을 배울 수 있다. 어둠 속에서 보는 것은 개인의 삶과 정치적 삶에서 분노를 사용하는 최선의 방법을 가르쳐 준다.

밤에 보는 법을 연습하면서 어두운 기분에 관한 새로운 이야기가 질병과 진단, 치료에 관한 의학적 이야기를 반대하거나 대체할 필요가 없다는 것을 기억하는 것 또한 중요하다. 정신 건강에 관한 의학적 이해는 없어지지 않을 것이며 없어져서도 안 된다. 의학적 이해는 우리가 어둠 속에서 볼 수 있도록(즉, 어둠 공포증 사회에 적응하도록) 돕는 의학적 치료를 받게 해 준다. 하지만 치료 이야기와 더불어 우리 자신과 서로에게 우리 사회가 수치스럽게 느끼는 기분에 존엄성을 돌려 주는 철학적 이야기를 나눌 수 있다.

지금부터 100년 후 어쩌면 우리 사회는 감정적 어둠에 관한 공포를 극복할 것이다. 그때는 끊임없이 활발하기를 기대하는 것은 어려운 기분을 다루지 못하는 일이라는 것을 깨달을 것이다. 아마 '오늘을 놀랍도록 멋진 하루로 만들라.'라고 지시하는 머그잔을 다 부숴 버렸을 것이다. 작가 헨리 데이비드 소로Henry David Thoreau가 크게 경탄하며 "옥수수가 자라는 밤"이라고 시적으로 언급했던 적이 있다.[2] 이제 밤은 무섭고 위험하면서도 열매를 맺고 싹이 트고 살아 있는 시간이라고 기억할 수 있다.

감정적으로 똑똑해진 미래에는 아무도 2주 이상 지속되는 애도를 정신 질환으로 묶지 않을 것이다. 우울증을 정신 건강 문제 이상으로 말하지 않을 것이다. 더 이상 어두운 기분을 숨기거나 깎아 내려야 한다고, '용감한 가면을 써야 한다.'라고 여기지 않기에 누군가가 요즘 어떠냐고 하는 질문에 솔직하게 대답할 것이다. 아무도 우리에게 '부유한 나라에만 있을 법한 불편'이라 말하지 않고, 아우슈비츠 수용소에 있었던 누군가라면 우리와 자리를 바꾸고 싶어 못 견딜 거라고 하지 않을 것이다(내가 기분이 안 좋았을 때 한 친구가 선의로 한 말처럼). 조금 더 감정적으로 똑똑해진 미래에는 사람들이 더 이상 사용하지 않을 멍청한 말('밝은 면을 봐.'의 모든 변형)이 많을 것이다. 엘 문도 주르도를 짓기 시작하며 우리는 모두가 밤에 보는 시야를 얻게 도울 수 있다.

학기 말에 나는 수강생들에게 무언가 잘못된 교훈을 배운다 해도 놀라지 말라고 말한다. 무언가 배우고 있다고 생각하는 순간이야말로 신중하고 통찰력을 발휘해야 하는 시간이라고 강조한다. 그때가 바로 그저 하나의 그림자를 다른 그림자로 바꾸고 있지는 않은지 스스로 물어야 할 순간이다.

대학에서 플라톤은 내게 의심의 중요성을 알려 주었다. 그러나 내 수강생들이 학기마다 그렇듯이 나는 잘못된 것을 의심했다. 빛이 아니라 나무를 의심하면서 그림자를 차례로 바꿀 뿐이었다. 빛이 우리를 어둠에서 구원할 수 없다는 것을 알게 되기까지 수년이 걸렸다. 어둠은 우리를 감금하는 게 아니라는 것을 알기까지는 더 오랜 시간이 걸렸다.

이 책이 독자들에게 도움이 되기를 바란다. 그러나 그게 내가 원하는 전부는 아니다.

내 바람은 독자들이 다음에 빛 은유를 언급하려는 찰나에 말을 멈추는 것이다. '해답이 섬광처럼 번쩍이는 순간'을 공유하거나, 수년 동안 이해할 수 없었던 문제에 어떤 책이 어떻게 '빛을 드리웠는지' 설명하려는 순간에 멈추는 것이다. 아직도 터널 안에 갇힌 누군가를 두고 나왔을지도 모른다는 사실을 고려하지 않은 채 터널의 끝에서 빛을 보았다고 주장하지 않는 것이다. 그 무엇도 밤과 낮에 비교하지 않는 것이다. 문제나 어려움에 빛이 필요하다고 여기지 않는 것이다. 그 누구에게도, 특히 자신에게 밝은 면을 보라는 말을 삼가는 것이다. 또한 '적어도'라는 말로 문장을 시작하는 방식의 영향을 생각하기를 바란다. 대신 어둠은 적응해야 할, 주위에 있다고 느껴야 할, 그 안에서 자기 자신과 다른 이들을 발견해야 할 현실이라는 생각을 떠올리고 가까이 두기를 권한다. 어둠은 결핍이라는 그림자를 의심하라. 주어진 것을 받아들여도 짜증이 날 수 있다. 짜증이 나도록 두는 게 진짜로 원하는 것이 무엇인지 깨닫게 할지도 모른다.

어둠 속에서의 시야를 개발하는 길 어딘가에서, 감정적 고통이 공동체와 관계, 자기 인식, 정밀성, 지혜, 공감 그리고 지능을 잇는 전달자로 사용될 수 있다는 것을 확신할 필요가 있다. 이런 기분으로 사는 한 우리가 낙담해 화장실 바닥에 뻗었을 때라도 존엄성을 절대 잃지 않는다고 믿어야 한다.

그러나 내 말을 곧이곧대로 믿지 말라. 빛 은유와 고장설이 사악하게 여기저기 뻗어 있다는 내 결론을 받아들이지 말라. 여기서 기억을 더듬어 본다. 내가 전한 이미지(빛은 흥청망청 취하고 그늘은 취하지 않는 감정적 세계에 관한)가 당신의 중심에 공명을 일으켰는가? 그렇지 않다면 그대로 두고 왜 이리도 많은 사람이 힘겨운 기분에 수치심을 느끼는지, 더 나은 설명을 찾아보라. 설령 공명을 일으켰더라도 겹겹이 쌓인 무미건조한 격언 아래 파묻힌 진리를 소환하는 것같이 느낄 수 있다. 어두운 기분이 어둠 속에서 더 자연스럽고 덜 무섭게 보이는지 알기 위해서라면, 직접 밤에 보는 법을 연습하고 확인해 보아야 한다.

감사의 말

2020~2021년 교수 연구 휴가를 주어서 이 책을 쓸 수 있도록 지원한 텍사스 리오그란데밸리대학교, 고맙습니다. 내 철학 전공생들, 부전공생들 그리고 졸업생들에게도 내 마음을 전합니다. 우리처럼 생겼거나 스페인식 영어를 사용하는 사람들은 다른 사람의 아이디어를 단순히 소비하기만 하는 사람이 아니라, 소모스 필로소포스Somos filósofos, 즉 지식의 창조자들입니다. 거울을 볼 때 이렇게 말하세요. "이 모습이 철학자의 모습이다."

　　마커스 호프만Markus Hoffman, 미국이 여전히 희망을 미친 듯이 좋아하던 2014년에 내 비관주의 브랜드를 팔 수 있게 해 줘서 고마워요. 롭 템피오Rob Tempio, 당신의 열정과 친절은 내 긴장을 풀어 주었고, 솔직하게 글을 쓸 수 있었습니다. 프린스턴대학교 출판원의 제작과 마케팅 팀, 특히 클로에 코이Chloe Coy, 새러 러너Sara Lerner, 데이비드 캠벨David Campbell, 마리아 웰런Maria Whelan 그리고 로리 슐레진저Laurie Schlesinger, 이 주제를 이해해 주어서 고마워요. 신시아 벅Cynthia Buck, 모호한 단어를 제거해 줘서 고맙고, 마이클 플로레스Michael Flores, 주석에 특별히 신경 써 줘서 고맙습니다.

켐로 아키Kernlo Aki, 당신이 없었으면 이 책도 없었습니다. 당신은 내 최악의 학문적 글쓰기 습관을 걷어차도록 도와주었어요. 가장 멋진 종류의 난폭함으로. 질 에인절Jill Angel, 내가 이 작업을 지속할 수 있게 해 주어 감사합니다.

레인Reine, 브래드Brad, 매릴린Marilyn, 고든Gordon, 에이미Amy, 초창기에도 나를 격려해 줘서 고마웠어요. 케이티Katie, 예일Yael 그리고 티나Tina, 당신들은 공감과 연민으로 쓴 글일지라도 누군가에게는 상처 줄 수 있는 부분을 내 글에서 발견해 주었고, 그 조언으로 내가 의미하는 주제를 제대로 쓸 수 있었어요. 또 바지를 안 입으면 밖에 나가지 못하게 말려 줘서 고맙네요. 항상 고마운 존 캐그, 당신은 나보다도 먼저 내게는 해야 할 말이 있다고 확신했지요.

로들리Lodly, 젠Jenn, 우리는 어렸을 때부터 불평하기가 교감이며, 웃고 울기가 삶이란 걸 느꼈지요. JTLS, 당신들은 20년 동안 내가 결론에 도달할 때까지 최대한 말할 수 있게 허락해 주었어요. 놀라울 정도로 현명합니다.

10살짜리 큰아들 산티아고 에머슨Santiago Emerson, 너는 관찰자이며 내가 다른 사람을, 나 자신을, 그리고 우리 사회를 세심하게 들여다볼 수 있도록 영감을 불어넣는 사람이야. 엄마를 안아 주는 걸 절대로 멈추지 말아 줘.

8살짜리 작은아들 세바스티안 파스칼Sebastián Pascal, 나의 왕자, 나의 보물, 나의 심장, 네가 노는 걸 보고 있자면 나도 몸이 있음을 생각하게 돼. 넌 세상에 단 하나뿐인 존재야.

 나를 위로하느라 100시간을 쏟아붓고 초안과 모든 장, 구획, 문단, 문장, 문구, 단어를 읽느라 또 100시간을 들인 알렉스^{Alex}, 당신의 사랑이 전부 해냈어요. 당신의 모습을 있는 그대로 사랑합니다.

 이 책에 남아 있는 실수들은 사랑하는 독자들이 더 나은 세상을 만든다는 마음으로 확인해 주세요. 우리가 사과하지 않고도 울 수 있을 때까지 이 책이 나이 들어 가기를 기대합니다. 살펴주어서 고맙습니다.

주석

여는 글: 빛 의심하기

1. 베스트셀러 작가 글레넌 도일은 이 재구성에서 영감을 얻었고, 한 트위터 글에 이렇게 기록했다. "Q: 글레넌, 왜 그렇게 자주 웁니까? A: 자주 웃는 이유와 같습니다. 집중하고 있기 때문이죠." 트위터 포스트, 글레넌 도일, 2015년 11월, https://twitter.com/glennondoyle/status/661634542311223296?lang=en.
2. Jean Paul Sartre, No Exit and Three Other Plays, translated by Stuart Gilbert (New York: Vintage, 1989), 45; and Søren Kierkegaard, Søren Kierkegaard's Journals and Papers, edited and translated by Howard V. Hong and Edna H. Hong (Bloomington: Indiana University Press, 1967), 5.470 entry 6837 (X.5 A 72, n.d., 1853).
3. 내가 왜 이 사상가들을, 심지어 몇몇은 박사 학위를 받지도 않았는데 '철학자들'이라고 부르고 싶어 하는지 궁금하다면 그 이유는 다음과 같다. 소크라테스, 플라톤, 아리스토텔레스, 박사 학위가 있기 이전에 존재했던 고대 그리스 철학자들을 제외하더라도 역사상 수많은 남성이 학위 취득 없이도 철학자라는 직함을 부여받았다. "나는 생각한다. 고로 나는 존재한다."라고 말했던 유명한 프랑스 철학자 데카르트는 철학 학위가 없었다. 니체는 철학을 배운 적도 가르친 적도 없었다. 그의 저서를 한 번도 읽은 적 없어도 대부분 그를 철학자라고 부른다. 조금 더 현대 사례로 영국 이론가 데렉 파피트Derek Parfit는 철학 박사 학위를 받은 적이 없는데도 위키피디아에 철학자로 등재되어 있다. 이러한 예시는 위키피디아에 "미국 작가, 교수, 페미니스트, 사회 운동가"라고 되어 있는 흑인 지성인 벨 훅스와 "미국 작가, 페미니스트, 여성주의자, 사서, 시민권 운동가"라고 되어 있는 흑인 시인 오드리 로드와 대조된다. 다음 장에서 살펴보게 될 이들의 분노에 관한 철학은 우리의 사고를 전환할 수 있지만, 철학계는 여전히 대부분 그들을 강의실 밖에 세워 둔다. 역사를 통틀어 전문 철학의 뒷문은 백인 남성에게는 즉시 열렸지만, 유색인 여성에게는 쉽게 열리지 않았다.
4. Wendell Berry, "To Know the Dark," in New Collected Poems (Berkeley, CA: Counterpoint Press, 2012). Copyright © 1970, 2012 by Wendell Berry. Reprinted with the permission of The Permissions Company, LLC on behalf of Counterpoint Press, counterpointpress.com.

1장 분노에 솔직해지기

1. 철학 교수 중 여성은 20퍼센트뿐이며 백인이 아닌 사람은 3퍼센트다. 2017년에 계수된 6,700명의 전임 교수와 시간강사 중 약 1,400명만 여성이었다. 백인이 아닌 남성과 여성은 200명뿐이었다. "미국 철학부에 관한 사실과 수치들Facts and Figures about US Philosophy Departments," Daily Nous, May 18, 2020, https://dailynous.com/2020/05/18/facts-figures-philosophy-departments-united-states/
2. Carlos Alberto Sanchez, "철학과 이민 이후의 두려움Philosophy and the Post-Immigrant Fear," Philosophy in the Contemporary World 18, no. 1 (2011): 39.
3. Kristie Dotson, "이러한 탁상 철학은 괜찮은가?How Is This Paper Philosophy?," Comparative Philosophy 3, no. 1 (2012): 3-29. 학계의 유색인 여성 배척에 관한 더 많은 내용은 다음을 참고하라. Joy James, "Teaching Theory, Talking Community" in Spirit, Space, and Survival: African American Women in (White) Academe (New York: Routledge, 1993), 118-38.

4   Plato, Phaedrus, translated by Alexander Nehemas and Paul Woodruff (Indianapolis: Hackett, 1995), 253e(플라톤, 『파이드로스』).

5   Michael Potegal and Raymond W. Novaco, "A Brief History of Anger," in International Handbook of Anger: Constituent and Concomitant Biological, Psychological, and Social Processes, edited by Michael Potegal, Gerhard Stemmler, and Charles Spielberger (New York: Springer, 2010), 9–24.

6   Seneca, De Ira, book III, section 12(세네카, 『분노에 관하여』).

7   Epictetus, The Handbook (The Enchiridion), translated by Nicholas White (Indianapolis: Hackett Publishing Co., 1983), 13(에픽테토스, 『엥케이리디온』).

8   Potegal and Novaco, "A Brief History of Anger," 16.

9   Marcus Aurelius, Meditations, translated by Gregory Hays (New York: Modern Library, 2003), 38(마르쿠스 아우렐리우스, 『명상록』).

10 Ibid., 17.

11 Pierre Hadot, Philosophy as a Way of Life: Spiritual Exercises from Socrates to Foucault, translated by Michael Chase (Malden: Blackwell, 1995), chap. 9.

12 1992년 2월 25일 PBS(WQED)에서 방영된 〈미스터 로저스의 이웃Mister Rogers' Neighborhood〉 중 1,647번째 에피소드 "상상 속 친구들Imaginary Friends".

13 Potegal and Novaco, "A Brief History of Anger," 15.

14 Ibid., 15–16.

15 Ibid.

16 마크 맨슨, 『신경 끄기의 기술』, 한재호 역, 갤리온, 2017.

17 마크 맨슨, "나는 왜 스토아 철학자가 아닌가", (블로그) 마크 맨슨의 형편없지 않은 인생 조언, https://markmanson.net/why-i-am-not-a-stoic.

18 게리 비숍, 『내 인생 구하기』, 김미정 역, 웅진지식하우스, 2020.

19 오드리 로드의 전기작가 알렉시스 드 보Alexis De Veaux는 조이 제임스Joy James의 개념을 빌려 그를 "살아 있는 철학자"라고 부른다. 다음을 참고하라. Alexis De Veaux, Warrior Poet: A Biography of Audre Lorde (New York: W. W. Norton and Co., 2004), 35; Joy James, "African Philosophy, Theory, and 'Living Thinkers,'" in Spirit, Space, and Survival: African American Women in (White) Academe, edited by Joy James and Ruth Farmer (New York: Routledge, 1993), 31–46.

20 Audre Lorde, "The Uses of Anger: Women Responding to Racism," in Audre Lorde, Sister Outsider: Essays and Speeches (New York: Random House/Crossing Press, 2007), 124(오드리 로드, 『시스터 아웃사이더』, 주해연·박미선 역, 후마니타스, 2018).

21 Ibid., 127.

22 Ibid., 129.

23 Ibid.

24 Myisha Cherry, The Case for Rage: Why Anger Is Essential to Anti-Racist Struggle (Oxford: Oxford Universi-

ty Press, 2021).

25 Lorde, "The Uses of Anger," 127.

26 Ibid., 125.

27 Ibid.

28 Ibid., 130.

29 Soraya Chemaly, Rage Becomes Her: The Power of Women's Anger (New York: Atria Books, 2018), 51 (소라야 시멀리, 『우리의 분노는 길을 낸든다』, 류기일 역, 문학동네, 2022).

30 Ibid., 51-52.

31 Ibid., 54.

32 Lorde, "The Uses of Anger," 128.

33 Joseph P. Williams, "미국 국회의사당 폭도들과 경찰의 집회 시위 관리의 이중 잣대The US Capitol Riots and the Double Standard of Protest Policing," U. S. News & World Report, January 12, 2021, https://www.usnews.com/news/national-news/articles/2021-01-12/the-us-capitol-riots-and-the-double-standard-of-protest-policing.

34 Jolie McCullough, "'우리는 총에 맞았을 것이다': 국회의사당 폭동에 대한 법 집행기관의 반응에 충격받은 텍사스 활동가들'We Would Have Been Shot': Texas Activists Shaken by Law Enforcement Reaction to Capitol Siege," Texas Tribune, January 7, 2021, www.texastribune.org/2021/01/07/capitol-siege-police-response-difference/.

35 Madelyn Beck, "6월 BLM 시위에는 수천 명의 주방위군이 워싱턴 D. C.에 배치됐다. 수요일에 그들은 어디에 있었는가?A BLM Protest Brought Thousands of National Guardsmen to DC in June. Where Were They Wednesday?," Boise State Public Radio News, January 8, 2021, https://www.boisestatepublicradio.org/post/blm-protest-brought-thousands-national-guardsmen-dc-june-where-were-they-wednesday#stream/.

36 NPR의 스티브 잉크스프 킹Steve Inkseep King이 국회의사당 사건과 BLM 시위에 대한 다른 반응에 관하여 프린스턴대학교 아프리카·아메리카연구 학과장 에디 글라우드Eddie Claude를 인터뷰했다. 다음을 참고하라. Steve Inkseep King, "친트럼프 무리와 인종 정의 시위를 대하는 경찰의 반응 비교Comparing Police Responses To Pro-Trump Mob, Racial Justice Protests," NPR, January 7, 2021, https://www.npr.org/2021/01/07/954324564/comparing-police-responses-to-pro-trum-mob-racial-justice-protests; 함께 참고하라. Nicole Chavez, "지난 수요일 폭도들이 미 국회의사당 보안을 뚫었다. 이는 작년 워싱턴 D. C. 거리 흑인 시위대에게 했던 경찰의 반응이었다.Rioters Breached US Capitol Security on Wednesday. This Was the Police Response When It Was Black Protesters on DC Streets Last Year," CNN, January 10, 2021, https://www.cnn.com/2021/01/07/us/police-response-black-lives-matter-protest-us-capitol/index.html

37 오늘날까지도 시민 운동을 하던 중 수천 명의 사람이 앉아 있으면 안 될 자리에 앉아 있었다는 이유로 체포되었다. 그러나 총과 칼로 무장한 채 유리를 깨고 몸을 들이치는 남성은 그 행위를 하는 동안 아무도 체포되지 않았다. 국회의사당을 폭동 진압 경찰들이 지키지 않고 주방위군이 무기를 소지하지 않음으로써 워싱턴 D. C. 지방정부는 공식적으로 BLM 시위대에게와는 다르게 이 폭도들은 잘못을 저지르지 않았다고 보는 것이었다. BLM 시위자는 그날 밤 워싱턴 D. C.에서만 316명이 체포된 것을 포함

하여 전국에서 1만 명이 체포되었다. 다음을 참고하라. Michael Sainato, "'우리를 함정에 빠뜨렸다': 미 경찰이 1만 명의 시위대 체포, 그중 다수는 비폭력 시위자"They Set Us Up': US Police Arrested over 10,000 Protesters, Many Non-violent," Guardian, June 8, 2020, https://www.theguardian.com/us-news/2020/jun/08/george-floyd-killing-police-arrest-non-violent-protesters; 함께 참고하라. Eliott C. McLaughlin, "지난 9일 동안 워싱턴 D. C. 경찰이 국회의사당 폭동 당시보다 더 많은 사람을 체포했다On These 9 Days, Police in DC Arrested More People than They did during the Capitol Siege," CNN, January 12, 2021, 1, https://www.cnn.com/2021/01/11/us/dc-police-previous-protests-capitol/index.html. 맥러플린은 이렇게 서술한다. "7월의 어느 날에 각각 국회의사당 경찰은 CNN 경영진에게 평화 시위에 참여하기 위해 의사당 현관으로 들어왔던 80명의 시위자와 155명의 시위자를 체포했다고 전했다. 그들의 행동은 연좌농성과 구호 제창, 바닥에 누워 있는 것 등과 같은 것뿐이었다." 다음도 참고하라. Vince Dixon, "BLM 시위에 비해 국회의사당 폭동은 어떻게 체포하는가How Arrests in the Capitol Riot Compare to That of Black Lives Matter Protests," Boston Globe, January 7, 2021, https://www.bostonglobe.com/2021/01/07/nation/how-arrests-capitol-riot-wednesday-compare-that-black-lives-matter-protests/

38 Jay Reeves, Lisa Mascaro, and Calvin Woodward, "국회의사당 공격, 처음 보였던 것보다 더 사악한 공격이었다Capitol Assault a More Sinister Attack than First Appeared," Associated Press, January 11, 2021, https://apnews.com/article/us-capitol-attack-14c73ee280c256ab4ec193ac0f49ad54

39 Ibid.; 다음도 참고하라. Julie Gerstein, "경찰관들, 국회의사당 폭동의 혼란 속에서 덤덤하게 셀카를 찍고 시위대에 문을 열어 주는 모습 포착Officers Calmly Posed for Selfies and Appeared to Open Gates for Protesters during the Madness of the Capitol Building Insurrection," Business Insider, January 7, 2021, https://www.businessinsider.com/capitol-building-officers-posed-for-selfies-helped-protesters-2021-1.

40 직업이 폭동을 진압하는 일인 사람들이 이 분노한 백인 남성 집단을 폭력적이고 위험하다고 인식하는 데 지나치게 오랜 시간이 걸렸다. 다음을 참고하라. Lauren Giella, "팩트 체크: 폭도들이 국회의사당을 습격한 후 트럼프가 주방위군을 배치했는가?Fact Check: Did Trump Call in the National Guard after Rioters Stormed the Capitol?" Newsweek, January 8, 2021, https://www.newsweek.com/fact-check-did-trump-call-national-guard-after-rioters-stormed-capitol-1560186.

41 Abby Llorico, "세인트루이스 지역 남성 2명, 국회의사당 폭동 관련 혐의로 기소2 St. Louis Area Men Charged in Connection with Capitol Riots," Fox43, February 5, 2021, https://www.fox43.com/article/news/crime/two-st-louis-area-men-charged-capitol-riots/63-06b8a7c5-bd64-40a4-8ead-b81293bf4484

42 Bell Hooks, Killing Rage: Ending Racism (New York: Henry Holt and Co., 1995), 12.

43 Ibid.

44 Ibid.

45 Maria Lugones, Pilgrimages/Peregrinajes: Theorizing Coalition against Multiple Oppressions (Lanham, MD: Rowman and Littlefield, 2003), chap. 5.

46 Lugones, Pilgrimages/Peregrinajes, 19.

47 칼턴대학교 교목실, "마리아 루고네스에게 보내는 고별사"Farewells: Maria Lugones," July 16, 2020, https://www.carleton.edu/farewells/maria-lugones/; see also Jennifer Micale, "Thought and Practice: María Lugones Leaves a Global Legacy," BingUNews, August 7, 2020, https://www.binghamton.edu/news/story/2580/thought-and-practice-maria-lugones-leaves-a-global-legacy.

48 Lugones, Pilgrimages/Peregrinajes, 106.

49 Ibid.

50 Ibid., 18.

51 Potegal and Novaco, "A Brief History of Anger," 13-14.

52 Ibid., 14.

53 Lugones, Pilgrimages/Peregrinajes, 107.

54 Ibid.

55 Ibid., 117.

56 Ibid.

57 Ibid., 105.

58 Ibid., 111.

59 철학자 마이샤 체리는 소위 수많은 분노 조절 기술이 실제로 분노를 잘 관리하는 데 사용된 것이 아니라, '단순히 통제하기 어려운 직원들을 해고하는 데' 이용되어 왔다고 지적한다. Cherry, The Case for Rage, 139.

60 Chemaly, Rage Becomes Her, 260(소라야 시멀리, 『우리의 분노는 길을 만든다』, 류기일 역, 문학동네 2022).

61 Miranda Fricker, Epistemic Injustice: Power and the Ethics of Knowing (Oxford: Oxford University Press, 2007).

62 Lugones, Pilgrimages/Peregrinajes, 105.

63 Lama Rod Owens, Love and Rage: The Path of Liberation through Anger (Berkeley, CA: North Atlantic Books, 2020).

64 Howard Thurman, Jesus and the Disinherited (Nashville: Abingdon–Cokesbury Press, 1949).

2장 고통스럽다, 고로 나는 존재한다

1 다음을 참고하라. Jerome Wakefield and Allan V. Horwitz, The Loss of Sadness: How Psychiatry Transformed Normal Sorrow into Depressive Disorder (Oxford: Oxford University Press, 2007).

2 에피쿠로스는 이를 '영혼의 거센 폭풍'이라고 부른다. 다음을 참고하라. "Letter to Menoeceus," in Diogenes Laertius, Lives of Eminent Philosophers, vol. II, translated by R. D. Hicks (Cambridge, MA: Harvard University Press, 1995), 655.

3 에피쿠로스는 "메노이케우스에게 보내는 편지"에서 영혼의 폭풍을 치료하기 위해 '네 가지 치료'를 말한다. "신을 두려워하지 말라, 죽음을 걱정하지 말라, 선한 것은 얻기 쉽다, 끔찍한 것은 견디기 쉽다." 그는 우리로 하여금 욕망의 유형—자연스러운 것 대 부자연스러운 것, 필수적인 것 대 불필요한 것—을 구분하도록 도왔으며 가장 좋은 욕망은 자연스러우면서 필수적인 것이라고 주장했다. 우리에게 가장 위험한 욕망은 부자연스러우면서 불필요한 것으로, 이는 가장 얻기 어려울 것이며 우리에게 불행을 가져다주기 때문이다. 어떤 욕망이 무엇인지 구별하고 쉽게 얻을 수 있는 욕망만 구분할 수 있다면 우리는 더 행복해질 수 있을 것이다.

4 에피쿠로스, "메노이케우스에게 보내는 편지"

5   Diane Alber, A Little Spot of Sadness: A Story about Empathy and Compassion (Gilbert, AZ: Diane Alber Art LLC, 2019).

6   조디의 이야기에 관해서는 다음을 참고하라. Martin Seligman, Karen Reivich, Lisa Jaycox, and Jane Gillham, The Optimistic Child: A Proven Program to Safeguard Children against Depression and Build Lifelong Resilience (Boston: Houghton Mifflin, 1995), 100-102(마틴 셀리그먼, 『낙관적인 아이』, 김세영 역, 물푸레, 2010).

7   Ibid., 100.

8   Ibid., 101.

9   Ibid.

10 Ibid.

11 Ibid., 102.

12 Ibid., 144.

13 우나무노는 『생의 비극적 의미』에서 왜 데카르트가 "나는 느낀다, 고로 나는 존재한다."라는 형식을 사용하지 않았는지 질문한다. 이 책은 고통을 주제로 하기에 나는 우나무노의 질문이 일반적인 느낌이 아니라 특별히 돌로르를 느끼는 것을 가리킨다고 본다. Miguel de Unamuno, Del sentimiento tragico de la vida en los hombres y en los pueblos y Tratado del amor de dios, edited by Nelson Orringer (Madrid: Editorial Tecnos, 2005), 141(미겔 데 우나무노, 『생의 비극적 의미』, 장선영 역, 누멘, 2018); 함께 참고하라. The Tragic Sense of Life in Men and Nations, translated by Anthony Kerrigan (Princeton, NJ: Princeton University Press, 1972), 41.

14 스페인-미국 전쟁 발발 3개월 전, 34살의 우나무노가 친구에게 이렇게 말했다. "내 삶은 끊임없이 죽음에 관한 생각이었다." 다음을 참고하라. Hernan Benitez, El drama religioso de Unamuno (Buenos Aires: Universidad de Buenos Aires, Instituto de Publicaciones, 1949), 255-63.

15 스페인어 원문은 이러하다. "Y lo mas de mi labor ha sido siempre inquietar a mis projimos, removerles el poso del corazon, angustiarlos si puedo." Miguel de Unamuno, Mi religion y otros ensayos breves (Buenos Aires: Espasa Calpe, 1942), 13. 번역은 미겔 드 우나무노가 했다, "My Religion," in Selected Works of Miguel de Unamuno, vol. 5, The Agony of Christianity and Essays on Faith, translated by Anthony Kerrigan (Princeton, NJ: Princeton University Press, 1974), 214. 다양한 번역을 위해서 함께 참고하라. Miguel de Unamuno, "My Religion," in Essays and Soliloquies, translated by J. E. Crawford Flitch (New York: Alfred A. Knopf, 1925), 159; Miguel de Unamuno, Perplexities and Paradoxes, translated by Stuart Gross (New York: Philosophical Library, 1945), 5; Miguel de Unamuno, "My Religion," translated by Armaund Baker, https://www.armandfbaker.com/translations/unamuno/my_religion.pdf.

16 Miguel de Unamuno, Our Lord Don Quixote: The Life of Don Quixote and Sancho, with Related Essays (Princeton, NJ: Princeton University Press, 1967), 305.

17 Lorde, "The Uses of Anger," 127.

18 Unamuno, The Tragic Sense of Life, 149(미겔 데 우나무노, 『생의 비극적 의미』, 장선영 역, 누멘, 2018).

19 Unamuno, "My Religion" (Perplexities and Paradoxes), 6.

20 이 표현은 우리가 부정적인 상황의 "밝은 면을 보라."라고 받아들이는 문화적 메시지를 보여 주기 위해 심리학자 바버라 헬드[Barbara Held]가 사용했다. B. Held, "미국 내 긍정적 태도의 횡포: 관찰과 추

론The Tyranny of the Positive Attitude in America: Observation and Speculation," *Journal of Clinical Psychology* 58, no. 9 (September 2002): 965-91.

21 구전에 따르면 우나무노는 자신을 "지식의 전당"의 "대사제"라고 칭했다고 하며 프랑코 정권이 정복(vencer)은 했을지 몰라도 절대 설득(convencer)하지는 못하리라 말했다고 한다. 정확히 이 말을 하지 않았을지는 몰라도 우나무노가 말한 바가 격렬했음은 분명하다. 그 즉시 두 번째로 총장 자리에서 해임되었기 때문이다. 세베리아노 델가도Severiano Delgado의 설득력 있는 역사 연구는 루이 포르티요Luis Portillo가 1941년 중지 《호라이즌Horizon》의 기사 "우나무노의 마지막 강의Unamuno's Last Lecture"에서 우나무노의 입을 빌려 그 시적인 말을 쓴 것이라 주장한다. 다음을 참고하라. Sam Jones, "스페인 시민전쟁 연설은 마이켈 포르티요의 아버지가 만들어 냈다Spanish Civil War Speech Invented by Father of Michael Portillo, Says Historian," Guardian, May 11, 2018, https://www.theguardian.com/world/2018/may/11/famous-spanish-civil-war-speech-may-be-invented-says-historian

22 내 수강생 중 이중 언어를 하는 한 학생이 언젠가 우나무노가 사용한 단어 '콤파시온compasión'이 해당 글의 가장 구하기 쉬운 영어판에서 '동정pity'으로 번역된 것에 반대한 적이 있다. 그는 동정은 연민이 아니며 우나무노가 "모든 사람이 동정받기를 원한다."라고 생각했을 리가 없다고 주장했다. 이 학생은 진심으로 동정을 원하는 사람은 거의 없지만 절대다수가 연민이나 공감, 감정이입을 원한다고 생각했다. 이러한 용어들은 언어학적으로 서로 겹치고 넘나들기 때문에 우리는 몇 가지 규정상 구분을 차용할 수 있다. 동정은 "당신에게 유감이다."라고 말하는 것이건 감정이입은 "당신의 아픔이 느껴진다."라고 말하는 것이며, 연민은 감히 "당신이 아파하는 것이 느껴지고 나도 당신과 함께 그 아픔을 느낀다."라고 말하는 것이다. 우나무노가 사람들이 동정받기를 원한다는 의미로 말하지 않았다는 내 수강생의 말에 동의한다면 우리는 연민을 좋은 목표로 삼을 수 있다. 우나무노는 우리가 육체적으로 그리고/혹은 감정적으로 자신의 슬픔에 붙들리기를 원한다고 믿었다. 조디처럼 우리는 누군가에게 닿기를 원한다. 연민이 그렇다. 고통받는 사람을 떠나는 대신 그에게 다가선다. Unamuno, *The Tragic Sense of Life*, 153(미겔 데 우나무노, 『생의 비극적 의미』, 장선영 역, 누멘, 2018).

23 Ibid., 150.

24 Ibid., 147-49.

25 〈앙드레와의 저녁 식사My dinner with Andre〉는 1981년 영화로 앙드레 그레고리와 월리스 숀이 고통과 공포, 삶의 의미, 행복 등에 관한 존재론적 대화를 나누는 내용이다. 그레고리는 예닐곱 명의 사람에게 "훌륭해!" 보인다는 말을 들었던 경험을 이야기한다. 딱 한 명의 여자만 "끔찍해" 보인다고 말했다. 그레고리는 그에게 자신이 겪고 있는 여러 문제를 꺼내 놓기 시작했고 그 순간 그 여성은 눈물을 터뜨리며 병원에 있는 자신의 이모에 관해 말했다. 이 여성만이 그레고리를 진짜로 보았던 유일한 사람이었다. 그는 "이분은 내가 무슨 일을 겪고 있었는지 아무것도 닿지 못했는데요."라고 말했다. "이 일이 최근에 일어났기 때문에 나를 가장 분명하게 볼 수 있었어요. 다른 사람들, 그들이 본 것은 이 그을린 피부, 혹은 이 셔츠, 혹은 셔츠가 그을린 피부에 잘 어울린다는 사실이었죠." 그레고리는 고통스러워하는 사람들은 다른 고통받는 사람들을 볼 수 있다는 우나무노의 논점을 짚고 있었다. 다음을 참고하라. Wallace Shawn and Andre Gregory, *My Dinner with Andre: A Screenplay for the Film by Louis Malle* (New York: Grove Press, 1994), 60-61, https://fliphtml5.com/dyfu/uedt/basic; 영화에서 이 장면은 다음을 참고하라. "My Dinner with Andre(1981)," minute 50:55, https://www.youtube.com/watch?v=O4vOjiHFw0.

26 Unamuno, "My Religion" (Perplexities and Paradoxes), 6.

27 Ibid.

267

3장 끝까지 애도하기

1. Leeat Granek, "Grief as Pathology: The Evolution of Grief Theory in Psychology from Freud to the Present," History of Psychology 13, no. 1 (2010): 48.
2. Katherine May, Wintering: The Power of Rest and Retreat in Difficult Times (London: Ebury Publishing, 2020) (캐서린 메이, 『우리의 인생이 겨울을 지날 때』, 이유진 역, 웅진지식하우스, 2021).
3. Seneca, "Consolation to Marcia," in Dialogues and Essays, translated by John Davie (Oxford: Oxford University Press, 2008), 55-56(세네카, 「마르치아에게 보내는 위로 편지」).
4. Ibid., 54.
5. Ibid., 60.
6. Ibid., 57.
7. Ibid., 63.
8. 세네카는 이렇게 썼다. "나는 그런 딱딱한 슬픔을 친절하거나 부드러운 방식으로 다룰 수 없다." Ibid., 55. 함께 참고하라. "Consolation to Helvia," in Dialogues and Essays, 165.
9. Ibid., 164.
10. Seneca, "Consolation to Marcia," 70.
11. Seneca, "Consolation to Helvia," 161.
12. Seneca, "Consolation to Marcia," 57.
13. Cicero, Cicero on the Emotions: Tusculan Disputations 3 and 4, edited and translated by Margaret Graver (Chicago: University of Chicago Press, 2002), 28, 111, 114.
14. Ibid., 31.
15. Epictetus, The Handbook, 12.
16. Ibid., 12.
17. Origen, Contra Celcus, book VII, Early Christian Writings, http://www.earlychristianwritings.com/text/origen167.html.
18. Seneca, Letters from a Stoic (London: Penguin Books, 2004), 87, 212.
19. 몽테뉴의 『에세』가 출간됐을 때 그는 47살이었다. 다음을 참고하라. Montaigne, "On Affectionate Relationships," in The Complete Essays (London: Penguin Books, 1993), 205-19(미셸 드 몽테뉴, 『에세』, 심민화·최권행 역, 을유문화사, 2022).
20. 라보에시의 생애 마지막 날들에 관한 기록은 다음을 참고하라. Sarah Bakewell, How to Live, or A Life of Montaigne in One Question and Twenty Attempts at an Answer (London: Chatto & Windus, 2010), 90-108(사라 베이크웰, 『어떻게 살 것인가』, 김유신 역, 책읽는수요일, 2012).
21. Montaigne, "On Affectionate Relationships," 212.
22. Ibid., 217.
23. Ibid., 218.

24 Ibid.

25 침팬지들이 어떻게 죽은 새끼를 데리고 다니는지 알고 싶다면 다음을 참고하라. 마크 베코프, 『동물의 감정은 왜 중요한가』, 김민경 역, 두시의나무, 2024.

26 미국 정신의학 협회, 『정신 질환 진단 및 통계 편람』 제5판, 권준수 외 역, 학지사, 2015, 3편.

27 『정신 질환 진단 및 통계 편람』 제5판은 이렇게 기록한다. "이 제안된 기준들은 임상적 사용을 위한 것이 아니다. 2편에 포함된 기준과 장애들만 공식적으로 인정되며 임상적 목적으로 사용 가능하다." Ibid.

28 미국 정신의학 협회, "정신 질환이란 무엇인가?What Is Mental Illness?," https://www.psychiatry.org/patients-families/what-is-mental-illness.

29 ClinicalTrials.gov, "복합성 애도를 위한 심리 요법 동반/비동반 치료에 관한 연구A Study of Medication with or without Psychotherapy for Complicated Grief (HEAL)," 미국 국립의학도서관, https://www.clinicaltrials.gov/ct2/show/NCT01179568.

30 Massimo Pigliucci, "Cicero's Tusculan Disputations: III. On Grief of Mind," How to Be a Stoic, April 27, 2017, https://howtobeastoic.wordpress.com/2017/04/27/ciceros-tusculan-disputations-ii-on-grief-of-mind/.

31 Cicero on the Emotions: Tusculan Disputations 3 and 4, edited and translated by Margaret Graver (Chicago: University of Chicago Press, 2002), 11(키케로, 『투스쿨룸 대화』).

32 Ibid., 12.

33 키케로는 이렇게 덧붙였다. "모든 감정 중 고뇌는 육체의 질병과 가장 유사한 것이다. 욕망은 병약함과는 다르며 과도하고 격렬한 즐거움, 즉 억제되지 않은 기쁨과도 다르다 공포조차도 고뇌와 긴밀한 관련이 있지만 질병과는 특히나 유사성이 없다. 하지만 애그리투도aegritudo는 정신적 아픔을 나타내고 '병약함'인 아그로타티오aegrotatio는 육체의 아픔을 가리킨다." Ibid , 13.

34 Ibid., 14.

35 Kathleen Evans, "'울음 발작으로 인한 중단': 키케로의 주요 우울 장애와 툴리아의 죽음'Interrupted by Fits of Weeping': Cicero's Major Depressive Disorder and the Death of Tullia," in History of Psychiatry 18, no. 1 (2007): 86.

36 키케로는 스토아 철학자로 보지만 아내를 떠난 기간에는 스토아 철학이 제한적으로만 사용된 듯 보인다. 실제로 그의 독특한 비극과 슬픔의 자신을 철학자라고 설명했던 사람에게 더욱 두드러져 보였다. 다음을 참고하라. Plutarch's Lives VII: Cicero, 32. 툴리아의 죽음 이후 브루투스 같은 동료 스토아 철학자들은 키케로의 과도하고 부적절하며 스토아적이지 않은 애도를 혹평했다. 그럼에도 키케로는 자신의 고통에서 주의를 돌리기 위해 철학적 주제에 관해 '열정적으로' 연구하고 글 쓰며 스토아 철학을 충실히 수행했다. 다음을 참고하라. Evans, "Interrupted by Fits of Weeping," 95.

37 Evans, "Interrupted by Fits of Weeping," 86.

38 Cicero, Tusculan Disputations (Graver), 8(키케로, 『투스쿨룸 대화』).

39 이는 앤드루 솔로몬이 자신의 우울증을 묘사하는 방식과 놀라울 정도로 유사하다. 자신의 우울증은 오래된 참나무 "덩굴"처럼 자기에게서 자라났고 "나를 휘감고 나를 빨아먹는 것, 추하고 나보다 더 생명력 있는 것이다. 나에게서 내 생명을 조금씩 조금씩 앗아 가 자기의 생명으로 만들었다."라고 했다. Andrew Solomon, The Noonday Demon: An Atlas of Depression (New York: Scribner, 2001), 18(앤드루 솔로몬, 『한낮의 우울』, 민승남 역, 민음사, 2021).

40 키케로는 이렇게 기록했다. "몸처럼 마음도 질병으로 고통받지만 그러한 질병을 치료할 수 있는 의학은 덜 발전되었다. 우리 문제의 근원은 일반적으로 가족과 시, 사회에서 어렸을 때부터 전해 받은 잘못된 신념에서 나온다. 이 모든 것이 우리로 하여금 옳은 일을 하는 것보다 권력과 인기, 부, 혹은 쾌락을 가치 있게 여기도록 가르친다. 이러한 가치들은 사람들이 올바르게 행동하지 못하게 하며 동시에 감정적 동요 속에 살게 한다. 이 질병의 치유는 철학에서 찾아야 한다. 철학은 우리가 자기 자신을 치료하는 의사가 될 수 있게 한다. Cicero, Tusculan Disputations (Graver), 73(키케로, 『투스쿨룸 대화』).

41 Evans, "Interrupted by Fits of Weeping." 지금은 삭제된 웹페이지에서 세계보건기구가 "우울증은 여성의 가장 흔한 정신 건강 문제일 뿐 아니라 남성보다 여성에게 더 오래 남기도 한다."라고 주장했다. 성 편견 측면에서 세계보건기구는 이전에 "의사들은 우울증을 진단하는 표준화된 측정에 비슷한 점수가 나거나 동일한 증상을 보일 때도 남성에 비해 여성에게 우울증을 진단하는 경우가 더 많은 것 같다."라고 확언한 바 있다. 메이요 클리닉에서는 "남성보다 여성이 거의 두 배 이상 우울증으로 진단받는다."라고 의견을 모은다. Mayo Clinic, "Depression in Women: Understanding the Gender Gap," https://www.mayoclinic.org/diseases-conditions/depression/in-depth/depression/art-20047725

42 Robert Burton, The Anatomy of Melancholy, 1621-1652, published 2009 by the Ex-Classics Project, https://www.exclassics.com/anatomy/anatint.htm(로버트 버튼, 『멜랑콜리의 해부』, 이창국 역, 푸른사상, 2024).

43 Sigmund Freud, "Mourning and Melancholia," in On the History of the Psycho-Analytic Movement, translated by A. A. Brill (London: Hogarth Press, 1914), 243-44.

44 리트 그라넥은 이렇게 지적한다. "프로이트는 특히 애도가 장애로 여겨지면 안 되며 애도하는 사람을 방해하는 것은 정신적 충격을 일으킬 수도 있다고 분명히 밝혔다." Granek, "Grief as Pathology," 66.

45 Ibid., 54-55; Emil Kraepelin, Clinical Psychiatry: A Textbook for Students and Physicians (London: Macmillan, 1921), 115(에밀 크레펠린, 『정신의학』, 홍성광 외 역, 아카넷, 2021).

46 James Gang, James Kocsis, Jonathan Avery, Paul K. Maciejewski, and Holly G. Prigerson, "지속성 애도 장애를 위한 날트렉손 치료: 무작위, 삼중 맹검, 위약 대조 시험을 위한 연구 프로토콜Naltrexone Treatment for Prolonged Grief Disorder: Study Protocol for a Randomized, Triple-Blinded, Placebo-Controlled Trial," Trials 22, no. 110 (2021), https://doi.org/10.1186/s13063-021-05044-8.

47 극심한 애도(1년 미만)와 주요 우울 장애의 혼동 때문에 제롬 웨이크필드Jerome Wakefield와 앨런 호위츠Allan Horwitz 같은 비평가들은 기능적으로 문제가 없는 사람이 2주 이상 우울한 증상을 보인다고 전문 정신의학계가 지극히 정상적인 감정—애도—을 병리화하려 한다며 비판한다. Wakefield and Horwitz, The Loss of Sadness.

48 시드니 지숙Sidney Zisook은 과잉 진단이 위험함을 인지하지만 여전히 예외를 배제하고 싶지 않았다. 로저 필Roger Peele은 DSM-5가 모든 사람이 정신 질환이 있다고 혹은 정신 질환을 앓게 될 거라는 의미를 내포한다는 걱정을 멈춰 주길 바라는 DSM-5 프로젝트 팀 구성원이었다. 우리는 모두 심리적 좌절로 고통받는다고 그는 말했다. 맨해튼 미드타운 연구는 맨해튼 거주민 중 85퍼센트가 살면서 고통을 겪는다는 결과를 보여 주었다. 오늘날은 100퍼센트의 사람이 좌절을 경험하며 여러 치료 요법을 동원할 수 있다고 본다. 하지만 그 말이 모든 사람이 정신적으로 아프다는 말과는 매우 다르다고 필은 말했다. 로널드 파이스Ronald Pies는 사별 배척 항목의 제외를 지지하며 이렇게 말했다. "내가 보기에 '치료'라는 용어는 일종의 수사학적 로르샤흐 테스트가 되었다. 이 용어는 받아들이는 사람이 가지고 있거나 옹호하고 싶은 정치적, 사회적, 철학적 위치를 반영한다." 하지만 파이스조차

도 2주라는 규칙은 거부했다. Sidney Zisook et al. "애도 기간 제외와 DSM-5The Bereavement Exclusion and DSM-5," Depression and Anxiety 29 (2012): 425-43; Kristy Lamb, Ronald Pies, and Sidney Zisook, "주요 우울 진단을 위한 애도 기간 제외: 죽느냐 사느냐The Bereavement Exclusion for the Diagnosis of Major Depression: To Be, or Not to Be," Psychiatry 7 no. 7 (2010); and Gary Greenberg, Manufacturing Depression: The Secret History of a Modern Disease (New York: Simon & Schuster, 2010), 175.

49 2007년, 호위츠와 웨이크필드는 『슬픔의 상실The Loss of Sadness』에서 DSM의 우울 항목을 비판하며 팔 한쪽 잃는 것과 사랑하는 사람을 잃는 것이 맞먹을지 모른다고 주장했다. 더 일반적으로는 슬픔이 우리 사회에서 병리화되었다고 주장했다. 우리는 슬픔이 너무 불편해서 우리를 덜 슬프게 해 줄 약을 과잉 처방한다. 두 저자는 애도가 정신 질환이 아니라는 진영에서 애도 기간 제외 항목 삭제에 반대했지만 다른 슬픔도 그대로 두기보다는 너무 빨리 치료에 들어간다고 생각했다. 이에 따른 논리가 아이러니했다. 애도에 관한 그들의 주장은 제외 항목을 삭제하기 위한 주장에 사용되었다. 그 주장은 이렇게 흘러갔다. 상실이 상실이라면 왜 차별하는가? 함께 참고하라. Jerome Wakefield, Mark F. Schmitz, Michael B. First, and Alan V. Horwitz, "주요 우울 장애의 애도 기간 배제 기준을 다른 상실에도 확대하기: 국가 공존 질환 조사를 통한 증명Extending the Bereavement Exclusion for Major Depression to Other Losses: Evidence from the National Comorbidity Survey," Archives of General Psychiatry 64 (Apr 1 2007): 433-40.

50 『한낮의 우울』의 저자 앤드루 솔로몬은 주요 우울 장애와 "다괴적인 상실" 이후 6개월 이상의 애도를 구분한다. 다음을 참고하라. Andrew Solomon, "우울, 우리가 공유하는 비밀Depression, the Secret We Share," TEDxMet, October 2013, https://www.ted.com/talks/andrew_solomon_depression_the_secret_we_share/transcript?language=en.

51 Stephen E. Gilman, Joshua Breslau, Nhi-Ha Trinh, Maurizio Fava, Jane M. Murphy, and Jordan W. Smoller, "알코올 및 관련 상태에 관한 국가 역학 조사를 통한 애도와 주요 우울 에피소드Bereavement and the Diagnosis of Major Depressive Episode in the National Epidemiologic Survey on Alcohol and Related Conditions," Journal of Clinical Psychiatry 73, no. 2 (2012): 208-15.

52 C. S. Lewis, A Grief Observed (San Francisco: Harper & Row, 1961), 37, 39(C. S. 루이스, 『헤아려 본 슬픔』, 강유나 역, 홍성사, 2019).

53 Ibid., 40.

54 Ibid., 29, 30.

55 Ibid., 37.

56 Ibid., 39.

57 Ibid., 25.

58 Ibid., 26.

59 Ibid., 10.

60 Ibid., 36.

61 George Sayer, Jack: A Life of C. S. Lewis (Wheaton, IL: Crossway 2005), 174(조지 세이어, 『루이스와 잭』, 홍종락 역, 홍성사, 2006).

62 Lewis, A Grief Observed, 9(C. S. 루이스, 『헤아려 본 슬픔』).

63 Ibid., xxv.

64 Ibid., 9.
65 Ibid., xxvi.
66 Han N. Baltussen, "헤아려 본 슬픔: 툴리아를 기리는 키케로 A Grief Observed: Cicero on Remembering Tullia," Mortality 14, no. 4 (2019): 355. 발투센은 A. N. 윌슨의 책에 나온 대주교의 언급을 이야기한다. A. N. Wilson, C. S. Lewis: A Biography (London: Collins, 1990), 286.
67 Baltussen, "A Grief Observed," 355; and Wilson, C. S. Lewis, 285.
68 Wilson, C. S. Lewis, 285.
69 Megan Devine, It's OK That You're Not OK: Meeting Grief and Loss in a Culture That Doesn't Understand (Boulder, CO: Sounds True, 2017), 20(메건 더바인, 『슬픔의 위로』, 김난령 역, 반니, 2020).
70 Megan Devine, "애도하는 친구를 어떻게 도와주십니까? How Do You Help a Grieving Friend?" YouTube, July 18, 2018, https://www.youtube.com/watch?v=l2zLCCRT-nE.
71 Devine, It's OK That You're Not OK, 20((메건 더바인, 『슬픔의 위로』).
72 Ibid., 24.
73 루이스는 이렇게 기록한다. "나는 고뇌의 순간을 좋아한다. 이 순간은 적어도 깨끗하고 정직하다. 하지만 자기 연민의 탕, 그 진흙탕 뒹굴기, 그것에 빠지는 혐오스럽고 달콤한 쾌락은 역겹다." Lewis, A Grief Observed, 6(C. S. 루이스, 『헤아려 본 슬픔』).
74 Wilson, C. S. Lewis, 286.
75 Elisabeth Kübler-Ross and David Kessler, On Grief and Grieving: Finding the Meaning of Grief through the Five Stages of Loss (New York: Scribner, 2005), 47(엘리자베스 퀴블러로스, 데이비드 A. 케슬러, 『상실 수업』, 김소향 역, 인빅투스, 2014).
76 Fred Rogers, The World According to Mister Rogers: Important Things to Remember (New York: Hyperion, 2003), 58.
77 다음을 참고하라. Jean-Charles Nault, OSB, The Noonday Devil: Acedia, the Unnamed Evil of Our Times (San Francisco: Ignatius Press, 2013). 경험자의 견해이자 우울에 관한 거장의 분석을 위해서는 앤드루 솔로몬의 『한낮의 우울』을 읽어라. 글로리아 안살두아가 쓴 자신의 우울에 관한 가장 원숙한 글은 다음을 참고하라. "Now Let Us Shift… Conocimiento… Inner Work, Public Acts," republished as chapter 6 of what was to be her dissertation, Light in the Dark/Luz en lo Oscuro, edited by AnaLouise Keating (Durham, NC: Duke University Press, 2015).

4장 우울 다시 채색하기

1 1990년 1만 명의 장애인 인권 운동가들이 국회의사당 건물 밖에서 휠체어나 지팡이, 목발 없이 계단 오르기를 시도하며 시위했다. 지금 알려진 대로 '국회의사당 기어오르기 Capitol Crawl'는 조지 부시 대통령이 미국 장애인법을 제정하는 결과를 낳았다. 다음을 참고하라. Becky Little, "역사 이야기: '국회의사당 기어오르기(Capitol Crawl)'이 미국 장애인법의 필요성을 극적으로 보여 줬을 때 History Stories: When the 'Capitol Crawl' Dramatized the Need for Americans with Disabilities Act," History, July 24, 2020, https://www.history.com/news/americans-with-disabilities-act-1990-capitol-crawl (2022년 3월 16일에 접속).

2. Andrew Solomon, "멜랑콜리 해부Anatomy of Melancholy," New Yorker, January 12, 1998, 44-61.
3. Andrew Solomon, "우울, 우리가 공유하는 비밀Depression, the Secret We Share," TEDxMet, October 2013, https://www.ted.com/talks/andrew_solomon_depression_the_secret_we_share?language=yi.
4. 미국 심리학회, "우울Depression," https://www.apa.org/topics/depression (2022년 2월 28일에 접속).
5. Solomon, "우울, 우리가 공유하는 비밀Depression, the Secret We Share"
6. 루 매리노프, 『철학으로 마음의 병을 치료한다』, 이종인 역, 해냄, 2000.
7. Cara Murez, "대학 신입생 3분의 1은 우울과 불안이 있다1 in 3 College Freshmen Has Depression, Anxiety," Health Day News, December 6, 2021, https://www.usnews.com/news/health-news/articles/2021-12-06/1-in-3-college-freshmen-has-depression-anxiety. (2022년 2월 28일 접속)
8. 1966년 한 제약회사가 루이 암스트롱, 레드벨리, 에델 워터스의 노래들로 〈심포지음 인 블루스Symposium in Blues〉라는 앨범을 만들어 달라고 RCA(Radio Corporation of America, 미국 라디오 제작 회사)에 의뢰했다. 이 앨범은 '홍보용'으로 등록되었으며 음반 정보에 다음과 같이 쓰여 있다. "머크 샤프 앤 돔Merck Sharp & Dohme 사의 프레젠테이션 앨범. 엘라빌(아모 트립틸린, 항우울제) 제품 삽입 광고가 포함됨." 다음을 참고하라. Gary Greenberg, Manufacturing Depression: The Secret History of a Modern Disease (New York: Simon & Schuster, 2010), 23; Symposium in Blues, RCA, 1966, https://www.discogs.com/release/1630999-Various-Symposium-In-Blues.
9. 피터 크레이머, 『우울증에 반대한다』, 고정아 역, 플래닛, 2006.
10. '어두운 피부색'을 의미하는 프리에타는 안살두아의 엄마가 안살두아를 부르던 가족 별칭이었고, 안살두아가 자신의 글에서 자신을 칭할 때도 사용했다.
11. Ann E. Reuman, "놀이하기: 안살두아와의 인터뷰Coming into Play: An Interview with Gloria Anzaldúa," MELUS 25, no. 2 (2000): 31.
12. Gloria Anzaldúa, "On the Process of Writing Borderlands/La Frontera," in The Gloria Anzaldúa Reader, edited by AnaLouise Keating (Durham, NC: Duke University Press, 2009), 187.
13. Gloria Anzaldúa, "La Literatura: Contemporary Latino/Latina Writing," 24주년 UND 작가 회의에서 낭독, March 24, 1993, University of North Dakota, https://commons.und.edu/writers-conference/1993/day2/3/.
14. Gloria Anzaldúa, Interviews/Entrevistas, edited by AnaLouise Keating (New York: Routledge, 2021), 78, 87, 93. 함께 참고하라. Gloria Anzaldúa, "La Prieta," in This Bridge Called My Back: Writings by Radical Women of Color (New York: Kitchen Table/Women of Color Press, 1983), 199-201.
15. Anzaldúa, Interviews/Entrevistas, 169.
16. Anzaldúa, "La Prieta," 199.
17. Anzaldúa, Interviews/Entrevistas, 31.
18. Gloria Anzaldúa, Light in the Dark/Luz en lo Oscuro, edited by AnaLouise Keating (Durham, NC: Duke University Press, 2015), 174.
19. Anzaldúa, Interviews/Entrevistas, 93.
20. Anzaldúa, "La Prieta," 199.

21 Anzaldúa, Interviews/Entrevistas, 83-86.
22 Ibid., 86.
23 안살두아는 자신의 엄마에 관하여 이렇게 덧붙인다. "엄마는 나의 공격적인 기분을 고쳐 주려 했지만 은근히 내 '자의성'을 자랑스러워했다. (엄마는 절대 인정하지 않을 것이다) 엄마는 내가 일하면서 학업을 마친 것을 자랑스러워했다. 돈벌이가 안 된다고 내내 불평했지만 내 그림, 내 글도 은연중에 자랑스러워했다." 다음을 참고하라. Anzaldúa, This Bridge Called My Back, 201.
24 Anzaldúa, Interviews/Entrevistas, 85.
25 Ibid., 94. 다른 인터뷰에서 안살두아는 이렇게 말했다. "나는 이기적이라는 말을 들었어요. 나는 읽고 쓰고 있었죠. 나는 집안일을 하지도, 돕지도 않았어요. 어울리지도 않았어요. 이기적이었죠." Ibid., 227.
26 Gloria Anzaldúa, "Memoir—My Calling: Or Notes for 'How Prieta Came to Write,' " in The Gloria Anzaldúa Reader, edited by AnaLouise Keating (Durham, NC: Duke University Press, 2009), 235.
27 Søren Kierkegaard, Søren Kierkegaard's Journals and Papers, edited and translated by Howard V. Hong and Edna H. Hong (Bloomington: Indiana University Press, 1967), 5.556 entry 1793 (VIII.1 A 640); Søren Kierkegaard, "Guilty/Not Guilty? A Story of Suffering an Imaginary Psychological Construction," in Søren Kierkegaard, Stages on Life's Way (Princeton, NJ: Princeton University Press, 1988), 188-89.
28 Gloria Anzaldúa, This Bridge We Call Home: Radical Visions for Transformation, edited by Gloria Anzaldúa and AnaLouise Keating (New York: Routledge, 2002), 551; Anzaldúa, Interviews/Entrevistas, 38.
29 Anzaldúa, Interviews/Entrevistas, 189.
30 Anzaldúa, Light in the Dark/Luz en lo Oscuro, 174.
31 Ibid., xvii.
32 「Now Let Us Shift」 원고는 2000년에 출판사에 넘겨질 예정이었다. 안살두아는 1999년에 그 작업에 착수했고 2001년에 마쳤다. 키팅은 이렇게 말한다. "공동 편집자로서 우리는 루틀리지 출판사와 협상을 통해 기한을 연장하여 안살두아가 더 긴 에세이를 쓸 수 있는 공간을 확보할 수 있었다. Anzaldúa, Light in the Dark/Luz en lo Oscuro, 199. 안살두아는 2002년에 자신의 에세이를 『This Bridge We call Home』에서 처음 출간했으며 이는 논문을 위해서이기도 했다. 2015년에 이 글은 『Light in the Dark/Luz en lo Oscuro』에서 재출판되었다.
33 Anzaldúa, The Gloria Anzaldúa Reader, 3.
34 Anzaldúa, Interviews/Entrevistas, 249.
35 Ibid., 289.
36 Ibid.
37 Gloria Anzaldúa, "Healing Wounds," in The Gloria Anzaldúa Reader, edited by AnaLouise Keating (Durham, NC: Duke University Press, 2009), 249. Copyright 2009, The Gloria E. Anzaldúa Literary Trust and AnaLouise Keating. All rights reserved. Republished by permission of the copyright holder, and the publisher (www.dukeupress.edu).
38 수전 케인, 『콰이어트』, 김우열 역, 알에이치코리아, 2021.
39 Anzaldúa, "La Prieta," 209.
40 Gloria Anzaldúa, Borderlands/La Frontera: The New Mestiza (San Francisco: Aunt Lute Books, 2012), 60.

41 Gloria Anzaldúa, "Letter to Third World Women's Writers" in This Bridge We Call Home: Radical Visions for Transformation, edited by Gloria Anzaldúa and AnaLouise Keating (New York: Routledge, 2002) 166.

42 Anzaldúa, Borderlands/La Frontera, 71.

43 Ibid.

44 안살두아의 메모장에는 플라톤의 동굴을 벽장에 비유한 기록이 있다. 그 벽장에서 나오는 것은 퀴어 개개인이 침묵의 사슬에서 자신을 해방하는 것을 의미한다. 다음을 참고하라. Anzaldúa, G., date unknown, [Plato], Gloria Evangelina Anzaldúa Papers, box 227, folder 2, Benson Latin American Collection, University of Texas Libraries, Copyright ⓒ Gloria E. Anzaldúa. Reprinted by permission of The Gloria E. Anzaldúa Trust. All rights reserved.

45 Anzaldúa, Borderlands/La Frontera, 71.

46 Jean-Charles Nault, OSB, The Noonday Devil: Acedia, the Unnamed Evil of Our Times (San Francisco: Ignatius Press, 2013), 22-55.

47 Anzaldúa, Light in the Dark/Luz en lo Oscuro, xxi

48 "낮이 자신을 삼키며 달이 떠오르고 나를 집으로 인도한다. 달은 내 세 번째 눈이다. 달빛은 내 약이다." Ibid., 22.

49 Ibid.

50 Anzaldúa, Borderlands/La Frontera, 68.

51 Anzaldúa, Interviews/Entrevistas, 241.

52 Anzaldúa, Borderlands/La Frontera, 69.

53 Anzaldúa, Light in the Dark/Luz en lo Oscuro, 171-72.

54 Anzaldúa, Borderlands/La Frontera, 71.

55 Ibid.

56 Ibid., 67.

57 Ibid., 71.

58 Ibid., 68.

59 Plato, Theaetetus, 150a (플라톤, 『테아이테토스』, 정준영 역, 아카넷, 2022).

60 Anzaldúa, Borderlands/La Frontera, 71.

61 Anzaldúa, Interviews/Entrevistas, 225.

62 Anzaldúa, Light in the Dark/Luz en lo Oscuro, 111.

63 Anzaldúa, Borderlands/La Frontera, 71

64 Anzaldúa, Light in the Dark/Luz en lo Oscuro, 122-23.

65 Ibid., 119.

66 Anzaldúa, Interviews/Entrevistas, 248.

67 AnaLouise Keating, "Editor's Introduction," in Gloria Anzaldúa, Light in the Dark/Luz en lo Oscuro,

edited by AnaLouise Keating (Durham, NC: Duke University Press, 2015), xxi.

68 Anzaldúa, Borderlands/La Frontera, 60.

69 Anzaldúa, Light in the Dark/Luz en lo Oscuro, 91.

70 Solomon, Noonday Demon, 365(앤드루 솔로몬, 『한낮의 우울』).

71 안살두아는 이렇게 기록했다. "어떤 종류든 변화를 만들기 위해서는 이런 갈등의 공간에 있어야 한다. 갈등을 통과하지 않으면 어느 것도 발전시킬 수 없다. 습관적인 공간에서 나와 진정으로 흔들려야 한다." Anzaldúa, Light in the Dark/Luz en lo Oscuro, 153.

72 Ibid., 91.

73 2002년 안살두아는 침을 맞고 치료를 받아 볼 계획에 관해 기록했으나 각각 비용이 80달러, 105달러에 달했고 그는 이미 "너무 많은 의사"를 만나 보았다. Ibid., 173.

74 Ibid., 172.

75 Ibid.

76 Ibid.

77 Jerome Wakefield and Allan V. Horwitz, The Loss of Sadness: How Psychiatry Transformed Normal Sorrow into Depressive Disorder (Oxford: Oxford University Press, 2007), 12–14.

78 Dena M. Bravata, Sharon A. Watts, Autumn L. Keefer, et al., "가면 증후군의 유병률, 예측 요인 및 치료: 체계적 검토Prevalence, Predictors, and Treatment of Impostor Syndrome: A Systematic Review," Journal of General Internal Medicine 35, no. 4 (April 2020): 1252–75.

79 수스토Susto는 단테의 지옥 여행과도 같은 믹틀란Mictlan으로의 여정이며, 코아틀리쿠에와의 대면을 요구한다. 안살두아는 이렇게 기록한다. "얼음 가면 뒤로 내 눈이 보인다. 내 눈은 나를 보지 않을 것이다. 나는 내가 분노하고 있음을 본다. 저항을 본다. 앎에 대한 저항, 포기에 대한 저항, 한때 죽음으로 뛰어들었던 그 깊은 바다에 대한 저항. 익사할까 두렵다. 성, 친밀한 접촉, 이방인에게 나를 열어 보이는 것에 대한 저항. 나는 그곳을 제어할 수도 살펴볼 수도 없다. 1,000피트 낙하로 마친다." Anzaldúa, Borderlands/La Frontera, 70.

80 "앤드루 솔로몬: 우리가 누구인지에 관한 이야기들Andrew Solomon: The Stories of Who We Are," 케이트 보울러와의 인터뷰 녹취록, Everything Happens (podcast), July 30, 2019, https://katebowler.com/podcasts/andrew-solomon-the-stories-of-who-we-are/.

5장 불안의 방법 배우기

1 Emily Tate, "치솟는 불안Anxiety on the Rise," Inside Higher Ed, March 29, 2017, https://www.insidehighered.com/news/2017/03/29/anxiety-and-depression-are-primary-concerns-students-seeking-counseling-services.

2 한 연구에 따르면 "불안 장애로 영향받은 청소년 중 50퍼센트가 6살부터 시작을 경험했다." 다음을 참고하라. Katja Beesdo, Susanne Knappe, and Daniel S. Pine, "어린이와 청소년의 불안과 불안 장애: 발달 문제와 DSM-5의 영향Anxiety and Anxiety Disorders in Children and Adolescents: Developmental Issues and Implications for DSM-V," Psychiatric Clinics of North America 32 no. 3 (2009): 483–524. https://doi.

org/10.1016/j.psc.2009.06.002.

3 정신과 의사 마크앙투안 크로크Marc-Antoine Crocq는 오늘날 마음챙김의 초점이 스토아 철학자들이 전했던 내용과 유사하다고 지적한다. 다음을 참고하라. Crocq, "불안의 역사: 히포크라테스부터 DSM까지A History of Anxiety: From Hippocrates to DSM," Dialogues of Clinical Neuroscience 17, no. 3 (2015): 320. DOI: 10.31887/DCNS.2015.17.3/macrocq.

4 Arlin Cuncic, "불안 장애 치료Therapy for Anxiety Disorders," VeryWellMind, June 30, 2020, https://www.verywellmind.com/anxiety-therapy-4692759.

5 한 연구에 따르면 "CBT 치료 이후에도 50퍼센트 이상의 어린이가 증상을 보이며 여전히 다수가 진단 기준을 충족한다." 다음을 참고하라. Eli R. Lebowitz, Carla Marin, Alyssa Martino, Yaara Shimshoni, and Wency K. Silverman, "어린이 불안에 인지 행동만큼 효과적인 부모 기반 치료: 불안한 유아 감정을 지원하는 양육 무작위 비열등성 연구Parent-Based Treatment as Efficacious as Cognitive-Behavioral Therapy for Childhood Anxiety: A Randomized Noninferiority Study of Supportive Parenting for Anxious Childhood Emotions," Journal of American Academic Child Adolescent Psychiatry 59, no. 3 (March 2020): 362-72, doi: 10.1016/j.jaac.2019.02.014.

6 예를 들면 퍼트리샤 피어슨은 이렇게 말한다. "20세기 진료실 기반의 정신의학이 등장하기 전까지 불안은 정상적인 상태와는 대조적인 질병의 범주로 인식되지 않았다. P. Pearson, A Brief History of Anxiety… Yours and Mine (New York: Bloomsbury USA, 2008), 4; 함께 참고하라. Crocq, "A History of Anxiety," 320.

7 Crocq, "A History of Anxiety," 320.

8 Ibid.

9 Christopher Gill, "철학적 심리 치료: 의료 행위에 어떤 영향을 미쳤는가?Philosophical Psychological Therapy: Did It Have Any Impact on Medical Practice?," in Chiara Thumiger and Peter N. Singer, Mental Illness in Ancient Medicine: From Celsus to Paul of Aegina (Boston: Brill, 2018), 370.

10 Sigmund Freud, The Question of Lay Analysis (New York: Brentano, 1926) 62, 63.

11 David A. Clark and Aaron T. Beck, Cognitive Therapy of Anxiety Disorders (New York: Guilford Press, 2010), 11.

12 Joseph E. Davis, "'화학적 불균형' 이야기를 삼가자: 고통받는 사람들이다Let's Avoid Talk of 'Chemical Imbalance': It's People in Distress," Aeon, July 14, 2020, https://psyche.co/ideas/lets-avoid-talk-of-chemical-imbalance-its-people-in-distress; Ashok Malla, Ridha Jooper, and Amparo Garcia, "'정신 질환은 다른 질병과 같다': 이 문장에 대한 비판적 검토와 환자 치료 및 사회에 미치는 영향Mental Illness Is Like Any Other Medical Illness': A Critical Examination of the Statement and Its Impact on Patient Care and Society," Journal of Psychiatry and Neuroscience 40, no. 3 (2015): 147-50, doi:10.1503/jpn.150099.

13 미국 정신의학 협회, "불안 장애란 무엇인가What Are Anxiety Disorders," https://www.psychiatry.org/patients-families/anxiety-disorders/what-are-anxiety-disorders.

14 Cuncic, "불안 장애 치료Therapy for Anxiety Disorders"

15 Hayden Shelby, "치료는 훌륭하지만 나는 아직 약이 필요해요Therapy Is Great, but I Still Need Medication," Slate, November 1, 2017, https://slate.com/technology/2017/11/cognitive-behavioral-therapy-doesnt-fix-everything-for-everyone.html.

16 심리학자 셰릴 폴Sheryl Paul은 2019년 『불안의 지혜The Wisdom of Anxiety』에서 가장 심각한 수준의 불

안도 장애가 아니라고 주장했다. Sheryl Paul, The Wisdom of Anxiety (Boulder, CO: Sounds True, 2019).

17　Kierkegaard, Journals and Papers, 5.158 entry 5480 (letters, no. 21, n.d.).

18　Ibid., 5.232 entry 5662 (IV B 141, n.d., 1843).

19　"키르케고르의 형제자매 다섯 명이 1819년에서 1834년 사이에 죽었다. 두 누나는 33살, 34살의 나이에 세상을 떠났다. 키르케고르의 아버지는 자녀 중 아무도 34살을 넘어 살지 못할 거라고 생각했다." ibid., 1.511, note 164.

20　Ibid., 6.17 (IX A 99, n.d., 1848).

21　Søren Kierkegaard, Practice in Christianity, edited and translated by Howard V. Hong and Edna H. Hong (Princeton, NJ: Princeton University Press, 1992), 174-75 (쇠렌 키르케고르, 『그리스도교의 훈련』, 임춘갑 역, 다산글방, 2005).

22　Ibid.

23　Kierkegaard, Journals and Papers, 6.72 (IX A 411, n.d., 1848).

24　Ibid.

25　Ibid., 5.180 (III A 172, n.d., 1841).

26　키르케고르에 관심 있는 분들을 위해 말하자면, 이 주장은 키르케고르가 『불안의 개념』에서 쓴 내용 다수가 자신의 일기에서 가져온 것이라는 사실을 바탕으로 한다. 이 필명은 다른 필명들보다 진짜 키르케고르에 더 가까운 듯하다.

27　Ed Yong, "두려움 없는 여성을 만나다Meet the Woman without Fear," Discover, December 16, 2010, https://www.discovermagazine.com/mind/meet-the-woman-without-fear.

28　Kierkegaard, Journals and Papers, 1.39 entry 97 (V B 53:23, n.d., 1844).

29　Ibid.

30　Kierkegaard, The Concept of Anxiety, 45 (키르케고르, 『불안의 개념』).

31　Maria Russo, "불안해하는 아기 달래기에 도움이 되는 9권의 책9 Books to Help Calm an Anxious Toddler," New York Times, January 18, 2020, https://www.nytimes.com/2020/01/18/books/childrens-books-anxiety.html.

32　나는 여기서 치마만다 아디치에Chimamanda Adichie의 "단편적인 이야기"라는 개념을 생각했다. 단편적인 이야기에서 불안은 그저 끔찍하다. 하지만 키르케고르처럼 복잡한 이야기에서 불안은 긴장감이 넘치며 생산적일 수도 있다. 다음을 참고하라. Chimamanda Adichie, "단편적인 이야기의 위험The Danger of a Single Story," TEDGlobal, July 2009, https://www.ted.com/talks/chimamanda_ngozi_adichie_the_danger_of_a_single_story?language=en.

33　Kierkegaard, The Concept of Anxiety, 44-45 (키르케고르, 『불안의 개념』).

34　Ibid., 44.

35　Ibid., 45.

36　Ibid., 61.

37　Ibid.; Gordon Marino, The Existentialist's Survival Guide: How to Live Authentically in an Inauthentic Age (San Francisco: HarperOne, 2018), 44 (고든 마리노, 『키르케고르, 나로 존재하는 용기』, 강주헌 역, 김영사, 2019).

38 키르케고르는 불안을 통해 '교육받는다'라고 말한다. Kierkegaard, The Concept of Anxiety, 121(키르케고르, 『불안의 개념』); 함께 참고하라. Rollo May, The Meaning of Anxiety (New York: Washington Square Press, 1977), 341.
39 Kierkegaard, The Concept of Anxiety, 121(키르케고르, 『불안의 개념』).
40 Anzaldúa, Borderlands/La Frontera, 60.
41 키르케고르는 이렇게 말한다. "불안의 대상은 아무것도 아니다." Kierkegaard, The Concept of Anxiety, 77(키르케고르, 『불안의 개념』).
42 Arlin Cuncic, "부정적인 생각을 바꾸는 6가지 팁6 Tips to Change Negative Thinking," VeryWellMind, June 29, 2020, https://www.verywellmind.com/how-to-change-negative-thinking-3024843; Arlin Cuncic, "사회적 불안 장애가 겼을 때 부정적인 생각 극복하기Overcome Negative Thinking When You Have Social Anxiety Disorder," VeryWellMind, April 30, 2021, https://www.verywellmind.com/how-to-stop-thinking-negatively-3024830.
43 Irving Yalom, Staring at the Sun: Overcoming the Terror of Death (San Francisco: Jossey Bass, 2009), 201(어빈 얄롬, 『태양을 직면하기』, 임경수 역, 학지사, 2023).
44 Ibid., 117.
45 Anzaldúa, Borderlands/La Frontera, 60.
46 Glennon Doyle, Untamed (New York: Dial Press, 2020), 50(글레넌 도일, 『언테임드』, 이진경 역, 뒤란, 2021).
47 Glennon Doyle, Carry on, Warrior: The Power of Embracing Your Messy, Beautiful Life (New York: Scribner, 2014), 28.
48 Doyle, Untamed, 89(글레넌 도일, 『언테임드』).
49 Kierkegaard, Journals and Papers, 5.258 entry 5743 (V A 71, n.d., 1843).
50 Ibid., 2.360 entry 1919 (X5 A 44, n.d., 1852).
51 Marino, The Existentialist's Survival Guide, 53(고든 마리노, 『키르케고르, 나로 존재하는 용기』); Kierkegaard, The Concept of Anxiety, 155(키르케고르, 『불안의 개념』).
52 Yalom, Staring at the Sun, 277(어빈 얄롬, 『태양을 직면하기』).
53 Paul, The Wisdom of Anxiety.

맺는 글: 남에 보는 법 연습하기

1 Lorde, "The Uses of Anger," 127.
2 Anzaldúa, Borderlands/La Frontera, 101; Henry David Thoreau, "Walking," in The Portable Thoreau, edited by Jeffrey S. Cramer (New York: Penguin, 2012), 402, 국내 번역서 『걷기의 즐거움』, 윤교찬 외 역, 인플루엔셜, 2023에 수록).

마리아나 알레산드리 Mariana Alessandri

미국 최초 이중 언어 대학인 텍사스 리오그란데밸리 대학교에서 부교수로 재직 중이다. 텍사스 남부 공립학교들의 이중 언어 교육을 장려하는 비영리단체 RGV PUEDE(RGV Parents United for Excellent Dual Education)를 배우자와 함께 설립했다. 국경지대에 살며 슬하에 두 보물을 두었다.

marianaalessandri.com

김현주 옮김

서울신학대학교 신학과를 졸업 후 현재 바른번역 소속 전문 번역가로 활동하고 있다. 옮긴 책으로 『어떻게 죽음을 맞이할 것인가?』 『어떻게 재치 있게 농담할 것인가?』 『어떻게 의미 있는 관계를 맺을 것인가?』 『리버스』 등이 있다.